本书为四川师范大学影视与传媒学院国家级一流本科专业建设点播音与主持艺术专业建设成果，
四川师范大学2020年“校级规划教材”建设项目成果

高等教育新传媒规划教材

播音主持综合训练教程

杨小锋　王 博 / 主编

西南大学出版社
SWUP 国家一级出版社 全国百佳图书出版单位

图书在版编目(CIP)数据

播音主持综合训练教程 / 杨小锋, 王博主编. -- 重庆 : 西南师范大学出版社, 2020.12
ISBN 978-7-5697-0593-5

Ⅰ. ①播… Ⅱ. ①杨… ②王… Ⅲ. ①播音—语言艺术—教材②主持人—语言艺术—教材 Ⅳ. ①G222.2

中国版本图书馆CIP数据核字(2020)第259377号

播音主持综合训练教程

BOYIN ZHUCHI ZONGHE XUNLIAN JIAOCHENG

杨小锋　王　博　主编

责任编辑:赖晓玥
装帧设计:元明·设计 DESIGN STUDIO
排　　版:吕书田
出版发行:西南大学出版社(原西南师范大学出版社)
地址:重庆市北碚区天生路2号
邮编:400715
网址:http://www.xdcbs.com
市场营销部电话:023-68868624
印　　刷:重庆永驰印务有限公司
幅面尺寸:180mm×230mm
印　　张:19.75
字　　数:390千字
版　　次:2021年5月 第1版
印　　次:2023年8月 第3次
书　　号:ISBN 978-7-5697-0593-5

定　　价:58.00元

前言

新媒体技术带来的媒介生态变革对媒介生产过程的各个环节均产生着重要影响,对作为电子传播过程中"最后一棒"的播音员、主持人的专业能力要求也随之发生了许多变化。广电媒体的衰落和新媒体的勃兴让众多广播电视播音员、主持人无所适从。传统媒体对播音主持人才需求的大幅萎缩,新媒体行业对播音主持人才要求的变化,AI主播的兴起,这种种快速变化让从事播音与主持艺术专业教学的高校教师深感焦虑。究竟社会需要怎样的播音主持人才?

在这场遍及全国且延续多年的关于播音与主持艺术专业教学改革的变与不变的讨论中,我们认识到尽管播音员、主持人的专业发展已经呈现出多元化、多维度的趋势,但是作为他们传播力重要组成部分的"语言能力"仍占据核心竞争力的C位。在这个人人都是主播、大大小小的社会舞台都需要主持人的时代,普通话标准、发声科学、表达精准、得体而有吸引力等技术指标仍是区别主播、主持人专业与非专业的重要标准。因此,作为培养播音与主持艺术专业人才的高校,在顺应日益变革的媒介需求的同时更应该坚守专业规范的高标准和严要求。

基于这样的认识,我们特别强调播音与主持艺术专业学生应重视和加强基本功训练。学生除了在课堂教学中进行各项基本功训练外,还要坚持每天的专业晨练和课余的自我训练。我们深信"读书破万卷,下笔如有神""操千曲而后晓声,观千剑而后识器""台上三分钟,台下十年功"这样的道理。要获得播音主持专业技能,就必须进行长期的、大量的、艰苦的、系统的科学训练。即使是在媒体剧变的当下,张颂教授关于学生训练的认识依然具有指导价值:"学生专业上存在的主要矛盾,必须通过教师具体指导下的'从难、从严、大运动量'的科学的自觉训练加以克服。"①虽说无论是课堂教学还是课外训练都应该把握由易到难、由浅入深的循序渐进原则,但是"从难、从严、大运动量"的科学训练与此原则并不矛盾。如果老师的课堂教学和学生的自觉训练都坚持做到了"从难、从严、大运动量",学生的专业技能又岂会有不扎实之忧?

谁都无法否认,播音与主持艺术专业是一个实践性非常强的专业。无论是播音主持的普及化教育、大众化教育还是精英教育,都应该有一定的技能要求。学生达到这种技能要求的途径不外乎三条:第一是课堂教学训练,第二是课外自觉训练,第三

---

①张颂.播音教学法研究管窥[A]//中国传媒大学播音主持艺术学院,中国广播电视学会播音学研究委员会学术部.播音主持艺术6[C].中国传媒大学出版社,2004.

是一线实践。学校教育期间一般以前两条路径为主。目前,课堂教学训练在高校普遍得到了重视,教材建设成果也日益丰富,但课外训练在有的大学开展得尚不充分,也缺乏相应的教材。鉴于此,我们联合了部分高校的播音主持专业教师撰写了这本用于学生专业晨练和课余自我训练的教材。

本书最突出的特色是它的综合性。本书涉及播音主持的主要领域,具体涵盖了播音主持发声、普通话语音、播音主持创作基础、即兴口语表达、文学作品朗诵与演播、影视配音、电子竞技解说、多种类型节目的播音主持和非节目主持。章节设计上既注重传统媒体播音主持技能训练,也考虑了新媒体节目播音主持技能的训练。为了便于学生训练,我们在各章节中简要介绍了适用于学生训练的基本理论。同时,在实践训练环节,对各项技能训练的具体要求和注意事项进行了说明。在各章末尾,还附上了适合学生拓展阅读的著作、可以观摩的节目或作品,为那些希望进一步提升自己理论水平、实践能力的学生提供便利。

其次是训练设计的实用性。由于是主要用于训练的教材,所以本书突出技能训练这个中心,精心选择了大量有针对性和代表性的训练材料。理论讲解尽量精简,只谈怎么做的训练理论或者对训练指导性很强的基础理论,不讲为什么要这样做的原理性理论。在各项技能训练中注意循序渐进,逐步展开,重点和难点讲、练比较细致、充分。

根据上述特色,我们认为本书可以作为播音与主持艺术专业的综合训练教材,可以作为学生专业晨练和课余自我训练的材料,也可作为其他专业的播音主持课程教学用书,还可作为热爱播音主持艺术、从事网络直播工作的人员提升播音主持能力的自学材料。

但愿此书能为各位读者夯实播音主持基础,提高播音主持创作能力,实现播音主持梦想贡献一份力量。

初心不改,我们一起出发!

目录

第一章 播音主持发声训练……1
第一节 播音主持气声匹配训练……1
第二节 播音主持共鸣调节训练……13
第三节 播音主持吐词方式训练……19
第四节 播音主持情声气关系训练……27

第二章 普通话语音训练……42
第一节 普通话声母训练……42
第二节 普通话韵母训练……56
第三节 普通话声调训练……81
第四节 普通话语流音变训练……86

第三章 播音主持创作基础训练……97
第一节 播音主持备稿训练……97
第二节 播音主持内部技巧训练……100
第三节 播音主持外部技巧训练……110

第四章 即兴口语表达训练……129
第一节 即兴口语表达基础训练……129
第二节 即兴评述训练……134
第三节 即兴主持训练……141
第四节 即兴演讲训练……150

第五章 文艺作品演播训练……155
第一节 文学作品朗诵训练……155
第二节 小说演播训练……166
第三节 影视配音训练……172

第六章 新闻播音训练……182
第一节 时政新闻播音训练……182
第二节 民生新闻播音训练……186
第三节 文体新闻播音训练……189

第七章　评论播音训练……195
第一节　社论播音训练……195
第二节　评论员文章播音训练……201
第三节　本台评论播音训练……205

第八章　解说训练……209
第一节　体育解说训练……209
第二节　电子竞技解说训练……222
第三节　文旅项目解说训练……229

第九章　新闻节目主持训练……236
第一节　现场报道训练……236
第二节　新闻评论节目主持训练……243
第三节　新闻谈话节目主持训练……250

第十章　综艺娱乐节目主持训练……256
第一节　娱乐资讯节目主持训练……256
第二节　综艺晚会主持训练……262
第三节　脱口秀节目主持训练……270

第十一章　其他类型的节目主持训练……274
第一节　社会生活节目主持训练……274
第二节　少儿节目主持训练……281
第三节　体育节目主持训练……286

第十二章　非节目主持训练……292
第一节　商务典礼主持训练……292
第二节　聚会与会议主持训练……295
第三节　婚礼祝寿主持训练……298

主要参考书目……304

后　记……306

第一章　播音主持发声训练

悦耳的声音应满足准确清晰、圆润集中、朴实大方、虚实结合、富于变化等要求。想要具备动听的声音，增强发声能力，需要掌握气声匹配要领、共鸣调节要领、吐词的要领和情声气关系的处理方法。

第一节　播音主持气声匹配训练

【理论概述】

气声匹配训练主要包括呼吸方式、发声方式训练。声音是由气流冲击声带，使声带振动而发出的，因此，气息与声音的配合至关重要。气多声少，声音偏虚，不利于长久发声；气少声多，声音过实，声带使用过度，易患嗓音疾病。气声平衡是气息与声音的最佳配合关系。

一、胸腹联合式呼吸法的要领

胸腹联合式呼吸法与胸式呼吸法和腹式呼吸法相比，吸气量大、气息均匀且容易控制。使用胸腹式联合呼吸法吸气和呼气时，胸腔、横膈膜及腹部肌肉等需要相互合作。总体说来，胸腹联合式呼吸法有“气运腰腹”的感觉。

（一）吸气的要领

吸气前，小腹放松或微收。吸气时，口鼻同时吸气，肩部放松，不抬肩，胸廓张开，胸部两侧下肋向外扩张。气息下沉撑开腰部，后腰向外扩张运动。上腹挺住或微凸，小腹肌肉向丹田(在脐下三指到一掌宽的位置)收缩。吸气到丹田,丹田在一开始吸气的瞬间微微往前运动,随着气息的吸入,丹田处逐渐往中间收缩,直至收紧。

吸气到位时,使用腰腹部肌肉力量控制吸进的气息不被呼出,上腹保持挺住或微凸,小腹保持收缩(小腹不可往里瘪),丹田形成支撑力量,其他部位状态保持不变。

(二)呼气的要领

呼气时,继续保持两肋扩张、膈肌下降、腰部撑开、小腹收缩、上腹微凸的状态。同时,气息沿着硬腭中纵线向前送出。

(三)气息补充的方式及要领

气息补充的方式有换气、偷气和抢气三种。此外,气息的调整方式有就气。

换气,指说完一个分句或一个完整句子后,自然从容地换一口气。腹部完全放松后再进气,吸气到肺底,换气时气息稍作保持。换气的补气量大、补气时间长,整体感觉自然从容,但要注意每一次换气需吸到丹田。

偷气,指短时无声地吸气。腹肌在一瞬间的松弛后进气,保持气息通畅。偷气的补气量小、补气时间短。注意快速隐匿偷气,做到不被人察觉。

抢气,指在句子中或句与句之间的急促吸气方式。腹肌在一瞬间的松弛后快速进气,腰腹协同合作。抢气的补气量大,补气时间短,为了突出情感的表达,可以不顾及有无声音,明抢一口气。

就气,指虽有停顿,但不进气,调动肺内余气进行补充。上腹挺住或微凸,小腹部肌肉向丹田收缩。就气的调整时间短、无声,在就气时,应注意整体表达语意连贯、一气呵成。

二、气声匹配训练

气息、喉部和口腔的配合至关重要。气流冲击声带发出声音,声音的高低、起伏、长短、虚实等同喉部控制有关,字音的清晰和圆润与口腔等腔体有关。

(一)气息与口腔控制

气流冲击声带形成的喉原音,经由口腔形成语音。口腔打开、声束集中及送出位置统一,能达到辅助放松喉部和气声贯通的作用。此处的口腔控制训练,以“提、打、挺、松”为主,即提起颧肌、打开牙关、挺起软腭和放松下巴。声束集中通过声音沿着硬腭中纵线送出,唇的中部用力(圆唇音),舌的力量集中在中纵线位置。声音沿软腭、硬腭的中纵线推到硬腭的前部,硬腭前部就是声音的着力位置。

（二）气息与喉部控制

喉部控制训练时，不可过度紧张或放松，应把握好两者之间的平衡。

1.喉部控制要领

总体要领为：抓两头，松喉部。两头，指丹田对气息的控制和声音送出时在口腔中的着力点。松喉部，指发声时保持吸气的感觉，使喉部尽可能放松、通畅，喉头位置相对稳定。

2.起声方式

起声，指发声时在气息的支持下，声门由吸气状态转入发声状态的过程。①起声方式有三种：硬起声、软起声和虚起声。从起声时气息和声音配合的过程来看，硬起声是声音先于气息送出，软起声是气息与声音同步送出，虚起声是气息先于声音送出。硬起声虽可以使声音有迸发力，但大量使用容易造成嗓音疲劳甚至嗓音疾病。虚起声能使声音情感丰沛，但长期使用容易丧失发实声的能力。软起声时，喉部肌肉相对放松，因此这是适合播音主持持久发声的起声方式。

【实践训练】

一、胸腹联合式呼吸法的吸气要领训练

（一）感受腰部气息运动

此训练为感受气息在腰部的活动训练。肩部放松，不可抬肩。感受膈肌下降、上腹微凸，气流在腰腹运动。要用吸入的气流撑开腰部，不可只运动腰腹肌肉，造成撑开的假象。

站立式：取站姿，身体向前弯腰90°，双手反向放于身后，五指闭合，中指指尖轻按后腰脊柱肌肉外侧。口鼻同时吸气，吸气过程中，想象气息贴着后背、沿着脊柱往后腰吸入，吸到后腰位置后，从脊柱往腰两侧横向运动撑开。

坐姿式：坐在凳子上，左小腿垂直于地面，左侧手肘放于膝盖，手握拳，拳心向内抵住下巴，右脚略往后退，重心放于左腿，右手反向放于身后，五指闭合，中指指尖轻按后腰脊柱肌肉外侧。口鼻同时吸气，找吸气时后腰部膨胀撑开右手，气息从脊柱向外扩张的感觉。

① 杨小锋.教师发声训练教程[M].北京：北京师范大学出版社，2010：67.

（二）吸气到后腰训练

找准气息将要到达的位置，肩部放松。可由浅入深进行训练。先做吸气到后腰训练，感受吸气到后腰。再吸气到后腰下一横掌处，感受气息不断吸深的状态。注意上腹部挺住，小腹不能往里瘪。

1. 吸气到后腰。双手抱紧后腰，中指接触。松开嘴巴，口鼻同时吸气到后腰。想象气息从后腰中部往两侧推动，吸满气时后腰充分膨胀。

2. 吸气到后腰下一横掌处。双手抱紧后腰下一横掌处，中指指尖接触。松开嘴巴，口鼻同时吸气到后腰。吸气方法与吸气到后腰相同，但吸气位置比后者更深。想象气息往后腰下部走，吸满气时能够感受到下腹部也参与了运动。

（三）吸气到丹田训练

进入"气运腰腹"状态，气息运动到丹田形成支撑。找准丹田位置，肩部放松，丹田在吸气的瞬间微微往外运动，随后丹田处肌肉逐渐往中间收缩。注意呼气时丹田以上的腹部挺住，小腹不能往里面瘪。

1. 吸气到上腹部。吸气时上腹部挺起来。

2. 吸气到肚脐。吸气时肚脐和上腹部挺起来。

3. 找准丹田。手指并拢，拇指放在肚脐下，指尖朝向身体侧面，脐下三指到五指处的腹部即为丹田。

4. 吸气到丹田。身心放松，手摸丹田，嘴巴松开，口鼻吸气，丹田处微微向前推，随着气息的吸入，下腹部肌肉逐渐向丹田处收缩，气息吸满时丹田有微微向小腹里面收缩、上托的感觉，收得很紧。

（四）吸气保持训练

训练中不进气、不出气、不憋气。

1. 吸气到后腰（或丹田），保持吸气最后一瞬间的状态和感觉。

2. 吸气到后腰（或丹田），默数数字。数数的速度可以自行控制，在气息能够不进气、不出气、不憋气的情况下，数数速度越慢越好。

二、胸腹联合式呼吸法的呼气要领训练

（一）发声时的口腔状态训练

此训练可辅助气息集中形成声束和声音送达硬腭前部。口腔的状态将直接影响

发声。做提起颧肌训练时，注意区分颧肌与笑肌，嘴角不要向外咧开。打开牙关时，可以用发开口度最大的单元音“ɑ”来找牙关打开的感觉。挺起软腭时，悬雍垂（俗名小舌头）向上收起，感受后口腔空间变大。下巴如果不放松，发出的字音容易“偏横”，有一种把字“咬死”的感觉。

1. 提起颧肌

找准颧肌位置（起止点大致是颧骨和上唇外侧及嘴角部位），唇齿相依，颧肌向上提起，带动上腭前部抬起，使口腔前部空间增大，体会面部肌肉及口腔积极的状态。

2. 打开牙关

嘴巴张大，上下大牙的距离拉开，尤其口腔上部大牙槽位置有向上提起的感觉，体会口腔空间增大的感觉。

3. 挺起软腭

照镜子练习，上口盖后部软腭位置向上提起，悬雍垂向上收起，舌根放松下降，咽部空间增大，镜子内能够看到咽壁。

4. 放松下巴

下巴自然内收，尝试轻轻左右晃动下巴，不僵硬、不紧绷即可。

（二）吸气与呼气交替训练

此训练可锻炼膈肌的灵活程度。做“狗喘气”训练时，注意吸气往里、呼气往外。初学者训练时可以口鼻同时进气或出气。膈肌的训练需要时间，贵在坚持，力求做到三分钟连续狗喘气节奏不乱。做呼吸节奏训练时，注意把握吸气和吐气的速度。慢吸气和慢呼气时，气息运动速度慢而均匀，注意感受气息运动的过程和路径。快吸气和快呼气时，气息运动速度很快，气息快速吸到丹田。

1. 狗喘气呼吸训练

松开嘴巴，把手放在上腹部，腹部放松，上腹部吸气往里，呼气往外，前后运动，呼和吸力量均衡，呼吸有节奏，声音一致，吸气量不宜太大。连续做，保持节奏不乱。学会后用鼻子呼吸。

2. 呼吸节奏训练

（1）慢吸慢呼

无声慢速吸气，慢发叹气音“哎”。缓慢吸气至八成满，呼气时发“哎”音（不振动声带），气息均匀送出，送出过程中默数“1，2，3，4……”

(2)慢吸快呼

无声慢速吸气,快发“hê”音。缓慢吸气至八成满,呼气时,丹田收紧,上腹挺住,呼气振动声带,快速发出“hê”音。

(3)快吸慢呼

瞬间吸气,慢发无声带振动的叹气音“哎”。嘴巴张开,口鼻同时进气,快速吸气,呼气时发“哎”音,气息均匀送出,送出过程中默数“1,2,3,4……”

(4)快吸快呼

瞬间吸气,快发“hê”音。嘴巴张开,口鼻同时进气,快速吸气到丹田。呼气时,丹田收紧,上腹挺住,振动声带,快速发出“hê”音。

(三)增强腰腹肌肉力量训练及肺活量训练

做增强腰腹肌肉力量训练时,应调动相应部位的肌肉参与运动。做扩大肺活量的训练时,尝试调动腰腹肌肉参与运动,为发声训练做准备。

1.增强腰腹肌肉力量

俯卧撑:俯卧,双臂弯曲放在胸前,双手及双脚前掌着地,两手相距略宽于肩,上肢、腰部及腹部的肌肉发力,撑起身体,从肩膀到脚踝成一条直线。

仰卧屈膝起坐:两腿并拢仰卧,膝盖自然弯曲,双臂上举,借助腹肌收缩的力量带动上身向上向前运动成坐姿,然后还原成仰卧姿势。

仰卧举腿:仰卧,双臂贴紧地面,大腿与身体约呈70°角,小腿垂直于地面,重心位于中背部。下腹发力抬起臀部,小腿垂直于地面向上抬;至最高点略作停顿,回到起始位置。

平板支撑:俯卧于地面,双肘弯曲支撑在地面上,肩膀和肘关节垂直于地面,双脚前掌着地,腰腹肌肉用力带动身体离开地面,躯干伸直,头部、肩部、胯部和脚踝保持在同一平面,腹肌用力保持收紧,脊柱延展,眼睛看向地面,保持均匀呼吸。

2.扩大肺活量

做游泳、慢跑、快走、羽毛球、乒乓球、健美操等运动。

(四)呼气训练

此训练锻炼声音在气息的支撑下向外送出的能力。注意要借助腰腹力量控制膈肌回弹的速度,从而“拽住”气息,使其不在开口的一瞬间跑掉。发“呲”音和模拟吹灰时,不可用牙齿控制气流,而应使用腰腹力量控制气息,气息送出时尽量“细弱绵长”。哈气“ɑ”时,气流尽可能集中,不因气流过散而浪费气息。做绕口令训练时,尽量使用一口气，且均匀送出，中间不换气，速度可自行掌握，速度越慢越均匀，越能训练对气息的控制。

1.小开口度呼气

发“呲”音

吸气至后腰（或丹田），发一个细弱绵长的“呲”音，发音时尽量保持腰部撑开（或丹田收紧、上托）的感觉。

模拟吹灰

吸气至后腰（或丹田），假想把面前的灰尘吹走。吹灰过程要细弱绵长，尽量保持腰部撑开（或丹田收紧、上托）的感觉。

2.大开口度呼气

哈气“a”

吸气至后腰（或丹田），呼气过程中，气流尽可能集中，且呼气过程细弱绵长。

3.绕口令训练

数红旗

广场上飘红旗，看你能数多少面旗。一面旗，两面旗，三面旗，四面旗，五面旗，六面旗，七面旗，八面旗，九面旗，十面旗。十面旗，九面旗，八面旗，七面旗，六面旗，五面旗，四面旗，三面旗，两面旗，一面旗。

数枣儿

出东门，过大桥，大桥底下一树枣，拿着竿子去打枣，青的多红的少。一颗枣两颗枣三颗枣四颗枣五颗枣六颗枣七颗枣八颗枣九颗枣十颗枣，十颗枣九颗枣八颗枣七颗枣六颗枣五颗枣四颗枣三颗枣两颗枣一颗枣，这是一段绕口令，一气说完才算好。

三、气息补充与调整的方式训练

（一）换气练习

训练时，一个人名一换气，一个人名读完后，略作停顿。每一次换气到位，忌换气时气息上提，气息越来越紧。注意人名的轻重格式，一般为中重或中中重。人名后紧跟的国籍信息，注意声断气连，保证语意连贯。换气处用“ˇ”表示。

广州恒大球员名单

刘世博、ˇ刘伟国、ˇ刘殿座、ˇ布朗宁、ˇ梅方、ˇ张琳芃、ˇ高准翼、ˇ朴志洙（韩国）、ˇ王世龙、ˇ邓涵文、ˇ吴少聪、ˇ李学鹏、ˇ刘奕鸣、ˇ罗涵博文、ˇ胡睿宝、

ˇ廖力生、ˇ韦世豪、ˇ保利尼奥(巴西)、ˇ郑智、ˇ张修维、ˇ徐新、ˇ严鼎皓、ˇ黄博文、ˇ费南多(巴西)、ˇ塔利斯卡(巴西)、ˇ钟义浩、ˇ何超、ˇ蔡明民、ˇ艾克森、ˇ杨立瑜、ˇ洛国富、ˇ帕尔曼江、ˇ布拉格汗。

(二)偷气练习

训练时,报三个菜名偷一次气。嘴巴张开,口鼻同时进气,以最快速度,吸气到丹田,偷气过程自然,不刻意。偷气要快,且不被查觉。每次偷气的量不宜过大,否则容易出现杂音。偷气处用“ ^ ”表示。

报菜名

蒸羊羔、蒸熊掌、蒸鹿尾儿、^ 烧花鸭、烧雏鸡、烧子鹅、^ 卤煮野鸭、酱鸡、腊肉、^ 松花、小肚儿、晾肉、^ 香肠、什锦苏盘、熏鸡白肚儿、^ 清蒸八宝猪鸭、江米酿鸭子、^ 罐焖鸡、罐焖鸭、山鸡、^ 兔脯、菜蟒、银鱼、^ 清蒸哈什蚂、烩鸭丝、烩鸭腰、^ 烩鸭条、清拌鸭丝、焖黄鳝、^ 焖白鳝、豆豉鲇鱼、锅烧鲤鱼、^ 清蒸甲鱼、抓炒鲤鱼、抓炒面鱼……

(三)抢气练习

做抢气训练时,嘴巴张开,口鼻同时快速进气,吸气量可以略大,进气时两肋向外扩张,气息下沉撑开腰部,上腹挺住或微凸,丹田控制气息。注意训练前先熟悉稿件,找出抢气的位置,在此位置快吸一口气。抢气的处理是为了辅助情绪的表达,因此可以明抢气。抢气处用“/”表示。

出师表(节选)

诸葛亮

臣本布衣,躬耕于南阳,/苟全性命于乱世,不求闻达于诸侯。先帝不以臣卑鄙,猥自枉屈,/三顾臣于草庐之中,咨臣以当世之事,由是感激,遂许先帝以驱驰。后值倾覆,受任于败军之际,/奉命于危难之间,尔来二十有一年矣。

先帝知臣谨慎,故临崩寄臣以大事也。受命以来,夙夜忧叹,/恐托付不效,以伤先帝之明,/故五月渡泸,深入不毛。今南方已定,兵甲已足,/当奖率三军,北定中原,/庶竭驽钝,攘除奸凶,/兴复汉室,还于旧都。此臣/所以报先帝而忠陛下之职分也。至于斟酌损益,进尽忠言,则攸之、祎、允之任也。

(四)就气练习

做就气训练时,口鼻不进气,只通过收紧丹田增加肺内余气的密度,上腹挺住或微凸。就气处用“\”表示。

木兰诗(节选)

北朝民歌

唧唧 \ 复唧唧,木兰 \ 当户织。不闻 \ 机杼声,惟闻 \ 女叹息。

问女何所思,问女 \ 何所忆。女亦无所思,女亦 \ 无所忆。昨夜 \ 见军帖,可汗 \ 大点兵,军书十二卷,卷卷 \ 有爷名。阿爷无大儿,木兰 \ 无长兄,愿为市鞍马,从此 \ 替爷征。

东市买骏马,西市买鞍鞯,南市买辔头,北市 \ 买长鞭。旦辞爷娘去,暮宿黄河边,不闻爷娘 \ 唤女声,但闻 \ 黄河流水 \ 鸣溅溅。旦辞黄河去,暮至黑山头,不闻爷娘唤女声,但闻燕山胡骑 \ 鸣啾啾。

(五)综合训练

此训练为气息补充与调整方式的综合运用。训练时,注意各种方式之间的协调配合。

梦游天姥吟留别

(唐)李白

海客 \ 谈瀛洲,ˇ 烟涛微茫 \ 信难求;ˇ 越人 ^ 语天姥,ˇ 云霞明灭 \ 或可睹。/天姥连天向天横,/势拔五岳 \ 掩赤城。/天台四万八千丈,ˇ 对此欲倒 \ 东南倾。ˇ

我欲因之 \ 梦吴越,ˇ 一夜飞度 \ 镜湖月。ˇ 湖月 \ 照我影,ˇ 送我 \ 至剡溪。/谢公宿处 ^ 今尚在,/渌水荡漾 \ 清猿啼。ˇ 脚著谢公屐,/身登青云梯。/半壁见海日,ˇ 空中 \ 闻天鸡。ˇ 千岩万转 \ 路不定,ˇ 迷花倚石 \ 忽已暝。ˇ 熊咆龙吟殷岩泉,/栗深林兮 ^ 惊层巅。ˇ 云青青兮 \ 欲雨,ˇ 水澹澹兮 \ 生烟。/列缺霹雳,/丘峦崩摧。/洞天石扉,/訇然中开。ˇ 青冥浩荡 \ 不见底,ˇ 日月照耀 \ 金银台。ˇ 霓为衣兮 \ 风为马,ˇ 云之君兮 ^ 纷纷 \ 而来下。/虎鼓瑟兮鸾回车,/仙之人兮 \ 列如麻。ˇ 忽 \ 魂悸以魄动,/恍 \ 惊起而长嗟。ˇ 惟 \ 觉时之枕席,ˇ 失 \ 向来之烟霞。ˇ

世间行乐 \ 亦如此,ˇ 古来万事 \ 东流水。ˇ 别君去兮 \ 何时还?且放白鹿青崖间。^ 须行即骑 \ 访名山。/安能摧眉折腰 \ 事权贵,ˇ 使我不得 \ 开心颜!

四、气息与口腔的配合

(一)发音靠前、居中的音节弹发训练

练习发音靠口腔前部、中部相比发音靠口腔后部的音节,更易找到声束集中,沿着硬腭中纵线往外送出的感觉。在训练时,结合前面所练习的提、打、挺、松技巧,注意口腔打开,腰腹和膈肌配合将声音送到硬腭前部。

1.一口气连续弹发训练

(1)一口气连续弹发3个hề、3个hà

吸气后从丹田起声弹发3个hề,再换气后弹发3个hà。气息向丹田中间收,声音竖着向前送到硬腭前部。声音响亮、通畅。

(2)一口气连续弹发7个hề、7个hà

像弹发3个hề、3个hà那样一口气弹发7个hề、7个hà。

2.一口气弹发一个单音节训练

hề、hà、hài	yà、yè、yuè	là、lì、lù	lià、liè、lǜ
à、yì、yù	wà、yuè	yìn、yùn	èn、wèn
ài、èi	àn、yàn、wàn、yuàn		

(二)后音弹发训练

用弹发位置靠前和居中音节的感觉带发位置靠后的音节。气息通过腰腹肌肉有控制地送出,上腹挺起或微凸,灵活换气。弹发时不可用嗓子喊,而需借助腰腹和膈肌力量,喉部放松。声音通畅、响亮。注意结合提、打、挺、松技巧。

1.弹发hề、hà、hài

吸气,弹发hề,换气后再弹发hà,再换气弹发hài。

2.弹发hề、hà、huò

"uo"是位置靠后的韵母。用弹发hề、hà的感觉带发huò,huò的声音送达位置同前两个音一致。

3.弹发à、yì、wù

u是舌位靠后的音。发wù时,注意用发à、yì的良好感觉带发。

4.弹发靠后的韵母

弹发o、e、u、ao、ou、iao、iou、ang、iaag、uang、ing、ong、iong、eng、ueng等韵母,声音要送到硬腭前部,各韵母可带上阴平调发音。

五、气息与喉部的配合训练

(一)气泡音训练

此训练为锻炼喉部放松的训练。从中音a开始往下降,逐渐降至气泡音。声音不能落在喉咙里,要送到硬腭前部。注意放松喉部,声音的颗粒感要强。

早上睡醒时平躺在床上多半能发出气泡音。挺起软腭,从高到低发"a"音,当发到最低音区时像有一串气泡冒出来。通过气息调节,气泡可大可小、可疏可密。

（二）起声训练

1. 发哈气 ɑ

此训练为锻炼喉部与气息配合的训练。气息从丹田起，气声贯通，喉部放松，后口腔打开，声挂前腭。

吸气到丹田，松开喉咙，再从丹田起声发一个哈气的 ɑ 音，气息集中送达硬腭前部。

2. 从虚声 ɑ 到实声 ɑ

此训练为锻炼喉部状态的训练。从虚声到实声的过渡，不换气，声音不中断。

吸气到丹田，松开喉咙，再从丹田起声哈气，逐渐发出有声带振动的虚声 ɑ，气流和声音集中送达硬腭前部，然后逐渐发出实声的 ɑ，声音仍然集中送达硬腭前部。

3. 短音训练

发声时，注意喉部、气息、口腔的配合。吸气到丹田，喉咙放松，后口腔打开，一口气发一个元音，声音送到前腭。注意六个元音的舌位（发元音时舌面隆起的最高点）、唇形和开口度都有变化，但声音位置都在前腭。换气要快速无声地吸到丹田，丹田迅速放松进气，跟狗喘气的吸气方式衔接。

训练内容：ɑ、o、e、i、u、ü 六个单元音的实声。

4. 延长音训练

此训练为锻炼喉部与气息配合的稳定程度的训练。像发短音那样吸气发声，一口气发一个音，气尽声停后再换发一个音。一口气发六个单元音时要分配好每个音所用的气息，每个音的长度一致。其他要求同发短音。

（1）ɑ、o、e、i、u、ü 六个单元音的单个长音练习

（2）一口气发六个单元音 ɑ、o、e、i、u、ü

（三）喉部控制综合训练

此训练为锻炼在不同文体中喉部与气息配合的训练。朗读下列材料，注意放松喉部，声音送达硬腭前部，气声贯通，喉部与气息配合得宜。训练时从易到难，注意结合气息补充与调整的技巧，找准气口，及时补气。

《三字经》节选

（宋）王应麟

人之初，性本善。性相近，习相远。苟不教，性乃迁。教之道，贵以专。

昔孟母，择邻处。子不学，断机杼。窦燕山，有义方。教五子，名俱扬。

养不教，父之过。教不严，师之惰。子不学，非所宜。幼不学，老何为。

玉不琢，不成器。人不学，不知义。为人子，方少时。亲师友，习礼仪。

清平乐·年年雪里

（宋）李清照

年年雪里，常插梅花醉。挼尽梅花无好意，赢得满衣清泪。今年海角天涯，萧萧两鬓生华。看取晚来风势，故应难看梅花。

六、气声匹配综合训练

训练时注意气息、喉部与口腔的配合。注意用丹田“拽住”气息，结合提、打、挺、松技巧，放松喉部，打开后口腔，声束沿着硬腭中纵线送到硬腭前部。遇到e、o、u、ou、uo等发音靠后的字音和带有后鼻音韵母的音节，注意把字音送到硬腭前部。每一次补气要吸到丹田。做音节训练时，单音节字一口气读一个字，双音节及三音节、四音节词语一口气读一个词语。做古诗词和现代诗歌训练时，语速要慢，找准气口，换气到位。

（一）朗读音节练习

1.朗读单音节字

庵	痹	摈	蓝	夯	堤	蚶	氯	谧
爸	淤	氨	踏	弥	次	儿	各	环
粒	特	屡	孙	神	站	点	跪	猜

2.朗读双音节词语

阿妈	阿爸	阿姨	阿门	阿毛	腌臜	哎呀	阿哥	爱戴
安心	按压	败坏	拍卖	排外	抬爱	改开	开来	海带
灾害	采买	彩排	塞外	快来	淮海	怀才	家鸭	假牙

3.朗读三音节词语

安全门	氨基酸	八股文	半边天	画外音	录音机
吃白食	编年体	打前站	大礼拜	电气化	电子琴
贬义词	扁桃体	发源地	覆盖面	干打垒	更年期

4.朗读四音节词语

安居乐业	黯然失色	恩恩爱爱	八拜之交	百炼成钢
高瞻远瞩	白驹过隙	暴风骤雨	花花绿绿	出类拔萃
一帆风顺	山河美丽	海角天涯	得寸进尺	海外奇谈

（二）朗读古典诗词训练

登鹳雀楼

（唐）王之涣

白日依山尽，黄河入海流。欲穷千里目，更上一层楼。

客至

（唐）杜甫

舍南舍北皆春水，但见群鸥日日来。花径不曾缘客扫，蓬门今始为君开。

盘飧市远无兼味，樽酒家贫只旧醅。肯与邻翁相对饮，隔篱呼取尽余杯。

（三）朗读现当代诗歌训练

沁园春·雪

毛泽东

北国风光，千里冰封，万里雪飘。望长城内外，惟余莽莽；大河上下，顿失滔滔。山舞银蛇，原驰蜡象，欲与天公试比高。须晴日，看红装素裹，分外妖娆。

江山如此多娇，引无数英雄竞折腰。惜秦皇汉武，略输文采；唐宗宋祖，稍逊风骚。一代天骄，成吉思汗，只识弯弓射大雕。俱往矣，数风流人物，还看今朝。

第二节　播音主持共鸣调节训练

【理论概述】

一、播音主持发声的共鸣方式

播音主持职业一般选择以口腔共鸣为主，以胸腔共鸣为基础，以混合共鸣为后备的声道共鸣方式。

二、播音主持发声共鸣调节的要领及原则

共鸣调节训练时，以最舒适的中音ɑ音作为共鸣训练的基本音，以此为基础，再拓展下部胸腔共鸣和上部的鼻腔等腔体的共鸣。用鼻腔、口腔和胸腔的共鸣对应高、中、低声区进行练习，体会声区的变化。

（一）口腔共鸣调节要领

在腭以下、胸腔以上的口腔、咽腔的喉咽、口咽腔和喉腔获得的共鸣是中部共鸣。播音发声大部分采用中声区，因此中部共鸣以口腔为主。口咽的状态与口腔的状态关系密切，口腔是发声活动的关键部位，它能形成字音，也能使音色明亮、字音清晰，其他共鸣腔体共鸣作用的发挥，也与口腔共鸣有关。发声时，注意提起颧肌、打开牙关、挺起软腭和放松下巴，以增加口腔的空间。唇齿相依、声挂硬腭前部，适当绷紧口腔软壁的肌肉对增加口腔共鸣也有一定帮助。

（二）胸腔共鸣调节要领

在胸腔获得的共鸣是下部共鸣，也称低音共鸣或胸腔共鸣。两肋打开，喉部放松，舌位适当靠后，适当降低音高，适当加大音量。调节胸腔共鸣一般要找到胸部支点。胸部支点（简称"胸支"）是指在有声语言表达中，随着气息声音的变化，胸部产生的一种振动感。[①]胸腔共鸣调节过程中，胸部支点随着调节过程上下移动。

（三）鼻腔共鸣调节要领

在腭以上的鼻腔、鼻咽腔和鼻窦获得的共鸣是上部共鸣，也称为高音共鸣。播音发声使用的上部共鸣以鼻腔共鸣为主。在言语发声中，鼻腔共鸣包括以下两方面内容，这里主要指后者。

一是鼻辅音如m、n、ng发音时的共鸣和鼻化元音发音时的共鸣。发音时，软腭向下，完全打开鼻腔通道，气流直接进入鼻腔，发出声音。

二是嗓音中的高泛音共鸣。发音时，软腭上抬，但不完全堵住鼻腔通路，大部分气流从口腔通过，小部分气流进入鼻腔，产生鼻腔共鸣。适度的鼻腔共鸣可以使声音柔和而有光彩，发声省力。

调节鼻腔共鸣一般要寻求声音的高位置——眉心、头顶甚至脑后。高位置的声音必须有足够的气息容量、气息深度与密度的支持。获得声音的高位置，还要充分打开后口腔，所以，挺软腭、凹舌根、松下巴非常重要。

（四）共鸣调节训练的原则

每个人的发声器官和发声方法都有差异，共鸣的情况也不一致。共鸣的调节训练，通常不是另起炉灶式的训练，而是在发声者现有共鸣基础上的有针对性的改进训练。所以，共鸣训练的原则是缺什么共鸣就补什么共鸣的"弥补原则"。

---

① 李晓华.广播电视语言传播发声艺术概要[M].北京：北京广播学院出版社，1999:79.

【实践训练】

一、口腔共鸣调节训练

（一）单音节集中度训练

一口气读一个音节或一组音节，中声区发声，声音清脆明亮，有节奏感。训练时，丹田控制呼吸，结合提、打、挺、松技巧，使声音形成声束，沿着硬腭中纵线送达硬腭前部，可将食指按于鼻子下面的人中处，感受声音从人中送出。训练时发短音，口腔打开，唇舌用力，声音集中，声母发音准确，韵母饱满圆润。

bì、dì、bà、dà	bì、pì、bà、pà	bù、pù	dì、dà、dì、dà
dà、dì、dù	tà、tì、tù	nà、nì、nù	là、lì、lù

（二）象声词集中度训练

一口气读一个词，要领与单音节集中度训练相同。注意把每个字都送达硬腭前部。

吧嗒嗒	当啷啷	滴沥沥	叮咚咚	咕嘟嘟	呱嗒嗒	轰隆隆
扑棱棱	唧咕咕	哐啷啷	乒乓乓	淅沥沥	哧溜溜	滴答答
叮当当	嘎吱吱	咕隆隆	咣当当	呼哧哧	哗啦啦	咔嚓嚓

（三）打开口腔训练

训练时从易到难，提起颧肌，增加前口腔共鸣；挺起软腭，在不压喉的前提下适当降低舌根，增加后口腔开合度；打开牙关，松开下巴，咬字更灵活。注意保持口腔的积极状态，开合度足够，舌位靠后的字音在后口腔打开的基础上，送达硬腭前部。

1.朗读带ɑ韵词语

啊呀	按照	肮脏	败将	傍晚	残垣	操办	拆台	唱片
搭档	单弦	倒塌	锻压	烦恼	甘甜	高校	拐角	光环
害臊	航天	环线	甲烷	将帅	卷烟	勘察	烤箱	款待
辣椒	阑珊	劳驾	粮站	乱弹	买点	芒硝	缅怀	纳彩

2.朗读韵母

ɑo、ou、iɑ、ie、uɑ、uo、üe、iɑo、iou、uɑi、uei、uɑn、uen、uɑng、ong、ueng、üɑn、ün、iong

3.朗读绕口令

白阿姨、黄阿姨、花阿姨

白阿姨、黄阿姨、花阿姨,养鸡场里来喂鸡。白阿姨喂七百一十七只大黄鸡,黄阿姨喂七百七十一只大花鸡,花阿姨喂七百七十七只大白鸡。三个阿姨一合计,要用机器来喂鸡,造了一套喂食机。

4.朗读诗歌

望海潮·东南形胜

(宋)柳永

东南形胜,三吴都会,钱塘自古繁华。烟柳画桥,风帘翠幕,参差十万人家。云树绕堤沙,怒涛卷霜雪,天堑无涯。市列珠玑,户盈罗绮,竞豪奢。

重湖叠巘清嘉,有三秋桂子,十里荷花。羌管弄晴,菱歌泛夜,嬉嬉钓叟莲娃。千骑拥高牙,乘醉听箫鼓,吟赏烟霞。异日图将好景,归去凤池夸。

二、胸腔共鸣调节训练

此训练为增加低音区泛音,增强声音浑厚度和宽广度的训练。训练时,两肋打开,喉部放松,舌位适当靠后,适当降低音高,适当加大音量。弹发音节时,手放到前胸壁,发低音时,感受胸腔振动,体会声音越低、振动越强的感觉。做音节训练时,注意气息和声音送达硬腭前部,字音清晰,不要压喉,送出的声音饱满有力。做诗歌和寓言故事训练时,找准胸部支点,注意胸部支点随着稿件内容的变化而上下移动。

(一)感受胸腔共鸣

1.一口气弹发三个较低的à:à、à、à。

2.一口气弹发三个较低的hà:hà、hà、hà。

3.一口气弹发七个较低的hà:hà、hà、hà、hà、hà、hà、hà。

(二)朗读双音节词语

阿来	碍眼	拜谢	派遣	买卖	肥美	胆怯	台海
耐烦	蓝牙	盖菜	开拍	骇然	借贷	前辈	血液
赞美	摧毁	散架	展板	谄媚	筛查	燃点	返回
坦荡	看望	将来	采莲	种植	完全	阳光	允诺

(三)朗读四音节词语

蓝天白云　长治久安　花红柳绿　汗马功劳　万紫千红　混为一谈

百花齐放	建功立业	五彩缤纷	看菜吃饭	万马奔腾	立竿见影
天伦之乐	卖国求荣	为您服务	怒发冲冠	山河美丽	事半功倍
姹紫嫣红	学非所用	泥牛入海	顾盼生辉	兔死狐悲	皇天后土

(四)朗读现代诗歌

乡愁

席慕容

故乡的歌是一支清远的笛
总在有月亮的晚上响起
故乡的面貌却是一种模糊的怅望
仿佛雾里的挥手别离
离别后
乡愁是一棵没有年轮的树
永不老去

(五)讲述寓言故事

鹳鸟迁巢

(明)刘基

子游为武城宰,郭门之垤,有鹳迁其巢于墓门之表。墓门之老以告,曰:“鹳,知天将雨之鸟也。而骤迁其巢,邑其大水乎?”

子游曰:“诺。”命邑人悉具舟以俟。

居数日,水果大至。郭门之垤没,而雨不止。水且及于墓门之表,鹳之巢翘翘然。徘徊长唳,莫知其所处也。

子游曰:“悲哉!是亦有知矣,惜乎其未远也!”

三、鼻腔共鸣调节训练

(一)声音的高位置训练

此训练为增强声音高亢度的训练。训练时,结合提、打、挺、松技巧,想象声音是被“吸”到眉心而发出的,发声时适当上提双眉有助于把声音送达眉心。发高音时,丹田对气息的控制越强,气息量越足,气息密度越高,集中度就越强。注意声音越高,气息越要下沉。不可气提声浮,若声音偏散,则很难到达高位置。

1.ng的哼鸣练习

双唇紧闭，唇齿相依，软腭下降，打开鼻腔通路，气流和声音从鼻腔通过。感受气流进入鼻腔，声音送到眉心，声音从高位置弹出。

2.朗读下列带有韵母u的双音节词语

穿越　窗花　春耕　纯净　催命　堆积　焕发　轮胎　落差

暖瓶　挪威　软盘　顽强　毁坏　围歼　文化　作风　抓紧

3.朗读四音节词语

白山黑水　别来无恙　戴月披星　害群之马　假仁假义　拍案叫绝

排山倒海　塞翁失马　歪风邪气　邪不压正　鸦雀无声　妖言惑众

4.朗读古典诗词

所见

（清）袁枚

牧童骑黄牛，歌声振林樾。意欲捕鸣蝉，忽然闭口立。

村居

（清）高鼎

草长莺飞二月天，拂堤杨柳醉春烟。儿童散学归来早，忙趁东风放纸鸢。

5.朗读现代诗歌

长江之歌

胡宏伟

你从雪山走来，春潮是你的风采；你向东海奔去，惊涛是你的气概。你用甘甜的乳汁，哺育各族儿女；你用健美的臂膀，挽起高山大海。我们赞美长江，你是无穷的源泉；我们依恋长江，你有母亲的情怀。

你从远古走来，巨浪荡涤着尘埃；你向未来奔去，涛声回荡在天外。你用纯洁的清流，灌溉花的国土；你用磅礴的力量，推动新的时代。我们赞美长江，你是无穷的源泉；我们依恋长江，你有母亲的情怀。

（二）消除鼻音

此训练为锻炼高泛音共鸣的控制和调节能力的训练。以m、n作声母的双音节词语，发音时，非鼻音的韵尾不要带上强烈的鼻音。以n、ng充当韵尾的双音节词语，发音时，非鼻音的声母、韵头不要带上鼻音，韵腹不要过早地带上鼻音。

1.朗读下列带有m、n做声母的双音节词语

妈妈　满面　冒名　灭门　奶奶　泥泞　泥淖　内能　年年

难免	泥煤	年迈	黏膜	牛虻	美女	棉农	模拟	默念
骂名	盲目	梦寐	描摹	牧民	奶牛	内难	捏弄	农奴

2. 朗读下列以n、ng充当韵尾的双音节词语

秉性	病员	承蒙	电线	定向	肝胆	光芒	行当	馄饨
换算	黄昏	荒凉	简短	金钱	进军	均衡	款项	狂妄
联邦	亮相	冷峻	垄断	沦丧	论文	蛮横	民心	名媛

第三节　播音主持吐词方式训练

【理论概述】

吐词就是词语的吐送。播音主持发声的吐词包括静态吐词和动态吐词两种。静态吐词指脱离了交际环境的词语的吐送。动态吐词指进入语句后的词语的吐送。静态吐词是动态吐词的基础,动态吐词是静态吐词的应用。

一、静态吐词

静态吐词训练以汉语音节结构为基础,一般来说,音节分为声母、韵母和声调三部分,韵母分为韵头、韵腹、韵尾。声母和韵头称为字头,韵腹称为字腹,韵尾称为字尾。

(一)吐字归音的要领

静态吐词包括单音节字和多音节词语的吐送。发音时对一个音节字头、字腹、字尾的处理方法称为吐字归音,要领如下:

1. 出字——字头有力,叼住弹出

字头包括声母和韵头,声母的成阻、持阻阶段即叼字阶段,除阻阶段即字头的弹出阶段。"叼住"指咬字要有一定力度,成阻部位的肌肉要有一定的紧张度;咬字力量集中在相应部位的中纵部分;叼字的力度要恰到好处,要用巧劲;声母和韵头的结合要紧密,韵母起头元音的唇形就是声母的"临时唇形",齐齿呼、合口呼和撮口呼的唇形要合适、着力。

弹出时,气流冲破阻碍,快速有力地送出字头。可以做韵头的元音有"i"、"u"和

"ü"。辅音声母与韵头拼合时，首先找准辅音声母的成阻位置，再快速向韵头的位置靠近。注意："i"的开口度小，发音时务必清晰；"u"的舌位靠后，发音时不可压喉；"ü"的开口度小且为圆唇音，发音时务必清晰，双唇匝肌用力。

2.立字——字腹饱满，拉开立起

字腹，是指在音节中开口度最大、最响亮，且发音时间最长的元音。"拉开"指字头弹出后迅速打开口腔，使字音在口腔内获得较丰富的共鸣的发音过程。"立起"指主要元音的发音要占据足够的时间，使其响亮、圆润，在听觉上形成字音立起来的饱满感。字腹的发音要求如下：

第一，窄音宽发，宽音窄发。宽和窄是指口腔的开合度。如"ɑ"是所有单元音中开口度最大的，拉开立起时注意开口度不能过大。"i、-i[ʅ]、-i[ʅ]"等开口度窄，发音时，开口度尽可能大一些。

第二，前音后发，后音前发。前和后是指发音位置在口腔中靠前和靠后。"i、ü"应略微往后发，不能太靠前。"e、o、u" 应略微往前发，不能太靠后。

第三，圆唇扁发，扁唇圆发。圆和扁是指唇形。"o、u、ü"等圆唇音发音时口型略扁。"i、e、ɑ"等扁唇音发音时不可过分咧嘴，口型略圆。

第四，高元音作韵头、韵尾，或 "n、ng"作韵尾的音节，韵腹拉开立起，勿受高元音或鼻音尾韵影响而口腔开合度过小。

3.归音——字尾归音，弱收到位

字尾是音节的结束部分，既要收到位，又要弱收，不能收得很突出。三种不同字尾的归音要领是：

第一，以 i、u 充当字尾的音节，归音时松紧适度，既不像充当韵腹时那么紧，也不能收得太松。

第二，以鼻辅音 n、ng 充当字尾的音节，归音时点到为止。n 以舌尖向齿龈靠拢收音，ng 以舌根向软腭靠拢收音。

第三，音节以韵腹结束的，字腹的发音结束后，口腔逐渐放松关闭收音，归音只有口部的动作，没有声音。

（二）多音节词语的吐送要领

多音节词语的吐送需要注意整体感，词语整体比较清晰，首字字头与末字字尾突出，其他部分自然过渡，不要出现跳跃衔接的问题。在训练时不可忽略多音节词语的轻重格式，轻重格式影响词语中各个字音的长短，也直接影响字音中字腹的发音时长。

二、动态吐词

动态吐词的基本单位是节奏单元。节奏单元是指播音主持发声过程中“根据语句的韵律、意义、结构特点和表达需要对语句进行切分所形成的以词或短语为单位的语音片段”[①]。节奏单元的划分有时不具有唯一性。下面文段中每一条横线上的文字为一个节奏单元。

《联合国 海洋法公约》第30次 缔约国会议 24日 在联合国总部 举行，选举7名 国际海洋法法庭 法官，以接替 任期 即将于 今年9月30日 结束的 7名法官。中国政府 提名的 候选人、中国 驻匈牙利大使 段洁龙 24日 高票当选。（央视《新闻联播》2020年8月25日）

动态吐词与音节地位、语速快慢、轻重格式、气息强弱、字尾收放、声调高低等密切相关。语句中需要重点突出的词语，或轻重格式中地位更重的音节，其吐词力度更强。语速快、气息强时，字腹更饱满；语速慢、气息弱时，则相反。声调随着语调的变化而变化。

【实践训练】

一、颌关节及口腔肌肉训练

此训练为锻炼口腔对词语吐送的控制能力的训练。做打牙关练习时照镜子，观察口腔内部软腭是否挺起。做凹舌头练习时，舌头需要完全放松，强行压舌易使咽部产生反应，导致恶心想吐。做唇舌练习时，着重训练唇和舌的灵活程度。

（一）打开口腔练习

1.模拟咀嚼

慢速、放松地打开嘴巴，用大牙模拟嚼东西。可开口咀嚼、闭口咀嚼、边说边咀嚼。

2.错动下巴

松开嘴巴，下巴放松，向左、向右错动下巴，前后伸缩下巴。

---

①杨小锋.语言艺术发声节奏单元论[J].四川师范大学学报（社会科学版），2010(5):57-62.

3.打牙关

面部肌肉努力上提，从大牙处开始打开口腔，假想口盖往后上方抬起，下巴放松往后退，尽力打开口腔，露出上下门齿，保持打开牙关最后的动作一两秒钟。照镜练习。

4.抬头张口

头部稍微前倾，一只手的肘关节固定于桌面，用这只手握拳或以手掌轻托下巴，下巴放松，眼睛平视前方，然后想象抬头看天花板，用头后部肌肉的力量把头抬起，促使口自然往上张大，下巴和手始终处于放松接触状态。如图1–1[①]：

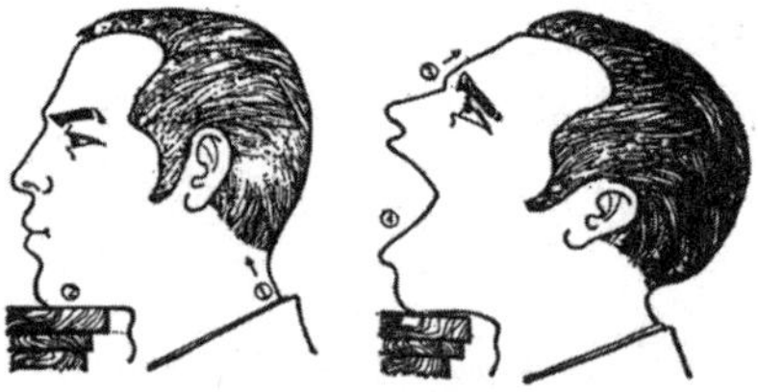

图1–1　抬头张口

5.凹舌头

打开牙关，舌头平放在口腔内，放松。微微吸气，舌头从前往后形成一条纵沟，小舌头上提，能见到咽后壁。照镜练习。如图1–2[②]：

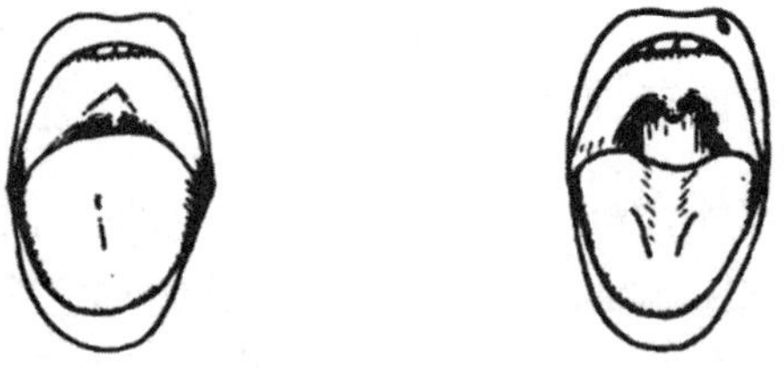

未形成纵沟　　已形成纵沟

图1–2 凹舌头对比图

（二）唇的训练

撅唇：上下唇闭合，唇齿相依，舌尖抵住下齿背，唇部内缘向唇中间收紧集中。

咧唇：上下唇闭合，唇齿相依，舌尖抵住下齿背，唇部内缘向唇外展开，不露出牙齿。

①林俊卿.咽音练声的八个步骤[M].上海：上海音乐出版社，1985:9.

②林俊卿.歌唱发音不正确的原因及纠正方法[M].北京：人民音乐出版社，1960:130.

撇唇：在撅唇的基础上，左右交替撇动唇部。唇部收紧，不露牙齿，脖颈肌肉不用力。

绕唇：在撅唇的基础上，顺时针和逆时针360度交替环绕。唇部收紧，不露牙齿，脖颈肌肉不用力。

喷唇：上下唇闭合，唇齿相依，舌尖抵住下齿背，唇部内缘向唇中间收紧集中，随后气流快速且有力地冲破双唇形成的阻碍，喉部放松，不振动声带。

（三）舌的训练

伸舌：打开口腔，小舌与舌体后部之间留有一点儿空间，舌尖带动舌体往口腔外送出，送出时两侧收紧，舌体尽量伸细、伸长，舌尖收尖。

卷舌：打开口腔，舌尖向上卷起，呈U形，舌尖用力带动舌体往口腔外送出。

弹舌：打开口腔，舌尖与上齿龈或硬腭接触形成阻碍，舌尖用力外弹，弹响。

顶舌：双唇紧闭，牙关打开，舌尖抵住左脸颊，舌尖带动舌体用力向外顶。左右两侧脸颊交替顶舌。

刮舌：舌尖抵住下齿龈，上齿龈从舌尖往舌面方向刮，舌面中纵线隆起。

转舌：双唇紧闭，上下门齿之间留出空隙，舌尖从缝隙伸出，舌尖与牙齿外侧接触，顺时针和逆时针360度旋转交替练习。

立舌：打开口腔，上下门齿之间留出空隙，舌体左侧边缘与上齿接触，同时舌体右侧边缘与下齿接触，舌体中部用力将上下牙之间的空间撑开。舌体向左向右交替立舌。

二、字头处理训练

训练时，注意字头发音准确、清晰、有力。声母的发音部位和发音方法要准确，韵头与声母的结合要紧密，用好叼住弹出字头的要领。初学者先保证字音的清晰，再求速度。

（一）零声母音节训练

凹	哀	安	爱	按	挨	沤	昂	盎	讹	恩
外	歪	望	五	万	无	瓦	物	吴	问	翁
要	雅	姨	燕	腰	油	永	远	愿	阳	营

（二）辅音声母音节训练

来	兰	宰	卖	鸣	槽	包	诈	牛	情	光

哥	戴	心	压	司	陷	包	吐	肥	扣	宾
长	证	语	力	化	子	式	血	录	会	界

（三）声母与单元音的拼合练习

ba、bo、bi、bu	pa、po、pi、pu	ma、mo、mi、mu
fa、fo、fu	da、de、di、du	ta、te、ti、tu
na、ne、ni、nu、nü	la、le、li、lu、lü	ga、ge、gu
ka、ke、ku	ha、he、hu	ji、ju
qi、qu	xi、xu	zi、ci、si
zhi、chi、shi、ri		

（四）声母与韵头的拼合练习

变	彪	憋	翩	飘	瞥	眠	秒	灭	谬	电
跌	丢	煅	兑	吨	堕	填	挑	贴	湍	腿
粘	娘	鸟	涅	扭	暖	虐	喏	俩	脸	量

三、字腹处理训练

此训练为锻炼字腹的响亮、圆润、饱满的训练。做开口呼训练时，口腔开合度不宜过大，尤其是带a的韵母。做齐齿呼训练时，开口度不可过窄。做合口呼训练时，双唇中部要收紧，有力度。做撮口呼训练时，双唇要撮圆、有力。做改善音色训练时，注意遵循不同类型字腹的发音要求。

（一）四呼训练

1.开口呼词语练习

哪怕	砝码	打趴	默默	薄膜	客车	色泽	客车	折射
舍得	知识	色泽	特色	字词	而后	飞贼	报告	烧脑

2.齐齿呼词语练习

激励	契机	加压	下架	贴切	嬉戏	恰恰	笑料	叫嚣
结节	见面	天边	临近	踉跄	奖项	宁静	病情	娉婷

3.合口呼词语练习

户主	图书	出租	刮花	挂画	耍滑	怀揣	摔坏	外快
归队	官宦	专断	论文	昆仑	馄饨	状况	双簧	中东

4. 撮口呼词语练习

序曲	豫剧	女婿	渔女	雀跃	绝学	轩辕	语句	雨具
逾矩	芸芸	逡巡	均匀	渊源	泉源	全权	晕圈	决绝

（二）改善音色练习

1. 开——闭

阿姨	爱惜	案件	奥秘	扮演	办理	猜想	财经	测定
超级	彻底	答辩	打击	胆量	导体	道理	防疫	放弃

2. 闭——开

比方	表达	抵抗	地板	激发	急忙	健美	将来	列车
批判	疲劳	屏障	期刊	奇特	旗袍	洽谈	千克	勤劳

3. 前——后

爱护	安详	板书	本领	编号	餐车	翅膀	带领	担负
发动	加工	坚固	拟订	前往	趋向	士兵	下降	演出

4. 后——前

绑架	包含	部件	称赞	成心	崇拜	出席	存在	当前
方案	附加	钢笔	歌曲	隔离	攻击	公里	国际	好比

5. 圆——扁

捕捞	稠密	初级	春天	粗粮	毒刑	否定	夫妻	化石
聚集	快乐	逻辑	破裂	普及	取代	群体	如意	树立

6. 扁——圆

必须	标语	采用	茶馆	逮捕	德育	地区	定律	分寸
海关	杰出	解决	连续	领土	频率	评估	起草	器具

四、字尾处理训练

此训练为锻炼字尾发音的到位、弱收的训练。以i结尾时，舌位略低于i。以u(o)结尾时，双唇不要收得太紧。以n结尾时，舌尖向齿龈靠拢，不可将鼻音拖得过长，点到即止。以ng结尾时，舌根向软腭靠拢，气流从软腭进入鼻腔，点到即止。

（一）i的归音训练

白菜	拍卖	买卖	灾害	虐待	开外	蓓蕾	妹妹	非得
会费	惴惴	外汇	怀揣	摔坏	乖乖	崔巍	归队	退位

（二）u(o)的归音训练

暴躁	草包	高傲	抛锚	吊桥	缥缈	逍遥	窈窕	丑陋
欧洲	旧友	流油	求救	绣球	悠久	琉球	豆蔻	抖擞

（三）n的归音训练

安然	斑斓	参看	烂漫	深沉	认真	振奋	紧邻	民心
辛勤	音频	军训	循循	纭纭	边沿	艰险	偏见	前年

（四）ng的归音训练

沧桑	放榜	商行	螳螂	逞能	萌生	鹏程	蒸腾	明令
平定	倾听	充公	动容	隆重	粮饷	强将	想象	响亮

五、动态吐词技能训练

训练时，先划分节奏单元，然后根据节奏单元进行慢速朗读训练，待熟练后，再遵循动态吐词的基本规律，以正常语速朗读。注意，在用正常语速朗读时，不可将句子中的每一个节奏单元都处理得吐字有力、字腹饱满，应该根据文段的思想和情感表达，处理得有变化。

（一）段落练习

女人们孩提时的记忆散布在四季，男人们的童年往事大多是在夏天里。这是由于我们儿时的伴侣总是各种各样的昆虫。蜻蜓、天牛、蚂蚱、螳螂、蝴蝶、蝉、蚂蚁、蚯蚓，此外还有青蛙和鱼儿。它们都是夏日生活的主角；每种昆虫都给我们带来无穷的快乐。（冯骥才《苦夏》）

（二）新闻练习

第十七次全国国民阅读调查结果今天由中国新闻出版研究院在线发布，调查执行样本城市为55个，覆盖29个省区市。有效样本量21270个，未成年样本占23.7%，城乡样本比例为2.9:1。调查结果显示的最重要趋势，是数字化阅读的发展提升了国民综合阅读率，整体阅读人群持续增加。不过，这也导致纸质阅读率增长放缓。（《新京报》2020年4月20日）

（三）散文练习

到四年级，我们的导师才严格规定：不论是作文、日记、周记都不准用“光阴似箭，日月如梭”,要使用那些平常看得见的东西来形容。一时之间,光阴和日月就变得很热闹了。

例如光阴似鱼,日月如鸟。

例如光阴似水,日月如云。

例如光阴似风,日月如电。

也有说光阴似蝴蝶,翩翩飞去;日月如蜜蜂,一次只留下一些甜蜜的回忆。从此,创造力大开。(林清玄《光阴似箭到日月如梭》)

第四节　播音主持情声气关系训练

【理论概述】

在播音主持发声中,感情是基础,气息连接感情和声音,以情带声是声音使用的正确途径。情声气三者的具体关系是气随情动、声随情变、以声传情。声音色彩是感情色彩的外部体现,思想感情的变化能够使气息和声音产生一定变化。感情,是声音变化的基础。但在有声语言创作中,只有思想感情的变化是远远不够的,声音随感情而变化,气息随发声主体的感情而运动的能力至关重要。声音的变化能力越强,越能够更好地表达出稿件中的思想感情。

一、感情调动声音——声随情变

所谓声随情变,是指播音主持发声活动中,声音的变化是随着感情的变化而变化的。而声音对于人们变化着的思想感情的适应能力,简单说就是声音随感情变化而来的伸缩性,就是声音弹性。[①]声音弹性包括单一要素和多种要素,单一要素训练是指对声音某一方面进行针对性训练,多种要素训练则要结合多个方面进行声音变化训练。为了达到训练效果,可借助情境进行。

(一)声音弹性的单一要素

1.高与低

表达坚定昂扬、兴奋激动、紧张等情感和场景时多用高音,表达平和安静、悲哀沉

① 徐恒.播音发声学[M].北京:北京广播学院出版社,1985:136.

痛等情感和场景时多用低音。声音的高低与声带振动的快慢有关。声带振动的次数越多,声音就越高,反之就越低。

2.强与弱

表达欢呼振奋、坚定豪迈、澎湃激昂等情感和场景时多用强音,表达软弱消沉等情感和场景时多用弱音。声音的强弱与声带振动的幅度有关。声音是通过气息冲击声门发出的,送出的气息越强,声带振动幅度越大,声音就越强,反之就越弱。

3.快与慢

表达紧张急切、激动兴奋等情感和场景时声音偏快,表达迟缓深沉、平和沉静等情感和场景时声音偏慢。声音的快慢与声带振动的时间长短有关。声带振动时间持续得越长,声音就越慢,反之就越快。

4.虚与实

表达凄楚忧伤、平和舒缓、轻松柔婉等情感和场景时声音多偏虚,表达义正词严、坚定豪迈、紧张激动等情感和场景时声音多偏实。声音的虚实与气声匹配有关。气息占比越多,声音越虚;声音占比越多,声音越实。

5.松与紧

表达凄楚忧伤、平和安静等情感和场景时声音偏松,表达赞美歌颂、坚定昂扬、紧张激烈等情感和场景时声音偏强。声音的松紧与吐词力度有关。吐词力度越大,声音越紧;吐词力度越小,声音越松。

(二)声音弹性的多种要素

1.刚与柔

表达坚定、严厉、激愤、紧张等情感时声音偏刚,表达爱怜、含蓄、温和、轻松等情感时声音偏柔。声音的刚劲与柔和与声音的力度有关。偏实声、音量比较强、音高偏中高音和吐词比较有力的声音,显得较为刚劲。偏虚声、音量比较弱、音高偏低音和吐词力度偏弱的声音,显得较为柔和。

2.纵与收

表达豪放、愤怒、兴奋等情感时声音偏纵,表达沉静、平和、谨慎等情感时声音偏收。声音的放纵与收束与嗓音的控制有关。音高偏高、音量较强、声音较实、速度较快的声音,显得较为放纵。音高偏低、音量较弱、速度偏慢、声音较虚的声音,显得较为收束。

3.厚与薄

表达深沉、庄重等情感时声音偏厚，表达活泼、欢快等情感时声音偏薄。声音的厚实与细薄与共鸣有关。当气息吸得较深、喉部放松、胸腔共鸣较强时，声音偏厚实。当气息吸得较浅、喉部闭合较紧、胸腔共鸣较弱时，声音偏细薄。

4.明与暗

表达欢乐、开朗、赞颂等情感时声音偏明，表达哀伤、感慨、深沉等情感时声音偏暗。声音的明朗与暗淡与声音的亮度有关。声音共鸣位置略靠前、声音位置偏高、气息比较集中、口腔状态较紧时，声音较为明朗。声音共鸣位置略靠后、声音位置偏低、气息不太集中、口腔状态略松时，声音较为暗淡。

二、感情调动气息——气随情动

所谓气随情动，是指发声活动中的气息是随着发声主体感情的变化而变化的。[①]感情，是气息运动的基础。

1.爱的感情色彩：气息徐缓而深长，口腔宽松，气流舒而散，唇舌着力轻柔，声音产生温和感。

2.憎的感情色彩：气息运足并猛塞，口腔窄紧，气流冲而聚，唇舌阻气硬而狠，声音产生挤压感。

3.喜的感情色彩：气息饱满而上扬，口腔似千里行舟，气息似不绝清流，唇舌轻弹，气流轻快，声音产生跳跃感。

4.悲的感情色彩：气息沉缓如尽竭，口腔凝滞如负重，气流松散无力，唇舌缓动，声音产生迟滞感。

5.欲的感情色彩：气息充盈而畅达，口腔积极敞开，气流放纵外涌，唇舌动程加大，声音产生伸张感。

6.惧的感情色彩：气息上提或倒吸，口腔像冰封，气流凝滞不动，唇舌动程缩小，声音产生紧缩感。

7.急的感情色彩：气息短促而迅疾，口腔似弓弦，飞箭流星。气流如穿梭，经纬速成，唇舌快点，声音产生紧迫感。

8.冷的感情色彩：气息微弱而平出，口腔松懒，气流稀薄散泄，唇舌少力，声音产生冷寂感。

①杨小锋.语言艺术发声研究[M].北京：科学出版社，2016：80-82.

9.怒的感情色彩：气息充盈而畅达，口腔积极敞开，气流放纵外涌，唇舌动程加大，声音产生伸张感。

10.疑的感情色彩：气息轻细而内收，口腔欲松还紧，气流欲连还断，唇舌欲动又黏，声音产生踟蹰感。

三、以声传情

以声传情是指播音主持活动中的情感与情绪是通过发声主体的声音传递的。声音是载体，感情仍然是语言表达的基础。

【实践训练】

一、声音弹性的单一因素训练

（一）高与低

做高低对比练习时，无论升高还是下降，都需要以气息作为支撑，否则容易造成声带疲劳甚至嗓音疾病。做拔音训练时，一口气完成从低音到高音（或高音到低音）的滑动，注意气声匹配，发声通道畅通，声音集中，送达硬腭前部。阶梯式升降时，如同爬楼，一次完成一个高度的发声，逐次上升和下降。从中音区开始往上升，逐渐增加至气息能够稳住的最高位置。声音不能落在喉咙里，要送到人中处。训练中出现破音或嗓子干涩发痒、喉咙痛等症状，需立即停下，待调整好状态后再进行练习。

1.音高变化训练

（1）发ɑ和i的拔音训练

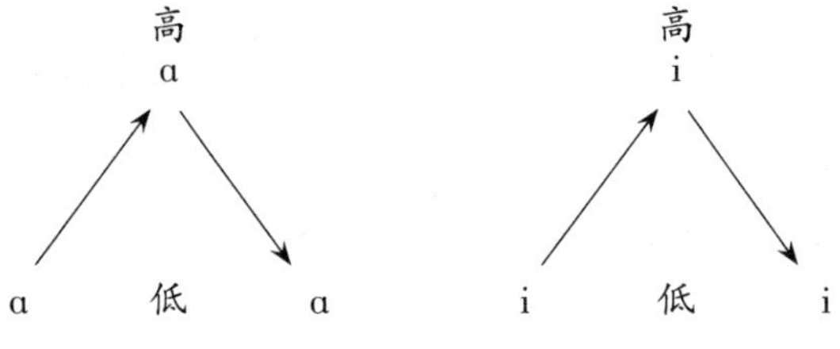

（2）阶梯式升降弹发hè、hà、hài和hè、hà、huò

2. 古典诗词音高训练

人民解放军占领南京

毛泽东

钟山风雨起苍黄,百万雄师过大江。虎踞龙盘今胜昔,天翻地覆慨而慷。宜将剩勇追穷寇,不可沽名学霸王。天若有情天亦老,人间正道是沧桑。

(二)强与弱

做强弱对比练习时,注意气息与声音的匹配,声音集中,声挂前腭,通过气息的支撑,增强声音的穿透力。不要把强弱与高低混淆,强弱以向不同距离或不同数量人群喊话、朗诵练习为主。

1. 音强变化训练

(1)向不同距离喊人:阿毛、阿妈、阿爸、阿刚、小兰……

(2)向不同距离喊话:

梁——海——洋——

开——船——啦——

快——回——来——

2. 古典诗词音强训练

满江红·怒发冲冠

(宋)岳飞

怒发冲冠,凭阑处,潇潇雨歇。抬望眼,仰天长啸,壮怀激烈。三十功名尘与土,八千里路云和月。莫等闲,白了少年头,空悲切。

靖康耻,犹未雪。臣子恨,何时灭!驾长车,踏破贺兰山缺。壮志饥餐胡虏肉,笑谈渴饮匈奴血。待从头,收拾旧山河,朝天阙。

(三)快与慢

做快慢对比练习时,注意把握节奏。训练时的速度可以自行掌握,可先慢再快,也可快慢结合。

1. 节奏练习

一一,一个一

一,一,一个一;

一二,二一,一,一个一;

一二三,三二一,二一,一,一个一;

一二三四，四三二一，三二一，二一，一，一个一；

一二三四五，五四三二一，四三二一，三二一，二一，一，一个一；

一二三四五六，六五四三二一，五四三二一，四三二一，三二一，二一，一，一个一；

一二三四五六七，七六五四三二一，六五四三二一，五四三二一，四三二一，三二一，二一，一，一个一；

数了半天一棵树，一棵树上长着七根枝，七根枝上挂着七个果，苹果，桃儿，葡萄，柿子，李子，栗子，梨。

2.散文练习

我坐了木船（节选）

叶圣陶

抱着书生之见，我决定坐木船。木船比不上轮船。更比不上飞机，千真万确。可是绝对不用请托，绝对不用找关系，也无所谓黑票。你要船，找运输行。或者自己到码头上去找。找着了，言明价钱，多少钱坐到汉口，每一块钱花得明明白白。在这一点上，我觉得木船好极了，我可以不说一句讨情的话，不看一副难看的嘴脸，堂堂正正凭我的身份东归。这是大多数坐轮船坐飞机的朋友办不到的，我可有这种骄傲。

（四）虚与实

做虚实对比练习时，注意气息与喉部的配合。训练时，可以按照虚声、实声、虚实声的顺序对语言材料进行练习，最后再按诗歌和段落的实际感情变化声音的虚实。

1.音色变化训练

（1）六个单元音（ɑ、o、e、i、u、ü）的虚实训练

（2）诗歌的虚实变化训练

望月有怀

（唐）李白

清泉映疏松，不知几千古。寒月摇清波，流光入窗户。

对此空长吟，思君意何深。无因见安道，兴尽愁人心。

2.段落训练

离别（节选）

郑振铎

别了，我爱的中国，我全心爱着的中国。当我倚在高高的船栏上，见着船渐渐的离岸了，船与岸间的水面渐渐的阔了，见着许多亲友挥着白巾，挥着帽子，挥着手，说

着Adieu，Adieu！听着鞭炮劈劈啪啪的响着，水兵们高呼着向岸上的同伴告别时，我的眼眶是润湿了，我自知我的泪点已经滴在眼镜面了，镜面是模糊了，我有一种说不出的感动！

（五）松与紧

做松紧对比练习时，需要注意口腔的控制。可以按照紧、松、不松不紧的顺序进行朗读训练。

天上看，满天星

天上看，满天星，地下看，有个坑，坑里看，有盘冰，坑外长着一老松，松上落着一只鹰，松下坐着一老僧，僧前放着一部经，经前点着一盏灯，墙上钉着一根钉，钉上挂着一张弓。说刮风就刮风，刮得那男女老少难把眼睛睁，刮散了天上的星，刮平了地上的坑，刮化了坑里的冰，刮倒了坑外的松，刮飞了松上的鹰，刮走了松下的僧，刮乱了僧前的经，刮灭了经前的灯，刮掉了墙上的钉，刮翻了钉上的弓，这是一个星散、坑平、冰化、松倒、鹰飞、僧走、经乱、灯灭、钉掉、弓翻的绕口令。

二、声音弹性的多种要素

多种声音要素的训练是单一要素训练的升级，每一种复合的声音都包含多种单一要素。因此，在训练时，应注意把握各要素之间的协调配合。

（一）刚与柔

训练时，注意刚的声音综合了实声、较强音量、中高音和吐词有力等特点，而柔的声音则虚、弱、低和吐词略松，两者对比强烈。下面的两首诗中，第一首偏刚，第二首偏柔。

江城子·密州出猎

（宋）苏轼

老夫聊发少年狂，左牵黄，右擎苍，锦帽貂裘，千骑卷平冈。为报倾城随太守，亲射虎，看孙郎。

酒酣胸胆尚开张，鬓微霜，又何妨？持节云中，何日遣冯唐？会挽雕弓如满月，西北望，射天狼。

关雎

关关雎鸠，在河之洲。窈窕淑女，君子好逑。

参差荇菜，左右流之。窈窕淑女，寤寐求之。

求之不得，寤寐思服。悠哉悠哉，辗转反侧。
参差荇菜，左右采之。窈窕淑女，琴瑟友之。
参差荇菜，左右芼之。窈窕淑女，钟鼓乐之。

（二）纵与收

训练时，注意纵的声音综合了实声、强音量、高音和吐词速度快等特点，而收的声音则虚、弱、低和吐词速度慢，两者对比强烈。

清贫（节选）

方志敏

（收）就在我被俘的那一天——一个最不幸的日子，有两个国民党军的兵士，在树林中发现了我，而且猜到我是什么人的时候，他们满肚子热望在我身上搜出一千或八百大洋，或者搜出一些金镯金戒指一类的东西，发个意外之财。（收）哪知道从我上身摸到下身，从袄领捏到袜底，除了一只怀表和一支自来水笔之外，一个铜板都没有搜出。（纵）他们于是激怒起来了，猜疑我是把钱藏在哪里，不肯拿出来。（纵）他们之中有一个左手拿着一个木柄榴弹，右手拉出榴弹中的引线，双脚拉开一步，作出要抛掷的姿势，用凶恶的眼光盯住我，威吓地吼道：

（纵）“赶快将钱拿出来，不然就是一炸弹，把你炸死去！”

（收）“哼！你不要作出那难看的样子来吧！我确实一个铜板都没有；想从我这里发洋财，是想错了。”我微笑着淡淡地说。

（纵）“你骗谁！像你当大官的人会没有钱！”拿手榴弹的兵士坚决不相信。

（纵）“决不会没有钱的，一定是藏在哪里，我是老出门的，骗不得我。”另一个兵士一面说，一面弓着背重来一次，将我的衣角裤裆仔细地捏，总企望着有新的发现。

（收）“你们要相信我的话，不要瞎忙吧！我不比你们国民党当官的，个个都有钱，我今天确实是一个铜板也没有，我们革命不是为着发财！”我再向他们解释。

（收）等他们确知在我身上搜不出什么的时候，也就停手不搜了；又在我藏躲地方的周围，低头注目搜寻了一番，也毫无所得，他们是多么的失望啊！

（三）厚与薄

训练时，注意厚的声音胸腔共鸣较强，喉部控制松弛，声音略低沉，如《我遥望》。而薄的声音则是口腔共鸣较强，声带闭合略紧，声音略高，如《虾趣》。

我遥望

曾卓

当我年轻的时候
在生活的海洋中，偶尔抬头
遥望六十岁，像遥望
一个远在异国的港口
经历了狂风暴雨，惊涛骇浪
而今我到达了，有时回头
遥望我年轻的时候，像遥望
迷失在烟雾中的故乡。

虾趣（节选）

秦牧

虾是喜欢嬉戏的，常常两只纠缠在一起，互相用长钳逗弄着玩。

虾前进的时候，伸直了两只钳足；当它遇险迅速后退的时候，两只长长的钳足就缩起来了。

虾吃食物时很小心，总是先用钳足去试探一下，然后赶紧后退，接着再试、再退，最后，它认定完全没有危险了，就放胆大嚼。吃东西的时候，用脚爪辅助，桡足快乐地划动着。有时，它仅仅用两只脚支地，其他的脚和整个身体都斜翘起来。

（四）明与暗

训练时，注意明的声音亮度较强，声带闭合略紧，舌位高点偏高，声音送出位置略靠前，胸腔共鸣减弱，口腔开合度略大，口腔形状略竖、宽、圆，如《新京报》消息。而暗的声音亮度较弱，其声带闭合略松，舌位高点偏低，声音送出位置略靠后，胸腔共鸣增强，口腔开合度略小，口腔形状略横、窄、扁，如《与妻书》。

学堂在线国际版上线

学堂在线是清华大学于2013年10月发起成立的在线教育平台，于2016年对外推出了“雨课堂”智慧教学工具。学堂在线总裁王帅国介绍，学堂在线国际版定位于汇聚国内外一流在线课程，首先支持中文、英语，后续将陆续支持俄语、西班牙语、法语及日语等语种。平台支持慕课、直播、证书、在线学位等多种在线教育形式，将重点挖掘来自中国高校的一流课程，同时兼顾引进全球性区域性顶尖高校的一流课程。

（《新京报》2020年4月21日）

与妻书(节选)

林觉民

吾平生未尝以吾所志语汝,是吾不是处;然语之,又恐汝日日为吾担忧。吾牺牲百死而不辞,而使汝担忧,的的非吾所忍。吾爱汝至,所以为汝谋者惟恐未尽。汝幸而偶我,又何不幸而生今日中国!吾幸而得汝,又何不幸而生今日之中国!卒不忍独善其身。嗟夫!巾短情长,所未尽者,尚有万千,汝可以模拟得之。吾今不能见汝矣!汝不能舍吾,其时时于梦中得我乎?一恸。

三、播音主持情声气综合训练

(一)坚定昂扬

朗诵时,声音应高昂、响亮、吐字饱满、铿锵有力,气息深厚、扎实。

我骄傲,我是中国人(节选)

王怀让

我是中国人——
我的祖先最早走出森林,
我的祖先最早开始耕耘,
我是指南针、印刷术的后裔,
我是圆周率、地动仪的子孙。
在我的民族中,
不光有史册上万古不朽的
孔夫子、司马迁、李自成、孙中山,
还有那文学史上万古不朽的
花木兰、林黛玉、孙悟空、鲁智深。
我骄傲,我是中国人!
我是中国人——
我那黄河一样粗犷的声音,
不光响在联合国的大厦里,
大声发表着中国的议论,
也响在奥林匹克的赛场上,
大声高喊着“中国得分”!
当掌声把五星红旗送上蓝天,
我骄傲,我是中国人!

（二）赞美歌颂

内容粗犷、豪放、有气魄的作品，声音处理应偏刚、开阔、口腔开合度大，咬字力度强，气息深足。

松树的风格（节选）

陶铸

我对松树怀有敬佩之心不自今日始。自古以来，多少人就歌颂过它，赞美过它，把它作为崇高的品质的象征。

你看它不管是在悬崖的缝隙间也好，不管是在贫瘠的土地上也好，只要有一粒种子——这粒种子也不管是你有意种植的，还是随意丢落的，也不管是风吹来的，还是从飞鸟的嘴里跌落的，总之，只要有一粒种子，它就不择地势，不畏严寒酷热，随处茁壮地生长起来了。它既不需要谁来施肥，也不需要谁来灌溉。狂风吹不倒它，洪水淹不没它，严寒冻不死它，干旱旱不坏它。它只是一味地无忧无虑地生长。松树的生命力可谓强矣！松树要求于人的可谓少矣！这是我每看到松树油然而生敬意的原因之一。

我对松树怀有敬意的更重要的原因却是它那种自我牺牲的精神。你看，松树是用途极广的木材，并且是很好的造纸原料：松树的叶子可以提制挥发油；松树的脂液可制松香、松节油，是很重要的工业原料；松树的根和枝又是很好的燃料。

更不用说在夏天，它用自己的枝叶挡住炎炎烈日，叫人们在如盖的绿荫下休憩；在黑夜，它可以劈成碎片做成火把，照亮人们前进的路。总之一句话，为了人类，它的确是做到了"粉身碎骨"的地步了。

要求于人的甚少，给予人的甚多，这就是松树的风格。

（三）欢呼振奋

内容活跃、欢乐的作品，声音处理应偏高、偏前，口腔较松弛，字音弹发快而饱满，气息运用灵活。

中国的北斗 世界的北斗

陈锐海

从1994年北斗一号正式立项到2020年北斗三号系统全面建成，26年间，中国研制发射了55颗北斗导航卫星，走过了从无到有、从"受制于人"到"自主控制"、从"区域服务"到"全球指路"的艰辛历程。筚路蓝缕，玉汝于成。经过二十载漫漫征程，北斗系统服务定位精准度、系统稳定性和功能全面性不断提升，已经成为我国重要的空间基础设施，全面支撑国家安全和经济社会发展的需求。如今，中国北斗与美国GPS、俄罗斯Glonass、欧盟Galileo构成全球四大卫星导航系统。全球半数以上国家使用北斗系统。

北斗逐梦全球之路，是一代代北斗人一步一个脚印走出来的。它的历史性成功进一步证明：核心技术要靠自己拼搏。

实践反复告诉我们，关键核心技术是要不来、买不来、讨不来的。只有把关键核心技术掌握在自己手中，才能从根本上保障国家经济安全、国防安全和其他安全。正是坚持自力更生、自主创新，牢牢把握发展的主动权，北斗系统才能实现从无到有、从弱到强的逆袭，成为国之重器，屹立全球，甚至拥有其他系统不具备的“独门绝技”。（央广网2020年7月31日）

（四）清新舒展

内容清新、舒展的作品，声音处理应柔和，音量偏小，吐字清晰、干净、颗粒性强，气息深而长，气流徐缓。

春（节选）

朱自清

“吹面不寒杨柳风”，不错的，像母亲的手抚摸着你。风里带来些新翻的泥土的气息，混着青草味儿，还有各种花的香，都在微微湿润的空气里酝酿。鸟儿将巢安在繁花嫩叶当中，高兴起来了，呼朋引伴地卖弄清脆的喉咙，唱出宛转的曲子，跟轻风流水应和着。牛背上牧童的短笛，这时候也成天嘹亮地响着。

雨是最寻常的，一下就是三两天。可别恼。看，像牛毛，像花针，像细丝，密密地斜织着，人家屋顶上全笼着一层薄烟。树叶儿却绿得发亮，小草儿也青得逼你的眼。傍晚时候，上灯了，一点点黄晕的光，烘托出一片安静而和平的夜。在乡下，小路上，石桥边，有撑着伞慢慢走着的人，地里还有工作的农民，披着蓑戴着笠。他们的房屋，稀稀疏疏的，在雨里静默着。

（五）紧张急切

内容紧张、节奏较快的作品，声音处理应有高低、松紧、大小、厚薄的变化，口腔控制灵活利索，气息随声音的顿挫促而不浮，吐字音节短而不滚、紧而不乱。

麻雀

（俄）屠格涅夫

我打猎回来，走在林阴路上。猎狗跑在我的前面。

突然，我的猎狗放慢脚步，悄悄地向前走，好像嗅到了前面有什么野物。

风猛烈地摇撼着路旁的梧桐树。我顺着林阴路望去,看见一只小麻雀呆呆地站在地上,无可奈何地拍打着小翅膀。它嘴角嫩黄,头上长着绒毛,分明是刚出生不久,从巢里掉下来的。

猎狗慢慢地走近小麻雀,嗅了嗅,张开大嘴,露出锋利的牙齿。突然,一只老麻雀从一棵树上飞下来,像一块石头似的落在猎狗面前。它扎煞起全身的羽毛,绝望地尖叫着。

老麻雀用自己的身躯掩护着小麻雀,想拯救自己的幼儿。可是因为紧张,它浑身发抖了,发出嘶哑的声音。它呆立着不动,准备着一场搏斗。在它看来,猎狗是个多么庞大的怪物啊!可是它不能安然地站在高高的没有危险的树枝上,一种强大的力量使它飞了下来。

猎狗愣住了,它可能没料到老麻雀会有这么大的勇气,慢慢地,慢慢地向后退。

我急忙唤回我的猎狗,带着它走开了。

(六)悲哀沉痛

内容令人悲哀沉痛的作品,声音处理应低、暗、偏沉,咬字迟滞,气息沉缓,时断时续。

雾(节选)

茅盾

渐渐地太阳光从浓雾中钻出来了。那也是可怜的太阳呢!光是那样的淡弱。随后它也躲开,让白茫茫的浓雾吞噬了一切,包围了大地。

我诅咒这抹煞一切的雾!

我自然也讨厌寒风和冰雪。但和雾比较起来,我是宁愿后者呵!寒风和冰雪的天气能够杀人,但也刺激人们活动起来奋斗。雾,雾呀,只使你苦闷,使你颓唐阑珊,像陷在烂泥淖中,满心想挣扎,可是无从着力呢!

傍午的时候,雾变成了牛毛雨,像帘子似的老是挂在窗前。两三丈以外,便只见一片烟云——依然遮抹一切,只不是雾样的罢了。没有风。门前池中的残荷梗时时忽然急剧地动摇起来,接着便有红鲤鱼的活泼泼的跳跃划破了死一样平静的水面。

我不知道红鲤鱼的轨外行动是不是为了不堪沉闷的压迫?在我呢,既然没有杲杲的太阳,便宁愿有疾风大雨,很不耐这愁雾的后身的牛毛雨老是像帘子一样挂在窗前。

(七)凄楚忧伤

内容凄楚、忧伤的作品,声音处理应较低暗,字音伴着叹息发出。

给亡妇(节选)

朱自清

谦,日子真快,一眨眼你已经死了三个年头了。这三年里世事不知变化了多少回,但你未必注意这些个,我知道。你第一惦记的是你几个孩子,第二便轮着我。孩子和我平分你的世界,你在日如此;你死后若还有知,想来还如此的。告诉你,我夏天回家来着:迈儿长得结实极了,比我高一个头。闰儿父亲说是最乖,可是没有先前胖了。采芷和转子都好。五儿全家夸她长得好看,却在腿上生了湿疮,整天坐在竹床上不能下来,看了怪可怜的。六儿,我怎么说好,你明白,你临终时也和母亲谈过,这孩子是只可以养着玩儿的,他左挨右挨,去年春天,到底没有挨过去。这孩子生了几个月,你的肺病就重起来了。我劝你少亲近他,只监督着老妈子照管就行。你总是忍不住,一会儿提,一会儿抱的。可是你病中为他操的那一份儿心也够瞧的。那一个夏天他病的时候多,你成天儿忙着,汤呀,药呀,冷呀,暖呀,连觉也没有好好儿睡过。那里有一分一毫想着你自己。瞧着他硬朗点儿你就乐,干枯的笑容在黄蜡般的脸上,我只有暗中叹气而已。

(八)义正词严

内容是义正词严地谴责和批评的作品,声音处理应宽厚、高亢、明朗,字音饱满、有力,气息扎实、沉稳。

别了,司徒雷登(节选)

毛泽东

多少一点困难怕什么。封锁吧,封锁十年八年,中国的一切问题都解决了。中国人死都不怕,还怕困难吗?老子说过:“民不畏死,奈何以死惧之。”美帝国主义及其走狗蒋介石反动派,对于我们,不但“以死惧之”,而且实行叫我们死。闻一多等人之外,还在过去的三年内,用美国的卡宾枪、机关枪、迫击炮、火箭炮、榴弹炮、坦克和飞机炸弹,杀死了数百万中国人。现在这种情况已近尾声了,他们打了败仗了,不是他们杀过来而是我们杀过去了,他们快要完蛋了。留给我们多少一点困难,封锁、失业、灾荒、通货膨胀、物价上升之类,确实是困难,但是,比起过去三年来已经松了一口气了。过去三年的一关也闯过了,难道不能克服现在这点困难吗?没有美国就不能活命吗?

拓展阅读

1.胡黎娜.播音主持艺术发声:(第2版)[M].北京:中国传媒大学出版社,2019.

2.李晓华.广播电视语言传播发声艺术概要[M].北京:北京广播学院出版社,1999.

3.王璐,白龙.语言艺术发声概论[M].哈尔滨:哈尔滨工业大学出版社,1990.

4.吴弘毅.实用播音教程(第1册)——普通话语音和播音发声[M].北京:中国传媒大学出版社,2004.

5.徐恒.播音发声学[M].北京:中国传媒大学出版社,2012.

6.杨小锋.语言艺术发声研究[M].北京:科学出版社,2013.

7.周殿福.艺术语言发声基础[M].北京:中国社会科学出版社,1980.

第二章　普通话语音训练

普通话是以北京语音为标准音,以北方话为基础方言,以典范的现代白话文著作为语法规范的现代汉民族共同语。对播音主持专业人员来说,其普通话应在准确、清晰的基础上体现出声音的美感。

第一节　普通话声母训练

声母,指的是音节开头的辅音。声母能够使发音清晰,易于辨义,是字音准确的基础[①]。

【理论概述】

普通话有辅音声母21个,分别是:b、p、m、f、d、t、n、l、g、k、h、j、q、x、zh、ch、sh、r、z、c、s。普通话声母都是由辅音充当的。我们把没有辅音声母的音节叫零声母音节。

根据普通话声母的发音特点,可以从发音部位、发音方法上对21个辅音声母进行分类。

声母的发音部位,是指发音时气流在口腔中受到阻碍的部位。根据发音部位,可把辅音声母分为:双唇阻(b、p、m)、唇齿阻(f)、舌尖前阻(z、c、s)、舌尖中阻(d、t、n、l)、舌尖后阻(zh、ch、sh、r)、舌面阻(j、q、x)、舌根阻(g、k、h)七类。从发音的阶段上看,声母的发音分为成阻、持阻和除阻三个阶段。

声母的发音方法,即发音时呼出气流破除发音部位所构成阻碍的方法。根据发

---

① 张颂.中国播音学[M].北京:中国传媒大学出版社,2003:72.

音的方法，可把辅音声母分为：塞音（b、p、d、t、g、k）、擦音（f、h、x、s、sh、r）、塞擦音（j、q、zh、ch、z、c）、鼻音（m、n）、边音（l）五类。声母发音时，两个发音部位的接触面在保证发音准确的前提下尽量收窄，着力点清晰。

此外，根据发音时呼出气流的强弱，塞音和塞擦音还可进一步分为送气音（p、t、k、q、ch、c）和不送气音（b、d、g、j、zh、z）。根据发音时声带是否振动，把振动的称为浊音（m、n、l、r），不振动的称为清音（b、p、f、d、t、g、k、h、j、q、x、zh、ch、sh、z、c、s）。

【实践训练】

一、声母发音练习

（一）双唇音训练

b、p、m发音时，双唇中部内沿着力，不能抿嘴、裹唇。应加强唇部力度的练习。

1.字词训练

b

冰　把　博　鼻　补　摆　杯　饱　别　表　版　扁　笨

播报　宝贝　奔波　白板　保镖　斑驳　百般　北部　病变

八拜之交　包罗万象　百折不挠　霸王别姬　半信半疑　半壁江山

p

胖　鹏　瓶　怕　破　批　铺　排　陪　泡　票　潘　偏

排炮　批评　品牌　婆婆　偏颇　枇杷　平铺　攀爬　瓢泼

迫不及待　铺天盖地　破釜沉舟　萍水相逢　抛砖引玉　喷薄欲出

m

门　民　忙　梦　明　骂　抹　迷　亩　麦　美　猫　满

美梦　妹妹　密码　秘密　盲目　迷茫　美妙　眉毛　麻木

明媒正娶　马到成功　美轮美奂　满面春风　毛骨悚然　满腔热情

2.绕口令训练

爸爸抱宝宝

爸爸抱宝宝，跑到布铺买布做长袍。宝宝穿了长袍不会跑，跑了八步就拉破了布长袍。布长袍破了还要用布补，再跑到布铺买布做长袍。

两只猫

白猫黑鼻子，黑猫白鼻子，黑猫的白鼻子，碰破了白猫的黑鼻子，白猫的黑鼻子破了,剥个秕谷壳儿补鼻子。黑猫的白鼻子没破,就不必剥秕谷壳儿补鼻子。

3.古诗词训练

画鸡

(明)唐寅

头上红冠不用裁,满身雪白走将来。平生不敢轻言语,一叫千门万户开。

4.语句训练

(1)这就是白杨树,西北极普通的一种树,然而绝不是平凡的树。(茅盾《白杨礼赞》)

(2)爸不懂得怎样表达爱,使我们一家融洽相处的是我妈。他只是每天上班下班,而妈则把我们做过的错事开列清单,然后由他来责骂我们。(艾尔玛·邦贝克《父亲的爱》)

(二)唇齿音训练

发f音时,下唇内侧轻轻与上门齿触碰,点到为止。不能用上门齿用力咬住下唇发音,造成成阻面积大、力量分散的问题。

1.字词训练

放 封 罚 负 肺 凡 奋 芳 冯 乏 抚 废 反

方法 丰富 仿佛 非法 繁复 纷纷 非凡 夫妇 发放

反反复复 纷繁复杂 翻来覆去 沸沸扬扬 非同凡响 发奋图强

2.绕口令训练

画凤凰

粉红墙上画凤凰,凤凰画在粉红墙。红凤凰、粉凤凰、红粉凤凰、花凤凰。

粉红女

粉红女发奋缝飞凤,女粉红反缝方法繁,飞凤仿佛发放芬芳,方法非凡反复防范,反缝方法仿佛飞凤,反复翻缝飞凤奋飞。

3.古诗词训练

绝句二首·其一

(唐)杜甫

迟日江山丽,春风花草香。泥融飞燕子,沙暖睡鸳鸯。

4.语句训练

(1)它静静地卧在那里,院边的槐荫没有庇覆它,花儿也不再在它身边生长。荒草便繁衍出来,枝蔓上下,慢慢地,它竟锈上了绿苔、黑斑。(贾平凹《丑石》)

(2)我想,不光是叔叔,我们每个人都是风筝,在妈妈手中牵着,从小放到大,再从

家乡放到祖国最需要的地方去啊。(李恒瑞《风筝畅想曲》)

(三)舌尖中音训练

d、t、n、l发音时,力量集中在舌尖中部,与上齿龈一起阻塞气流,除阻干脆有力。若舌尖无力则发音懒散,影响清晰度,产生歧义。应加强舌尖力度练习。

1.字词训练

d

大 得 地 堵 带 到 多 掉 丢 单 点 断 吨

低调 地道 到底 单独 担当 当地 达到 得到 等待

点点滴滴 弹道导弹 单打独斗 大刀阔斧 滴水不漏 胆大心细

t

他 特 题 吐 台 淘 头 铁 拖 条 腿 谈 天

天堂 淘汰 头疼 抬头 探讨 挑剔 调停 通透 坍塌

替天行道 吞吞吐吐 天天向上 昙花一现 堂堂正正 天方夜谭

n

拿 讷 泥 怒 女 奶 内 闹 捏 挪 虐 扭 难

男女 牛奶 南宁 难耐 泥泞 拿捏 袅袅 奶奶 农奴

南腔北调 扭扭捏捏 逆水行舟 牛郎织女 浓墨重彩 难解难分

l

拉 乐 里 路 旅 来 累 老 楼 俩 列 落 略

理论 留恋 褴褛 力量 流量 来临 浏览 利率 流浪

雷厉风行 流离失所 老老实实 伶牙俐齿 落花流水 玲珑剔透

2.绕口令训练

断头台倒吊短单刀

断头台倒吊短单刀,歹徒登台偷单刀。断头台塌盗跌倒,对对单刀叮当掉。

牛拉碾子碾牛料

牛拉碾子碾牛料,碾了牛料留牛料。

3.古诗词训练

江南春

(唐)杜牧

千里莺啼绿映红,水村山郭酒旗风。南朝四百八十寺,多少楼台烟雨中。

4.语句训练

(1)一个大问题一直盘踞在我脑袋里:世界杯怎么会有如此巨大的吸引力?(冯骥才《国家荣誉感》)

(2)读小学的时候,我的外祖母去世了。外祖母生前最疼爱我,我无法排除自己的忧伤,每天在学校的操场上一圈儿又一圈儿地跑着,跑得累倒在地上,扑在草坪上痛哭。(林清玄《和时间赛跑》)

(四)舌根音训练

在发g、k、h音节时,气流应轻巧冲破舌根与软腭形成的阻碍,然后迅速发出韵母,并把韵母送出口外,韵母不能受g、k、h影响过于靠后。发h音时还要特别注意放松喉咙,避免喉部噪音。

1.字词训练

g

嘎　个　股　盖　给　高　狗　瓜　过　乖　贵　感　馆

钢管　改革　广告　公共　尴尬　各个　高贵　巩固　过关

光怪陆离　肝脑涂地　感天动地　各抒己见　鬼斧神工　歌舞升平

k

卡　可　哭　开　考　口　夸　阔　快　魁　看　宽　肯

坎坷　可靠　可口　开阔　慷慨　刻苦　开课　困苦　科考

侃侃而谈　开天辟地　刻不容缓　康庄大道　可歌可泣　夸夸其谈

h

哈　和　户　海　黑　好　后　花　货　怀　会　汗　换

很好　浩瀚　红火　混合　后悔　辉煌　豪华　黄河　荷花

红红火火　轰轰烈烈　好事多磨　海枯石烂　含沙射影　哄堂大笑

2.绕口令训练

哥挎瓜筐过宽沟

哥挎瓜筐过宽沟,赶快过沟看怪狗。光看怪狗瓜筐扣,瓜滚筐空哥怪狗。

老华工葛盖谷

老华工葛盖谷,刚刚过了海关,归国观光,来到了港口家乡,观看故国风光。昔日港口空空旷旷,如今盖满楼阁街道宽广。过去高官克扣港口渔工,鳏寡孤独尸骨抛山冈;如今只见桅杆高挂帆,渔歌高亢唱海港。归国观光的葛盖谷无限感慨,感慨故国港口无限风光。

3.古诗词训练

回乡偶书 二首·其一

（唐）贺知章

少小离家老大回，乡音无改鬓毛衰。儿童相见不相识，笑问客从何处来。

4.语句训练

（1）纯朴的家乡村边有一条小河，曲曲弯弯，河中架一弯石桥，弓样的小桥横跨两岸。（郑莹《家乡的桥》）

（2）我家的后院有半亩空地，母亲说："让它荒着怪可惜的，你们那么爱吃花生，就开辟出来种花生吧。"（许地山《落花生》）

（五）舌面音训练

j、q、x发音时，舌中间偏前位置应抬高隆起，与硬腭前部接触，舌尖自然放在下齿背后，而不能抵于上下门齿之间，气流应从舌面与硬腭间擦过，而不能从上下门齿间擦过。勿将j、q、x混读成近似于z、c、s的"尖音"。

1.字词训练

j

即　句　家　节　觉　较　酒　见　卷　斤　君　将　净

经济　解决　境界　积极　接近　家具　纠结　季节　结局

接二连三　嫉恶如仇　见异思迁　聚精会神　驾轻就熟　积极进取

q

起　去　恰　窃　却　巧　球　欠　圈　琴　群　抢　清

亲戚　亲切　祈求　前期　确切　秋千　轻巧　侵权　取钱

崎岖不平　千钧一发　全心全意　秋高气爽　锲而不舍　奇光异彩

x

西　恤　下　些　学　小　秀　先　癣　熊　讯　乡　型

小学　学校　休息　消息　现象　想象　相信　信心　形象

相濡以沫　闲云野鹤　嬉笑怒骂　形迹可疑　虚席以待　先发制人

2.绕口令训练

田建贤

田建贤前天从前线回到家乡田家店，只见家乡变化万千，繁荣景象出现在眼前，连绵不断的青山，一望无边的棉田，新房建成一片，高压电线通向天边。

漆匠和锡匠

七巷一个漆匠，西巷一个锡匠，七巷漆匠用了西巷锡匠的锡，西巷锡匠拿了七巷漆匠的漆，七巷漆匠气西巷锡匠用了漆，西巷锡匠讥七巷漆匠拿了锡。

3.古诗词训练

山居秋暝

（唐）王维

空山新雨后，天气晚来秋。明月松间照，清泉石上流。

竹喧归浣女，莲动下渔舟。随意春芳歇，王孙自可留。

4.语句训练

（1）一锅小米稀饭，一碟大头菜，一盘自家酿制的泡菜，一只巷口买回的烤鸭，简简单单，不像请客，倒像家人团聚。（杏林子《朋友及其他》）

（2）现在，无论是这条被悬崖峭壁的阴影笼罩的漆黑的河流，还是那一星明亮的火光，都经常浮现在我的脑际，在这以前和在这以后，曾有许多火光，似乎近在咫尺，不只使我一人心驰神往。[（俄）柯罗连科《火光》]

（六）舌尖后音训练

发音时，舌尖后部抵住（zh、ch）或接近（sh、r）齿龈后部或硬腭前部形成阻塞，气流从两个发音部位之间的窄缝中摩擦而出。要避免发音位置偏前且舌头较平，发出近似于平舌音z、c、s的音；同时，也要避免发音部位太靠后，将翘舌音发成卷舌音。

1.字词训练

zh

准　章　装　正　中　榨　折　住　址　摘　照　咒　爪

政治　转折　真正　战争　郑州　珍珠　注重　整治　住宅

专心致志　招兵买马　张冠李戴　瞻前顾后　争先恐后　仗义疏财

ch

察　车　出　吃　拆　潮　丑　戳　踹　吹　产　传　晨

出差　唇齿　常常　长春　出场　长城　查处　传承　惆怅

吹毛求疵　驰骋疆场　垂涎欲滴　畅所欲言　沉默寡言　踌躇满志

sh

沙　社　书　适　晒　少　受　刷　说　帅　水　山　栓

时尚　叔叔　首饰　上升　省市　事实　设施　收拾　手术

实事求是　　赏心悦目　　神出鬼没　　疏而不漏　　深入人心　　神采奕奕

r

热　入　日　扰　柔　弱　瑞　然　软　人　润　让　扔

柔软　仍然　融入　容忍　柔弱　忍辱　忍让　荏苒　荣辱

忍辱负重　　如闻其声　　若无其事　　惹是生非　　如愿以偿　　入木三分

2.绕口令训练

知道不知道

知道就是知道，不知道就是不知道，不要知道说不知道，也不要不知道说知道。老老实实，实事求是，做到不折不扣地真知道。

日头、石头、舌头和指头

天上有个日头，地下有块石头，嘴里有个舌头，手上有五个手指头。不管是天上的热日头，地下的硬石头，嘴里的软舌头，手上的手指头，还是热日头，硬石头，软舌头，手指头，反正都是练舌头。

3.古诗词训练

望庐山瀑布

（唐）李白

日照香炉生紫烟，遥看瀑布挂前川。飞流直下三千尺，疑是银河落九天。

4.语句训练

（1）蜕变的桥，传递了家乡进步的消息，透露了家乡富裕的声音。时代的春风，美好的追求，我蓦地记起儿时唱给小桥的歌……（郑莹《家乡的桥》）

（2）十年，在历史上不过是一瞬间。只要稍加注意，人们就会发现：在这一瞬间里，各种事物都悄悄经历了自己的千变万化。（严文井《莲花和樱花》）

（七）舌尖前音训练

z、c、s发音时，舌尖前部与上齿背或下齿背形成阻塞，气流从两个发音部位之间的窄缝中摩擦而出。要避免舌头前部与齿背接触面积过大、抵得太紧，发出噪音；如果发音时“咝咝”声太大，可以把舌尖适当后撤到齿龈处发音。同时，也要避免将舌尖放在上下门齿之间发音，造成齿间音。

1.字词训练

z

杂　泽　组　字　在　贼　早　揍　做　最　钻　怎　尊

最早　粽子　做作　早在　自责　总则　自尊　宗族　藏族

自惭形秽　走南闯北　咂嘴弄舌　再接再厉　座无虚席　自作主张

c

擦　册　粗　次　菜　草　凑　错　催　餐　窜　岑　村

残存　葱翠　粗糙　仓促　措辞　苍翠　参差　猜测　璀璨

寸草不生　沧海桑田　惨不忍睹　此起彼伏　参差不齐　此时此景

s

松　萨　瑟　素　丝　腮　嫂　馊　缩　散　算　孙　丧

洒扫　速速　色素　琐碎　松散　搜索　送死　诉讼　缫丝

扫地出门　四通八达　三令五申　司空见惯　随波逐流　生生世世

2.绕口令训练

崔粗腿

山前有个崔粗腿，山后有个崔腿粗，二人山前来比腿，不知是崔粗腿比崔腿粗的腿粗，还是崔腿粗比崔粗腿的腿粗。

三哥三嫂子

三哥三嫂子，上山摘枣子，一摘摘了三斗三升酸枣子。三哥三嫂子，请借我三斗三升酸枣子，明年我也上山摘枣子，也摘三斗三升酸枣子，再还给三哥三嫂子，三斗三升酸枣子。

3.古诗词训练

望月怀远

（唐）张九龄

海上生明月，天涯共此时。情人怨遥夜，竟夕起相思。

灭烛怜光满，披衣觉露滋。不堪盈手赠，还寝梦佳期。

4.语句训练

（1）莫高窟的彩塑，每一尊都是一件精美的艺术品。最大的有九层楼那么高，最小的还不如一个手掌大。（佚名《莫高窟》）

（2）等他们走后，我惊慌失措地发现，再也找不到要回家的那条孤寂的小道了。像只无头的苍蝇，我到处乱钻，衣裤上挂满了芒刺。太阳已经落山，而此时此刻，家里一定开始吃晚餐了，双亲正盼着我回家……（唐若水 译《迷途笛音》）

二、零声母发音练习

发零声母时，不能发成单纯的元音，应适当强化零声母起始时的摩擦音，使发音清晰。特别要防止零声母音节与前一音节韵尾拼合产生“吃字”现象。

（一）以a、o、e开头的零声母音节训练

1.字词训练

阿　爱　奥　安　昂　鹅　恩　欧　儿　蔼　偶　肮　俺

偶尔　恩爱　肮脏　恩怨　奥运　安逸　耳闻　碍眼　熬药

安家立业　碍手碍脚　藕断丝连　恩恩怨怨　尔虞我诈　阿谀奉承

2.绕口令训练

阿发和阿大

阿发和阿大，打靶在山下，阿发打八发，阿大八发打，阿发脱靶太尴尬，阿大中靶笑哈哈。

安安和鹌鹑

安安和鹌鹑，从小不能分。安安天天喂鹌鹑，鹌鹑天天唱不停。鹌鹑爱安安，安安爱鹌鹑。

3.古诗词训练

泊船瓜洲

（宋）王安石

京口瓜洲一水间，钟山只隔数重山。春风又绿江南岸，明月何时照我还？

4.语句训练

（1）教书还给我金钱和权利之外的东西，那就是爱心。不仅有对学生的爱，对书籍的爱，对知识的爱，还有教师才能感受到的对“特别”学生的爱。[（美）彼得·基·贝德勒《我为什么当教师》]

（2）二十年前，旧历的二月初，在西湖我看了嫩柳与菜花，碧浪与翠竹。（老舍《住的梦》）

（二）以i开头的零声母音节训练

1.字词训练

易　眼　亚　爷　药　有　演　音　样　赢　雅　一　英

养颜　一样　阴阳　牙医　阴影　引言　意义　眼前　压抑

耀武扬威　扬长避短　严惩不贷　遥遥领先　夜不闭户　因地制宜

2.绕口令训练

贾家养了两只鸭

贾家养了两只鸭，一只白花鸭，一只灰花鸭，白花鸭比灰花鸭价高，灰花鸭比白花鸭个儿大。贾家要卖掉这两鸭，白花鸭个儿小只好压价，灰花鸭个儿大可以抬价，结果两鸭一个价。

阎圆眼与阎眼圆

山前有个阎圆眼，山后有个阎眼圆，两人山前来比眼。不知是阎圆眼比阎眼圆的眼圆，还是阎眼圆比阎圆眼的眼圆。

3.古诗词训练

饮湖上初晴后雨二首·其二

（宋）苏轼

水光潋滟晴方好，山色空蒙雨亦奇。欲把西湖比西子，淡妆浓抹总相宜。

4.语句训练

（1）我常常遗憾我家门口那块丑石：它黑黝黝地卧在那里，牛似的模样。（贾平凹《丑石》）

（2）那是力争上游的一种树，笔直的干，笔直的枝。它的干呢，通常是丈把高，像是加以人工似的，一丈以内，绝无旁枝；它所有的桠枝呢，一律向上，而且紧紧靠拢，也像是加以人工似的，成为一束，绝无横斜逸出。（茅盾《白杨礼赞》）

（三）以u开头的零声母音节训练

1.字词训练

五　瓦　沃　外　尾　完　问　王　瓮　为　晚　翁　崴

娃娃　威武　慰问　文物　外围　温婉　无谓　往外　无误

玩物丧志　乌合之众　娓娓道来　望梅止渴　瓮中捉鳖　永垂不朽

2.绕口令训练

瓦打马，马踏瓦

瓦打马，马踏瓦，瓦打坏马，马踏坏瓦。

王伟王威两兄弟

王伟、王威两兄弟，王伟能文，王威能武，能文能武，无畏无敌。

3.古诗词训练

乌衣巷

（唐）刘禹锡

朱雀桥边野草花，乌衣巷口夕阳斜。旧时王谢堂前燕，飞入寻常百姓家。

4.语句训练

（1）三十年代初，胡适在北京大学任教授。讲课时他常常对白话文大家称赞，引起一些只喜欢文言文而不喜欢白话文的学生的不满。（《胡适的白话电报》）

（2）他埋头苦干了几个月，直到土地全变成了坑坑洼洼，他失望了——他翻遍了整块土地，但连一丁点儿金子都没看见。（陶猛译《金子》）

（四）以ü开头的零声母音节训练

1.字词训练

雨　月　袁　云　用　运　圆　鱼　愿　晕　约　勇　玉

渊源　月晕　粤语　运用　永远　愉悦　越狱　预约　源于

约法三章　余音绕梁　源远流长　云行雨施　欲扬先抑

2.绕口令训练

避雨

李小鱼和张小宇，放学相约树林里，互相帮助学英语。天空飘过一片云，哗哗啦啦下起雨，小鱼小宇忙站起，大树下面好避雨。

男演员与女演员

男演员、女演员，同台演戏说方言。男演员说吴方言，女演员说闽南言。男演员演旅行飞行员，女演员演鲁迅著作研究员。研究员、飞行员；吴方言、闽南言。你说男演员演得全不全？

3.古诗词训练

凉州词二首·其一

（唐）王之涣

黄河远上白云间，一片孤城万仞山。羌笛何须怨杨柳，春风不度玉门关。

4.语句训练

（1）喜悦，它是一种带有形而上色彩的修养和境界。（王蒙《喜悦》）

（2）世上有预报台风的，有预报蝗灾的，有预报瘟疫的，有预报地震的。没有人预报幸福。（毕淑敏《提醒幸福》）

三、声母发音辨正练习

（一）z、c、s与zh、ch、sh混淆

平翘舌音不分的人，可以采用同声旁类推记忆法来记忆。例如，以“长”做声旁的字“张、涨、帐、账、胀”等的声母都为翘舌音zh；以“曾”做声旁的字“增、赠、憎、缯”等的声母都为平舌音z。也有特殊情况，如以“师”做声旁的字，“狮、筛”声母为翘舌音sh，而“蛳”的声母则为平舌音s。这种情况较少，可单独记忆。另外，也可以利用普通话声韵拼合规律记忆。例如，韵母ua、uai、uang只能跟zh、ch、sh相拼不能跟z、c、s相拼；韵母ong只能跟s相拼，不能跟sh相拼。无规律的字应单独记忆。

1.字词训练

zh-z

杂志　遵照　正在　指责　职责　种族　宗旨　组长　重罪

杂—闸　泽—折　字—至　组—主　再—寨　赞—战　早—找

资源—支援　造就—照旧　综合—中和　宗旨—中指　阻力—主力

ch-c

尺寸　陈词　炒菜　冲刺　操场　出彩　川菜　出错　陈醋

擦—插　测—撤　词—池　醋—处　猜—拆　搓—戳　残—缠

擦手—插手　木材—木柴　深藏—伸长　词序—持续　猜测—拆册

sh-s

四十　算数　私事　琐事　受损　锁水　上司　岁数　世俗

仨—沙　色—社　四—事　速—树　三—山　森—身　扫—少

三色—山色　散光—闪光　私人—诗人　搜集—收集　撒手—杀手

2.绕口令训练

报纸与抱子

报纸是报纸，抱子是抱子。报纸抱子两回事，抱子不是报纸，看报纸不是看抱子，只能抱子看报纸。

大柴和小柴

大柴和小柴，帮助爷爷晒白菜。大柴晒大白菜，小柴晒小白菜。大柴晒了四十四斤四两大白菜，小柴晒了三十三斤三两小白菜。大柴和小柴，一共晒了七十七斤七两大大小小的白菜。

柿子树与石狮子

山前有四十四棵死涩柿子树,山后有四十四只石狮子。山前的四十四棵死涩柿子树,涩死了山后的四十四只石狮子。山后的四十四只石狮子,咬死了山前的四十四棵死涩柿子树。不知是山前的四十四棵死涩柿子树,涩死了山后的四十四只石狮子,还是山后的四十四只石狮子,咬死了山前的四十四棵死涩柿子树。

(二)唇齿音f与舌根音h混淆

首先应明确,f是唇齿音,h是舌根音。可以采用同声旁类推记忆法帮助记忆。例如,以"付"做声旁的字"附、府、腐、符、俯、腑、咐、跗"声母都为f;以"胡"做声旁的字"湖、糊、瑚、蝴、葫、煳、猢"声母都为h。另外,也可利用普通话声韵拼合规律进行记忆。例如,f不能与ai、ong相拼;f可以与u相拼,但不能与u开头的复韵母相拼;f与o相拼的字只有"佛"。无规律的字应单独记忆。

1.字词训练

f—h

发挥　繁华　凤凰　芳华　饭盒　风华　符合　返回　焚毁

发—花　返—缓　粉—浑　否—吼　福—糊　飞—灰　房—黄

分头—昏头　废话—绘画　福建—胡健　防线—黄线　风雷—轰雷

2.绕口令训练

化肥会挥发

化肥会挥发,黑化肥发灰,灰化肥发黑。黑化肥发灰会挥发,灰化肥挥发会发黑,黑化肥发灰挥发会花飞,灰化肥挥发发黑会飞花。

理化和理发

我们要学理化,他们要学理发。理化不是理发,理发不是理化。学会理化不会理发,学会理发也不懂理化。

(三)鼻音n与边音l混淆

n与l虽发音部位相同,但发音方法不同。n是鼻音,发音时气流从鼻腔流出;而l是边音,发音时气流从舌头两边流出。可以采用同声旁类推记忆法帮助记忆。例如,以"内"做声旁的字"纳、呐、钠、妠、肭、衲"的声母都为n;以"龙"做声旁的字"陇、笼、聋、珑、拢、垄、泷、茏、栊"的声母都为l。无规律的字应单独记忆。

1. 字词训练

n-l

尼龙　能量　暖流　年轮　奶酪　年龄　农历　努力　凝练

那—辣　讷—乐　腻—力　怒—路　女—旅　闹—涝　耐—赖

牛郎—刘郎　泥浆—漓江　女客—旅客　年年—连连　南宁—兰陵

2. 绕口令训练

牛郎和刘娘

牛郎年年恋刘娘，刘娘连连念牛郎。牛郎恋刘娘，刘娘念牛郎，郎恋娘来娘念郎。

四辆四轮大马车

大门外有四辆四轮大马车，你爱拉哪两辆来拉哪两辆。拉两辆，留两辆。

第二节　普通话韵母训练

韵母是汉语音节中声母后面的部分。韵母是字音圆润响亮的关键。

【理论概述】

普通话韵母共有39个，其中23个是元音韵母，其余16个是由元音和鼻辅音构成的鼻韵母。

韵母可以分成韵头（介音）、韵腹（主要元音）、韵尾（尾音）三部分。韵母中只有一个元音，它就是韵腹，音节不止一个元音时开口度最大的元音就是韵腹。韵腹前面的元音为韵头，由i、u、ü充当。韵腹后面的元音（i、u，含ao、iao中的o）或辅音（n、ng）为韵尾。一个韵母可以没有韵头或韵尾，但不能没有韵腹。

韵母按结构分为：单元音韵母（a、o、e、ê、i、u、ü、-i[ɿ]、-i[ʅ]、er），即由单个元音构成的韵母，简称单韵母；复合音韵母（ai、ei、ao、ou、ia、ie、ua、uo、üe、iao、iou、uai、uei），即由两个或三个元音组成的韵母，简称复韵母；鼻尾音韵母（an、en、in、ün、ian、uan、üan、uen、ang、eng、ing、ong、iang、uang、ueng、iong），即在元音后加上一个鼻辅音做韵尾的韵母，简称鼻韵母。

韵母按开头元音发音口形可以分为开口呼、齐齿呼、合口呼、撮口呼，简称“四呼”。

韵母主要由元音构成，舌位的高低、前后、唇形的圆展都是影响元音音色的因素。舌位是元音发音时舌面隆起的最高点在口腔中的位置。可通过普通话舌面元音舌位唇形图（如图1–3）了解元音的发音特点。四个端点分别表示发音时舌位在口腔中上下前后的四个位置，将四个端点连接形成一个四边形。四边形横面分为前、央、后，表示舌位的前后；竖面分为低、半低、半高、高四级，表示舌位的高低。竖线的左侧标记不圆唇音，右侧标记圆唇音。

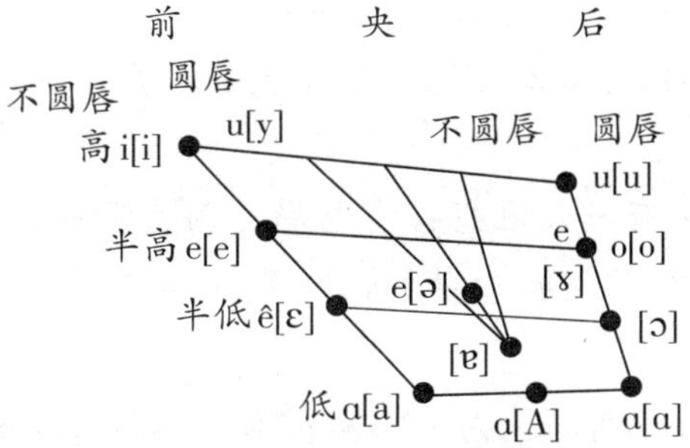

图2–1　舌面元音舌位唇形图

【实践训练】

一、韵母发音练习

（一）单元音韵母发音训练

单元音韵母发音的关键在于“舌位”。单元音韵母发音时，舌位、唇形、口腔开合度保持不变。为了便于掌握，我们将单元音韵母分为央元音（ɑ）、前元音（i、ü、ê）、后元音（o、e、u）、特殊元音（-i[ɿ]、-i[ʅ]、er）4个部分进行详细训练。

1. 央元音

发音时，舌位处于不前不后适中位置，如ɑ。发ɑ音时，口腔自然打开，呈半打哈欠状，下巴放松，舌位避免偏前或偏后，舌根降低，声音送出口腔。

ɑ

（1）字词训练

阿　把　趴　马　发　打　他　那　拉　尬　卡　哈　渣

大妈　发麻　喇叭　哪怕　爸爸　打发　砝码　刹那　打岔

拿手好戏　法外开恩　大发雷霆　跋山涉水　马到成功　发扬光大

(2)绕口令训练

胖娃娃画活蛤蟆

一个胖娃娃,画了三个大花活蛤蟆;三个胖娃娃,画不出一个大花活蛤蟆。画不出一个大花活蛤蟆的三个胖娃娃,真不如画了三个大花活蛤蟆的一个胖娃娃。

(3)古诗词训练

题菊花

(唐)黄巢

飒飒西风满院栽,蕊寒香冷蝶难来。他年我若为青帝,报与桃花一处开。

(4)语句训练

在达瑞八岁的时候,有一天他想去看电影。因为没有钱,他想是向爸妈要钱,还是自己挣钱。最后他选择了后者。[(德)博多·费舍尔《达瑞的故事》]

2.前元音

发音时,舌位靠近口腔前部。为了使发音饱满、响亮,应做到"前音后发",即前元音舌位稍向后收。另外,i的口腔开合度较小,秉承"窄音宽发"的原则,尽量将口腔打开一些。ü发音时,在发i的基础上撮唇,双唇向中央集中、拢圆、着力并形成褶皱。ê在普通话中除语气词"欸"外,一般不单用,不与任何辅音声母相拼,只出现在复韵母ie、üe中。

i

(1)字词训练

一　笔　匹　米　地　替　你　丽　七　系　移　鼻　批

机器　极其　积极　集体　脾气　习题　笔记　霹雳　吉利

杞人忧天　啼笑皆非　凄凄切切　抑扬顿挫　弥天大谎　衣锦还乡

(2)绕口令训练

一二三,三二一

一二三,三二一,一二三四五六七,七六五四三二一。一个姑娘来摘李,一个小伙儿来摘梨,一个小孩儿来捡栗。三个人一齐出大力,收完李子栗子梨,一起拉到市上去赶集。

(3)古诗词训练

七步诗

(三国)曹植

煮豆持作羹,漉菽以为汁。萁在釜下燃,豆在釜中泣。本自同根生,相煎何太急?

(4)语句训练

以后又来了好些人，都说这是块陨石，从天上落下来已经有两三百年了，是一件了不起的东西。不久便来了车，小心翼翼地将它运走了。(贾平凹《丑石》)

ü

(1)字词训练

玉　去　局　需　女　旅　与　具　取　许　遇　率　举

语句　旅居　屈居　玉女　渔具　聚居　豫剧　蛐蛐　女婿

屡战屡败　语重心长　栩栩如生　绿水青山　鞠躬尽瘁　与众不同

(2)绕口令训练

文化宫里真有趣

文化宫里真有趣，有曲艺，有体育，有杂技，有象棋；文艺室里有谜语；音乐室里练乐器；芭蕾舞剧，革命曲艺，河南豫剧，山东吕剧，话剧剧团，多不胜举，观众济济，座无虚席，表演认真，不遗余力，精彩感人，深受教育。

(3)古诗词训练

黄鹤楼

(唐)崔颢

昔人已乘黄鹤去，此地空余黄鹤楼。黄鹤一去不复返，白云千载空悠悠。

晴川历历汉阳树，芳草萋萋鹦鹉洲。日暮乡关何处是？烟波江上使人愁。

(4)语句训练

海洋中含有许多生命所必需的无机盐，如氯化钠、氯化钾、碳酸盐、磷酸盐，还有溶解氧，原始生命可以毫不费力地从中吸取它所需要的元素。(童裳亮《海洋与生命》)

3.后元音

发音时，舌位靠近口腔后部。秉承“后音前发”的原则，舌体可略向前，舌位略降低，使发音明亮、通畅。另外，发o音时，上下唇间为一个食指宽的距离，双唇向中央集中、拢圆、着力并形成褶皱，舌头后部略微着力。发e音时，在o的基础上展唇，保持微笑的状态发音，使发音圆润、明亮。发u音时，双唇向中央集中、拢圆、着力并形成褶皱，似吹气状，舌头后部略微着力。

o

(1)字词训练

波　笸　墨　拨　泼　摩　跛　坡　陌　渤　迫　茉　剥

伯伯　婆婆　泼墨　薄膜　磨破　饽饽　磨墨　勃勃　默默

默默无闻　墨守成规　勃然大怒　生机勃勃　破釜沉舟　朝气蓬勃

(2)绕口令训练

伯伯买饽饽

张伯伯、李伯伯,饽饽铺里买饽饽。张伯伯买了个饽饽大,李伯伯买了个大饽饽。两个伯伯比饽饽,也不知是张伯伯的饽饽比李伯伯的饽饽大,还是李伯伯的饽饽比张伯伯的饽饽大。

(3)古诗词训练

回乡偶书二首·其二

(唐)贺知章

离别家乡岁月多,近来人事半消磨。惟有门前镜湖水,春风不改旧时波。

(4)语句训练

他在河床附近买了一块没人要的土地,一个人默默地工作。(陶猛译《金子》)

e

(1)字词训练

饿　么　得　特　讷　乐　个　客　和　泽　测　色　折

合格　苛刻　色泽　割舍　舍得　隔热　隔阂　咋舌　哥哥

格格不入　惹是生非　各式各样　刻骨铭心　河东狮吼　乐不思蜀

(2)绕口令训练

鹅渡河

坡上立着一只鹅,坡下就是一条河。宽宽的河,肥肥的鹅,鹅要过河,河要渡鹅,不知是鹅过河,还是河渡鹅。

(3)古诗词训练

宫词

(唐)顾况

玉楼天半起笙歌,风送宫嫔笑语和。月殿影开闻夜漏,水晶帘卷近秋河。

(4)语句训练

他用手指着:那四颗明亮的星是头,下面的几颗是身子,这几颗是手,那几颗是腿和脚,还有三颗星算是腰带。(巴金《繁星》)

u

(1)字词训练

五　补　铺　木　服　毒　土　怒　路　姑　裤　虎　组

出炉　逐鹿　祝福　朴素　出路　初步　督促　图书　无辜

苦大仇深　足不出户　独到之处　狐假虎威　除暴安良　故步自封

(2)绕口令训练

顾老五

村里有个顾老五，穿上新裤去卖谷。卖了谷，买了布，外加一瓶老陈醋。肩背布，手提醋，老五急忙来赶路。走了一里路，看见一只兔，老五放下布和醋，糊里糊涂去追兔。挂破了裤，也没追上兔，回来不见布和醋。

(3)古诗词训练

芙蓉楼送辛渐

(唐)王昌龄

寒雨连江夜入吴，平明送客楚山孤。洛阳亲友如相问，一片冰心在玉壶。

(4)语句训练

冬天的山村到了夜里格外寂静，只听见雪花簌簌地不断下落。树木的枯枝被积雪压断了，偶尔咯吱一声响。(峻青《第一场雪》)

4.特殊元音

-i[ɿ]只出现在z、c、s之后，把zi、ci、si的发音拉长，拉长部分就是-i[ɿ]的读音。-i[ʅ]只出现在zh、ch、sh、r后，将zhi、chi、shi、ri的发音拉长，拉长部分即是-i[ʅ]的读音。er只能自成音节，不与声母相拼。在er的实际发音中，主要为e加卷舌动作。

-i[ɿ]

(1)字词训练

字　刺　丝　紫　词　死　资　次　似　撕　籽　此　自

自私　嗣子　赐死　刺字　刺死　恣肆　孜孜　此次　四字

孜孜不倦　字正腔圆　肆无忌惮　似是而非　慈眉善目　恣意妄为

(2)绕口令训练

子词丝

四十四个字和词，组成了一首子词丝的绕口词，桃子李子梨子栗子桔子柿子槟子榛子，栽满院子村子和寨子。刀子斧子锯子凿子锤子刨子尺子，做出桌子椅子凳子柜子和箱子。名词动词数词代词副词助词连词，造成语词诗词和唱词。蚕丝生丝熟丝缫丝染丝晒丝纺丝织丝，自制粗丝细丝人造丝。

(3)古诗词训练

悯农

(唐)李绅

春种一粒粟,秋收万颗子。四海无闲田,农夫犹饿死。

(4)语句训练

我曾见过北京什刹海拂地的绿杨,脱不了鹅黄的底子,似乎太淡了。我又曾见过杭州虎跑寺近旁高峻而深密的"绿壁",丛叠着无穷的碧草与绿叶的,那又似乎太浓了。(朱自清《绿》)

-i[ʅ]

(1)字词训练

指 吃 是 日 至 池 时 齿 枝 使 适 支 尺

知识 直视 指使 值日 实质 豉汁 吃食 迟滞 日志

矢志不渝 吃里爬外 赤子之心 趾高气扬 纸上谈兵 食之无味

(2)绕口令训练

学时事

史老师,讲时事,常学时事长知识。时事学习看报纸,报纸登的是时事。常看报纸要多思,心里装着天下事。

(3)古诗词训练

惠崇《春江晓景》

(宋)苏轼

竹外桃花三两枝,春江水暖鸭先知。蒌蒿满地芦芽短,正是河豚欲上时。

(4)语句训练

他运用工程力学的知识,依据自己多年的实践,巧妙地设计了只用一根柱子支撑的大厅天花板。(游宇明《坚守你的高贵》)

er

(1)字词训练

二 而 儿 耳 尔 饵 迩 鸸 贰 佴 佴 洏 洱

而且 洱海 饵块 儿时 而是 二十 耳福 耳语 耳机

二龙戏珠 耳熟能详 而立之年 二氧化碳 儿女情长 尔虞我诈

(2)绕口令训练

要说“尔”专说“尔”

要说“尔”专说“尔”，马尔代夫，喀布尔，阿尔巴尼亚，扎伊尔，卡塔尔，尼泊尔，贝尔格莱德，安道尔，萨尔瓦多，伯尔尼，利伯维尔，班珠尔，厄瓜多尔，塞舌尔，哈密尔顿，尼日尔，圣彼埃尔，巴斯特尔，塞内加尔的达喀尔，阿尔及利亚的阿尔及尔。

(3)古诗词训练

村居

（清）高鼎

草长莺飞二月天，拂堤杨柳醉春烟。儿童散学归来早，忙趁东风放纸鸢。

(4)语句训练

我用手拍着你，抚摩着你，如同一个十二三岁的小姑娘。我又掬你入口，便是吻着她了。我送你一个名字，我从此叫你“女儿绿”，好吗？（朱自清《绿》）

（二）复合元音韵母发音训练

复合元音韵母发音的关键在于“动程”。动程是由一个元音舌位滑动到另一个元音舌位的过程。复合元音韵母中，按照最响亮的元音所在位置，可分为前响二合复韵母（ai、ei、ao、ou）、中响三合复韵母（iao、iou、uai、uei）、后响二合复韵母（ia、ie、ua、uo、üe）。

1.前响复韵母

前响复韵母开头元音较长且响亮，收尾元音较短且弱，舌位由低到高滑动。ai、ei发音时，a、e的舌位均较单发时靠前；i的舌位均较单发时略低。ao发音时，o实际发音接近u。ou发音时，o舌位较单发时靠前，唇形略圆；u较单发时口腔开合度略大，唇形略扁；ou的动程很小。

ai

(1)字词训练

爱　白　派　卖　呆　太　耐　来　盖　开　海　寨　拆

摆卖　拆开　拍卖　摆拍　白菜　海带　爱戴　白来　开采

白山黑水　排山倒海　载歌载舞　塞翁失马　爱莫能助　改头换面

(2)绕口令训练

买白菜，搭海带

买白菜，搭海带，不买海带就别买大白菜。买卖改，不搭卖，不买海带也能买白菜。

(3)古诗词训练

望天门山

(唐)李白

天门中断楚江开,碧水东流至此回。两岸青山相对出,孤帆一片日边来。

(4)语句训练

有一次我偷了一块糖果,他要我把它送回去,告诉卖糖的说是我偷来的,说我愿意替他拆箱卸货作为赔偿。但妈妈却明白我只是个孩子。[(美)艾玛尔·邦贝克《父亲的爱》]

ei

(1)字词训练

被　陪　美　费　内　累　给　黑　贼　北　配　没　废

北非　肥美　北美　非得　黑贝　狒狒　没给　妹妹　蓓蕾

美不胜收　眉飞色舞　内忧外患　废寝忘食　杯弓蛇影　雷霆万钧

(2)绕口令训练

贝贝飞纸飞机

贝贝飞纸飞机,菲菲要贝贝的纸飞机,贝贝不给菲菲自己的纸飞机,贝贝教菲菲自己做能飞的纸飞机。

(3)古诗词训练

渔歌子

(唐)张志和

西塞山前白鹭飞,桃花流水鳜鱼肥。青箬笠,绿蓑衣,斜风细雨不须归。

(4)语句训练

开花的季节已过,荷花朵朵已变为莲蓬累累。(严文井《莲花和樱花》)

ɑo

(1)字词训练

奥　包　跑　冒　到　掏　闹　老　高　靠　号　着　超

懊恼　草帽　牢骚　抛锚　报考　照抄　祷告　讨好　毫毛

老骥伏枥　牢骚满腹　草木皆兵　嗷嗷待哺　少年老成　刀光剑影

(2)绕口令训练

毛毛和涛涛

毛毛和涛涛,跳高又练跑,毛毛教涛涛练跑,涛涛教毛毛跳高,毛毛学会了跳高,涛涛学会了练跑。

(3)古诗词训练

塞下曲·其三

(唐)卢纶

月黑雁飞高,单于夜遁逃。欲将轻骑逐,大雪满弓刀。

(4)语句训练

据统计,十年来纽约的公立小学只因为超级暴风雪停过七次课。(刘墉《课不能停》)

ou

(1)字词训练

欧 剖 某 否 沟 抠 厚 周 丑 手 肉 揍 油

欧洲 收手 收受 丑陋 豆蔻 守候 筹谋 兜售 凑手

苟延残喘 豆蔻年华 呕心沥血 搜肠刮肚 走马观花 谋财害命

(2)绕口令训练

猴子山上上山猴

猴子山上上山猴,猴山山陡猴发愁。猴子发愁猴挠头,猴挠猴头愁山猴。

(3)古诗词训练

小池

(宋)杨万里

泉眼无声惜细流,树阴照水爱晴柔。小荷才露尖尖角,早有蜻蜓立上头。

(4)语句训练

我记得妈有一次叫他教我骑自行车,我叫他别放手,但他却说是应该放手的时候了。[(美)艾玛尔·邦贝克《父亲的爱》]

2.后响复韵母

后响复合元音韵母开头元音发音较短且弱,收尾元音较长且响亮,舌位由高向低滑动。注意,ia、ua中的a是央元音a。ie、üe发音时,e发为前半低元音ê,要避免ê舌位太靠前。同时,发üe音时,注意韵头ü唇形撮圆;发uo音时,应保持唇形始终较圆,开头收缩较紧,结尾略松。

ia

(1)字词训练

牙 俩 家 恰 霞 嫁 掐 压 洽 瞎 侠 夹 驾

下架　假牙　加价　下家　掐架　下牙　压价　家家　加压

鸦雀无声　雅俗共赏　下里巴人　恰如其分　驾轻就熟　佳人有约

(2)绕口令训练

贾家养虾

贾家有女初出嫁,嫁到夏家学养虾,喂养的对虾个头儿大,卖到市场直加价。贾家爹爹会养鸭,鸭子虽肥伤庄稼。邻里吵架不融洽,贾家也学养对虾。小虾卡住了鸭子牙,大鸭咬住了虾的夹。夏家公公劝,贾家爹爹压,大鸭不怕吓,小虾装得嗲,夏家贾家没办法。

(3)古诗词训练

浪淘沙

(唐)刘禹锡

九曲黄河万里沙,浪淘风簸自天涯。如今直上银河去,同到牵牛织女家。

(4)语句训练

没料到,老太太的回答更令女作家大吃一惊:"耶稣在星期五被钉上十字架时,是世界上最糟糕的一天,可三天后就是复活节……"(韩如意《态度创造快乐》)

ie

(1)字词训练

叶　别　撇　灭　叠　贴　捏　列　捷　窃　写　野　憋

姐姐　结节　趔趄　铁屑　贴切　业界　爷爷　歇业　谢谢

借题发挥　切肤之痛　谢天谢地　蹑手蹑脚　喋喋不休　夜不能寐

(2)绕口令训练

早打铁,晚打铁

早打铁,晚打铁,打把镰刀送爷爷,爷爷说谢谢,留我歇一歇,我一歇也不歇,爷爷也别谢,我要连夜打铁支援农业。

(3)古诗词训练

村夜

(唐)白居易

霜草苍苍虫切切,村南村北行人绝。独出前门望野田,月明荞麦花如雪。

(4)语句训练

我爱月夜,但我也爱星天。从前在家乡,七八月的夜晚,在庭院里纳凉的时候,我最爱看天上密密麻麻的繁星。(巴金《繁星》)

uɑ

(1)字词训练

蛙　瓜　夸　话　抓　刷　瓦　花　华　耍　挂　垮　桦

娃娃　挂画　刮画　抓花　耍滑　花袜　呱呱　画花　花褂

夸夸其谈　花花草草　哗众取宠　抓耳挠腮　夸父追日　寡不敌众

(2)绕口令训练

王婆卖瓜又卖花

王婆卖瓜又卖花，一边卖来一边夸。又夸花，又夸瓜，夸瓜大，大夸花，瓜大花好笑哈哈。

(3)古诗词训练

约客

(宋)赵师秀

黄梅时节家家雨，青草池塘处处蛙。有约不来过夜半，闲敲棋子落灯花。

(4)语句训练

但是母亲摸摸孙儿的小脑袋瓜，变了主意："还是走小路吧。"她的眼随小路望去：那里有金色的菜花，两行整齐的桑树，尽头一口水波粼粼的鱼塘。(莫怀戚《散步》)

uo

(1)字词训练

沃　夺　脱　诺　落　果　扩　火　弱　卓　戳　说　做

过错　硕果　蹉跎　懦弱　骆驼　堕落　坐落　挪窝　国货

硕果累累　绰绰有余　弱不禁风　唾手可得　措手不及　祸不单行

(2)绕口令训练

大哥多大锅，二哥多二锅

大哥多大锅，二哥多二锅，大哥拿多的大锅换二哥的二锅，二哥不拿二锅换大哥的大锅。

(3)古诗词训练

钗头凤·世情薄

(宋)唐婉

世情薄，人情恶，雨送黄昏花易落。晓风干，泪痕残。欲笺心事，独语斜阑。难，难，难！

人成各，今非昨，病魂常似秋千索。角声寒，夜阑珊。怕人寻问，咽泪装欢。瞒，瞒，瞒！

(4)语句训练

望着这些蚕执着地、勤奋地工作，我感到我和它们非常相似。(玛丽·居里《我的信念》)

üe

(1)字词训练

略　倔　缺　血　虐　掠　觉　确　学　绝　雪　瘸　噱

雀跃　决绝　绝学　月月　略略　缺略　月缺　约略　雪月

跃跃欲试　雪中送炭　血海深仇　鹊桥相会　略知一二　风花雪月

(2)绕口令训练

绝

绝，真绝，真叫绝，皓月当空下大雪，喜鹊游泳不飞跃，鹊巢鸠占鹊喜悦。

(3)古诗词训练

江雪

(唐)柳宗元

千山鸟飞绝，万径人踪灭。孤舟蓑笠翁，独钓寒江雪。

(4)语句训练

因此，在短时间内动物缺水要比缺少食物更加危险。(童裳亮《海洋与生命》)

3. 中响复韵母

中响复合元音韵母开头和收尾元音较轻、较短，中间元音最长、最响亮，舌位由高到低再向高滑动。

iao

(1)字词训练

要　表　票　秒　掉　条　鸟　聊　叫　笑　标　飘　桥

秒表　小桥　鸟叫　巧妙　吊桥　逍遥　窈窕　疗效　教条

交头接耳　小心翼翼　笑里藏刀　妙趣横生　表里如一　杳无音信

(2)绕口令训练

表慢，慢表

表慢，慢表，慢表慢半秒。慢半秒，拨半秒，拨过半秒多半秒；多半秒，拨半秒，拨过半秒少半秒。拨来拨去是慢表，慢表表慢慢半秒。

(3)古诗词训练

春晓

（唐）孟浩然

春眠不觉晓，处处闻啼鸟。夜来风雨声，花落知多少。

(4)语句训练

我在漂泊他乡的岁月，心中总涌动着故乡的河水，梦中总看到弓样的小桥。（郑莹《家乡的桥》）

iou

(1)字词训练

又　流　谬　牛　就　秋　休　柳　扭　球　秀　久　仇

流油　绣球　优秀　久留　牛油　悠久　琉球　牛柳　求救

柳暗花明　悠然自得　油腔滑调　求贤若渴　酒囊饭袋　有的放矢

(2)绕口令训练

春雨贵如油

春雨贵如油，渠水是美酒，美酒灌麦田，醉得麦田绿油油。

(3)古诗词训练

丑奴儿·书博山道中壁

（宋）辛弃疾

少年不识愁滋味，爱上层楼，爱上层楼，为赋新词强说愁。

而今识尽愁滋味，欲说还休，欲说还休，却道天凉好个秋。

(4)语句训练

就让生命顺其自然，水到渠成吧，犹如窗前的乌桕，自生自落之间，自有一份圆融丰满的喜悦。（杏林子《朋友和其他》）

uai

(1)字词训练

外　拽　踹　摔　怪　块　坏　崴　歪　帅　筷　揣　甩

怀揣　外快　摔坏　拽歪　快拽　乖乖　外踝　歪歪　踹坏

脍炙人口　歪门邪道　外强中干　怀才不遇　快人快语　光怪陆离

(2)绕口令训练

槐树歪歪

槐树歪歪，坐个乖乖，乖乖用手，摔了老酒，酒瓶摔坏，奶奶不怪，怀抱乖乖，出外买卖。

(3)古诗词训练

浣溪沙

(宋)晏殊

一曲新词酒一杯,去年天气旧亭台。夕阳西下几时回?

无可奈何花落去,似曾相识燕归来。小园香径独徘徊。

(4)语句训练

在星的怀抱中,我微笑着,我沉睡着。我觉得自己是一个小孩子,现在睡在母亲的怀里了。(巴金《繁星》)

uei

(1)字词训练

微 对 腿 贵 葵 悔 坠 吹 睡 崔 岁 蕊 堆

回味 垂危 退位 水位 回馈 尾随 回归 追尾 未遂

灰头土脸 绘声绘色 醉生梦死 惴惴不安 随心所欲 毁于一旦

(2)绕口令训练

嘴说腿,腿说嘴

嘴说腿,腿说嘴,嘴说腿爱跑腿,腿说嘴爱卖嘴。光动嘴不动腿,光动腿不动嘴,不如不长腿和嘴。

(3)古诗词训练

归园田居

(魏晋)陶渊明

种豆南山下,草盛豆苗稀。晨兴理荒秽,带月荷锄归。道狭草木长,夕露沾我衣。衣沾不足惜,但使愿无违。

(4)语句训练

水能有效地吸收紫外线,因而又为原始生命提供了天然的“屏障”。(童裳亮《海洋与生命》)

(三)鼻尾音韵母发音训练

鼻尾音韵母(简称鼻韵母)发音的关键在于“到位”。鼻韵母的发音由元音向鼻辅音韵尾过渡,最终动作归在韵尾。根据韵尾的不同,鼻韵母又分为前鼻音韵母(an、en、in、ün、ian、uan、üan、uen)、后鼻音韵母(ang、eng、ing、ong、iang、uang、ueng、iong)。

1.前鼻音韵母

前鼻音韵母在发音结束时，舌尖要抵住上齿龈归音。其中，in容易出现i发音不响亮的情况，应强化主要元音i，将i发长、发饱满；ün容易出现类似于ü-i-n拼合的发音，正确的发音是从元音ü开始，而后舌尖直接向前伸，抵住上齿龈。

an

(1)字词训练

案　版　盘　慢　饭　单　谈　男　蓝　干　看　汗　战

案板　漫谈　汗衫　谈判　赞叹　难看　反感　办案　感叹

赞不绝口　幡然悔悟　泛泛而谈　黯然失色　漫山遍野　邯郸学步

(2)绕口令训练

三月三

三月三，阿三撑伞上深山，上山又下山，下山又上山，出了满身汗，湿透了丝衬衫，上山下山下山上山跑了三十三里三。

(3)古诗词训练

忆江南三首·其一

(唐)白居易

江南好，风景旧曾谙。日出江花红胜火，春来江水绿如蓝。能不忆江南？

(4)语句训练

一种血缘情感开始在全身的血管里燃烧起来，而且立刻热血沸腾。(冯骥才《国家荣誉感》)

en

(1)字词训练

恩　本　喷　奋　根　肯　很　镇　晨　身　刃　怎　岑

恩人　本分　根本　认真　深沉　愤恨　门诊　岑参　妊娠

奋不顾身　震耳欲聋　参差不齐　恩重如山　趁火打劫　粉墨登场

(2)绕口令训练

陈阵、沈沉二人去淘金

陈阵、沈沉二人去淘金，陈、沈同出门，同行不同心，陈阵想独吞，沈沉早有心，岂不知淘金需同心，分心难淘金。陈阵、沈沉两手空空回家门。

(3)古诗词训练

小儿垂钓

（唐）胡令能

蓬头稚子学垂纶，侧坐莓苔草映身。路人借问遥招手，怕得鱼惊不应人。

（4）语句训练

歌德的诗句刻写着睿智的人生，拜伦的诗句呼唤着奋斗的热情。（谢冕《读书人是幸福人》）

in

（1）字词训练

饮 彬 频 泯 拎 紧 琴 信 印 缤 聘 闽 进

音频 贫民 拼音 新近 临近 民心 亲近 濒临 信心

心旷神怡 秦晋之好 引吭高歌 津津乐道 琳琅满目 彬彬有礼

（2）绕口令训练

土变金

你也勤来我也勤，生产同心土变金。工人农民亲兄弟，心心相印团结紧。

（3）古诗词训练

送杜少府之任蜀州

（唐）王勃

城阙辅三秦，风烟望五津。与君离别意，同是宦游人。

海内存知己，天涯若比邻。无为在歧路，儿女共沾巾。

（4）语句训练

爸爸等于给我一个谜语，这谜语比课本上的“日历挂在墙壁，一天撕去一页，使我心里着急”和“一寸光阴一寸金，寸金难买寸光阴”还让我感到可怕……（林清玄《和时间赛跑》）

ün

（1）字词训练

云 熏 均 韵 孕 军 筠 训 匀 逊 峻 芸 珺

菌群 军训 均匀 循循 熏晕 逡巡 芸芸 群运 熏熏

芸芸众生 循循善诱 君子之交 群策群力 云淡风轻 军令如山

（2）绕口令训练

白云与羊群

蓝天上是片片白云，草原上是银色的羊群。近处看，这是羊群，那是白云；远处看，分不清哪是羊群，哪是白云。

(3)古诗词训练

离思五首·其四

(唐)元稹

曾经沧海难为水，除却巫山不是云。取次花丛懒回顾，半缘修道半缘君。

(4)语句训练

人可以自然而然地学会感官的享乐，却无法天生地掌握幸福的韵律。(毕淑敏《提醒幸福》)

ian

(1)字词训练

眼　遍　片　面　点　天　连　年　减　钱　贤　边　篇

片面　翩翩　天边　鲜艳　渐变　变脸　前线　检验　偏见

变化无穷　天涯海角　恋恋不舍　千载难逢　年年有余　显而易见

(2)绕口令训练

姓钱与姓颜

电影制片厂的电影演员姓钱，卷烟厂的卷烟检验员姓颜，姓钱的电影演员要扮卷烟厂的检验员，就去卷烟厂找姓颜的检验员来把生活体验，他俩先前从没见过面，就请卷烟车间的卷烟员田艳莲来引见。

(3)古诗词训练

枫桥夜泊

(唐)张继

月落乌啼霜满天，江枫渔火对愁眠。姑苏城外寒山寺，夜半钟声到客船。

(4)语句训练

在这幽美的夜色中，我踏着绵绵的沙滩，沿着海边，慢慢地向前走去。(峻青《海滨仲夏夜》)

uan

(1)字词训练

完　段　团　暖　乱　官　款　换　专　船　栓　软　钻

转换　还款　传唤　换算　酸软　宦官　专断　婉转　乱窜

焕然一新　断章取义　玩世不恭　专心致志　欢天喜地　万箭穿心

(2)绕口令训练

两判官

城隍庙里两判官，一个判官姓潘，一个判官姓关，潘判官不管关判官，关判官不管潘判官。

(3)古诗词训练

从军行七首·其四

(唐)王昌龄

青海长云暗雪山，孤城遥望玉门关。黄沙百战穿金甲，不破楼兰终不还。

(4)语句训练

天堂是什么样子，我不知道，但是从我的生活经验去判断，北平之秋便是天堂。(老舍《住的梦》)

üɑn

(1)字词训练

圆 卷 劝 炫 远 娟 全 选 悬 倦 拳 轩 犬

源泉 玄远 圆圈 眷眷 全院 轩辕 全权 渊源 涓涓

源远流长 权宜之计 悬崖勒马 卷土重来 喧宾夺主 怨天尤人

(2)绕口令训练

圆圈圆

圆圈圆，圈圆圈，圆圆娟娟画圆圈。娟娟画的圈连圈，圆圆画的圈套圈。娟娟圆圆比圆圈，看看谁的圆圈圆。

(3)古诗词训练

送梓州李使君

(唐)王维

万壑树参天，千山响杜鹃。山中一夜雨，树杪百重泉。

汉女输橦布，巴人讼芋田。文翁翻教授，不敢倚先贤。

(4)语句训练

我在加拿大学习期间遇到过两次募捐，那情景至今使我难以忘怀。(青白《捐诚》)

uen

(1)字词训练

问 顿 屯 论 滚 困 混 准 纯 顺 润 村 孙

论文 伦敦 温顺 混沌 困顿 谆谆 昆仑 温润 温存

吞吞吐吐 问心无愧 尊师重道 闻鸡起舞 寸土寸金 混为一谈

(2)绕口令训练

磙和棍

磙下压个棍，棍上压个磙。磙压棍滚，棍滚磙滚。

(3)古诗词训练

游山西村

(宋)陆游

莫笑农家腊酒浑，丰年留客足鸡豚。山重水复疑无路，柳暗花明又一村。

箫鼓追随春社近，衣冠简朴古风存。从今若许闲乘月，拄杖无时夜叩门。

(4)语句训练

他们由天上看到山上，便不知不觉地想起：明天也许就是春天了吧？这样的温暖，今天夜里山草也许就绿起来了吧?(老舍《济南的冬天》)

2.后鼻音韵母

后鼻音韵母在发音结束时，舌根顶住软腭归音。其中，eng、ing发音时，容易出现发音太靠后的问题，应将韵腹e、i的舌位稍向前移；ang、iang、uang发音时，容易出现进鼻音过早、韵腹较短等问题，应将韵腹发饱满后再进鼻音；ong、iong发音时，容易出现u、ü圆唇度不够的问题，应有意识地撮唇。

ang

(1)字词训练

昂　棒　胖　忙　方　党　汤　囊　狼　刚　抗　夯　章

盲肠　帮忙　沧桑　烫伤　常常　仓房　商场　钢厂　方丈

荡气回肠　沧海桑田　赏心悦目　放浪形骸　堂堂正正　旁门左道

(2)绕口令训练

大和尚和小和尚

大和尚常常上哪厢？大和尚常常过长江。过长江到底为哪桩？过长江去看望小和尚。大和尚原先在襄阳，小和尚原先在商乡。大和尚和小和尚常常互相商量，大和尚讲小和尚强，小和尚说大和尚长。小和尚煎姜汤让大和尚尝，大和尚给小和尚檀香一箱。

(3)古诗词训练

敕勒歌

北朝民歌

敕勒川，阴山下，天似穹庐，笼盖四野。天苍苍，野茫茫，风吹草低见牛羊。

(4)语句训练

哪怕只有碗来粗细罢，她却努力向上发展，高到丈许，两丈，参天耸立，不折不挠，对抗着西北风。(茅盾《白杨礼赞》)

eng

(1)字词训练

蹦　鹏　梦　风　等　疼　能　冷　更　坑　横　整　成

蒸腾　升腾　风筝　生成　承蒙　风声　声称　征程　更正

乘胜追击　铿锵有力　争先恐后　耿耿于怀　声泪俱下　风和日丽

(2)绕口令训练

台灯和屏风

郑政捧着盏台灯，彭澎扛着架屏风，彭澎让郑政扛屏风，郑政让彭澎捧台灯。

(3)古诗词训练

长相思

(清)纳兰性德

山一程，水一程，身向榆关那畔行，夜深千帐灯。

风一更，雪一更，聒碎乡心梦不成，故园无此声。

(4)语句训练

夜色加浓，苍空中的"明灯"越来越多了。而城市各处的真的灯火也次第亮了起来，尤其是围绕在海港周围山坡上的那一片灯光。(峻青《海滨仲夏夜》)

ing

(1)字词训练

英　病　平　名　定　听　宁　灵　净　情　行　冰　瓶

病情　定型　明星　精明　轻盈　应景　姓名　评定　倾听

冰清玉洁　行兵布阵　警钟长鸣　晴天霹雳　明察秋毫　名胜古迹

(2)绕口令训练

东洞庭，西洞庭

东洞庭，西洞庭，洞庭山上一根藤，藤上挂个大铜铃，风起藤动铜铃响，风停藤定铜铃静。

(3)古诗词训练

赠汪伦

(唐)李白

李白乘舟将欲行，忽闻岸上踏歌声。桃花潭水深千尺，不及汪伦送我情。

(4)语句训练

这样，具有阅读能力的人，无形间获得了超越有限生命的无限可能性。(谢冕《读书人是幸福人》)

ong

(1)字词训练

懂 痛 浓 龙 弓 空 红 宗 从 松 中 冲 冗

瞳孔 动容 恐龙 轰动 童工 浓重 共同 冲动 隆重

纵横驰骋 通情达理 中规中矩 痛不欲生 耸人听闻 同归于尽

(2)绕口令训练

霜打青松松更青

霜打青松松更青，血染红旗旗更红。生命不息向前冲，青春壮丽火更红。

(3)古诗词训练

江南春

(唐)杜牧

千里莺啼绿映红，水村山郭酒旗风。南朝四百八十寺，多少楼台烟雨中。

(4)语句训练

落光了叶子的柳树上挂满了毛茸茸亮晶晶的银条儿；而那些冬夏常青的松树和柏树上，则挂满了蓬松松沉甸甸的雪球儿。(峻青《第一场雪》)

iang

(1)字词训练

杨 强 想 娘 亮 讲 抢 向 酿 两 奖 庠 孃

强将 亮相 湘江 粮饷 强项 踉跄 酱香 洋相 奖项

良莠不齐 降妖除魔 枪林弹雨 相形见绌 阳春白雪 江郎才尽

(2)绕口令训练

杨家羊和蒋家墙

杨家养了一只羊，蒋家修了一堵墙。杨家的羊撞倒了蒋家的墙，蒋家的墙压倒了杨家的羊。杨家要蒋家赔羊，蒋家要杨家赔墙。

(3)古诗词训练

绝句二首·其一

(唐)杜甫

迟日江山丽，春风花草香。泥融飞燕子，沙暖睡鸳鸯。

(4)语句训练

每天,不管是鸡鸣晓月,日丽中天,还是月华泻地,小桥都印下串串足迹,洒落串串汗珠。那是乡亲为了追求多棱的希望,兑现美好的遐想。(郑莹《家乡的桥》)

uang

(1)字词训练

忘　光　狂　黄　装　床　爽　网　逛　矿　晃　创　窗

双簧　狂妄　状况　窗框　往往　装潢　双亡　网状　王庄

狂风暴雨　装腔作势　光怪陆离　枉费心机　黄道吉日　旷世奇才

(2)绕口令训练

长江上帆船帆布黄

长江上帆船帆布黄,船舱里放着一张床,床上躺着老大娘。大娘年高怕大浪,头晕恶心心发慌。船老大来身旁,亲亲热热唠家常,还把姜汤来端上。平安返回家里去,大娘告别热泪淌。

(3)古诗词训练

静夜思

(唐)李白

床前明月光,疑是地上霜。举头望明月,低头思故乡。

(4)语句训练

它补过天,在天上发过热、闪过光,我们的先祖或许仰望过它,它给了他们光明、向往、憧憬……(贾平凹《丑石》)

ueng

(1)字词训练

瓮　翁　嗡　蓊　蕹

老翁　水瓮　蓊郁　嗡嗡　蕹菜

瓮中捉鳖　嗡嗡作响　蓊蓊郁郁　渔翁得利　塞翁失马　请君入瓮

(2)绕口令训练

老翁和老翁

老翁卖酒老翁买,老翁买酒老翁卖;老翁买酒老翁卖,老翁卖酒老翁买。

(3)古诗词训练

示儿

(宋)陆游

死去元知万事空,但悲不见九州同。王师北定中原日,家祭无忘告乃翁。

(4)语句训练

他扎的风筝不只体型好看，色彩艳丽，放飞得高远，还在风筝上绷一叶用蒲苇削成的膜片，经风一吹，发出“嗡嗡”的声响。（李恒瑞《风筝畅想曲》）

iong

(1)字词训练

用　炯　穷　熊　庸　窘　邛　胸

汹涌　炯炯　熊熊　茕茕

胸有成竹　炯炯有神　茕茕孑立　穷凶极恶　庸人自扰　穷途末路

(2)绕口令训练

荣永军

英勇军人荣永军，波涛汹涌中奋勇救起不慎落水的熊小琼。熊小琼送子参军，叮嘱儿子一定要保家卫国，永远学习英勇的荣永军。

(3)古诗词训练

龟虽寿

（东汉）曹操

神龟虽寿，犹有竟时。腾蛇乘雾，终为土灰。老骥伏枥，志在千里。烈士暮年，壮心不已。

盈缩之期，不但在天；养怡之福，可得永年。幸甚至哉，歌以咏志。

(4)语句训练

她的头歪向枕头一边，痛苦地用手抓挠胸口。[（法）罗曼·加里《我的母亲独一无二》]

二、韵母发音辨正训练

（一）前鼻音韵尾-n与后鼻音韵尾-ng

首先，需明确两者归韵部位不同。前鼻音韵尾-n舌尖抵住硬腭前部归韵；后鼻音韵尾-ng舌根贴住软腭归韵。其次，可以采用声韵拼合规律进行记忆。例如，d、t、n、l只能与eng相拼，不能与en相拼（除“嫩、恁、扽”外）；d、t、n只能与ing相拼，不能与in相拼（除“您”外）；z、c、s除“怎、谮、参、岑、涔、森”外不与en相拼。还可以采用记同声旁字的方法。无规律的字需要单独记忆。

1.字词训练

en–eng

奔—绷　盆—棚　门—萌　分—风　根—耕　痕—横　晨—成

陈旧—成就　粉刺—讽刺　热忱—热诚　申明—声明　绅士—声势

成分　本能　生辰　真诚　生根　缝纫　城镇　奔腾　称臣　分封

in–ing

因—英　斌—冰　频—平　民—名　您—宁　林—灵　亲—青

频繁—平凡　贫民—平民　银屏—荧屏　禁地—境地　民心—明星

民警　品评　清新　倾尽　聘请　迎亲　应聘　新颖　心境　倾心

2.绕口令训练

盆和棚(en、eng)

老彭拿着一个盆,路过老陈住的棚。盆碰棚,棚碰盆,棚倒盆碎棚压盆。老彭要赔老陈的棚,老陈要赔老彭的盆。老彭不要老陈来赔盆,老陈不要老彭来赔棚。老陈陪着老彭去补盆,老彭帮着老陈来修棚。

分清巾金睛景(in、ing)

小金到北京看风景,小京到天津买纱巾,看风景,用眼睛,还带一个望远镜。买纱巾,带现金,到了天津把商店进。买纱巾,用现金,看风景,用眼睛,巾、金、睛、景要分清。

(二)后鼻音韵母eng与ong

在一些方言中存在后鼻音韵母eng与ong混读的情况,例如把“梦(mèng)”读作“mòng”,“风(fēng)”读作“fōng”等等。首先,需明确ong不能与声母b、p、m、f相拼。其次,需注意区别两者发音时唇形不同,eng为扁唇,ong为圆唇。

1.字词训练

绷 bēng–bōng　朋 péng–póng　萌 méng–móng　逢 féng–fóng

蹦跳　朋友　梦想　凤凰　水泵　蓬松　联盟　发疯

2.绕口令训练

莲蓬与柠檬

鹏鹏捧着莲蓬,萌萌捧着柠檬。鹏鹏想用莲蓬换萌萌的柠檬,萌萌不想用柠檬换鹏鹏的莲蓬。

第三节　普通话声调训练

声调是音节发音时的高低升降变化,又叫字调。声调是汉语音节中不可缺少的一部分,对区别字义有重要作用。

【理论概述】

按照声调的实际读法归纳出的声调的类别叫调类。普通话有阴平、阳平、上声、去声四个调类。声调高低、升降、曲直、长短的变化形式就是调值,也就是声调的实际读法,普通话阴平、阳平、上声、去声的调值用五度标记法分别记为55、35、214、51。如图4:

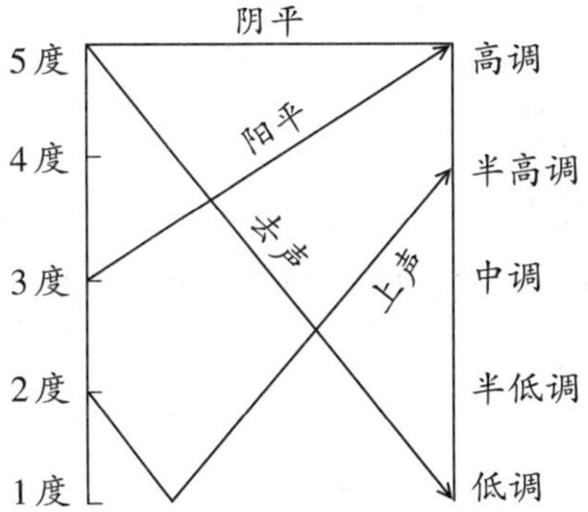

图2-2　普通话声调图

普通话声调的音高不是绝对音高,而是相对音高。声调最低音1度到最高音5度之间的距离称为声调调域。在播音主持的表达中,声调调域要适当拉开一些才更具有美感。在语流中,对表意起主要作用的是调形。普通话的阴平调是高平调,阳平调是高升调,上声调是降升调,去声调是全降调。

声调的升降变化不同于音乐中音阶的跳跃性,而是滑动的。

【实践训练】

一、同声韵音节训练

普通话声调发音较易出现阴平调值不够高,阳平上不去,上声硬拐不平滑,去声下不来等问题。应注意,发阴平音时,要确保从5度开始且不下滑;发阳平音时,可在调值升高的同时增强气息，声带由松到紧，保证调值直接升高；发上声音时，从半低2度降到低1度时，应明确下降且保持气息稳定，在从1度到4度的转折中，应平滑弯曲，气息增强；发去声时，起调要高，下降迅速、不拖沓，注意声带不能过紧。练习时，可首先进行四声延长练习，一口气读一个音节，适当拉长音节，气尽声停；然后再进行四声连发训练，即一口气读四个音节，运用正常语速发音。练习时，注意四声调域拉开，调值准确，调形完整，控制好气息。

（一）双唇音b、p、m

bā	bá	bǎ	bà	pō	pó	pǒ	pò	māo	máo	mǎo	mào
巴	拔	把	罢	坡	婆	叵	破	猫	毛	卯	帽

（二）唇齿音f

fāng	fáng	fǎng	fàng
方	房	仿	放

（三）舌尖中音d、t、n、l

dī	dí	dǐ	dì	tōng	tóng	tǒng	tòng	niū	niú	niǔ	niù
低	敌	底	弟	通	同	统	痛	妞	牛	扭	拗

liāo	liáo	liǎo	liào
撩	聊	了	料

（四）舌根音g、k、h

gū	gú	gǔ	gù	kē	ké	kě	kè	hān	hán	hǎn	hàn
姑	△	古	顾	科	咳	可	刻	酣	含	喊	汉

（五）舌面音j、q、x

jū	jú	jǔ	jù	qīng	qíng	qǐng	qìng	xiāng	xiáng	xiǎng	xiàng
居	局	举	据	青	情	请	庆	香	降	想	象

（六）翘舌音zh、ch、sh、r

zhī	zhí	zhǐ	zhì	chēng	chéng	chěng	chèng	shēn	shén	shěn	shèn
知	职	止	至	称	成	逞	秤	申	神	沈	甚

rū	rú	rǔ	rù
△	如	乳	入

(七)平舌音 z、c、s

zuō	zuó	zuǒ	zuò	cāi	cái	cǎi	cài	suī	suí	suǐ	suì
作	昨	左	做	猜	才	采	菜	虽	随	髓	岁

(八)开口呼音 ai、ao、ei、ou

bāi	bái	bǎi	bài	pāo	páo	pǎo	pào	fēi	féi	fěi	fèi
掰	白	摆	败	抛	刨	跑	泡	飞	肥	匪	费
lōu	lóu	lǒu	lòu								
搂	楼	篓	漏								

(九)齐齿呼音 ia、in、ie、ian

jiā	jiá	jiǎ	jià	qīn	qín	qǐn	qìn	xiē	xié	xiě	xiè
家	夹	甲	架	亲	勤	寝	沁	些	斜	写	谢
liān	lián	liǎn	liàn								
△	联	脸	炼								

(十)合口呼音 uang、ua、uan、uai

chuāng	chuáng	chuǎng	chuàng	wā	wá	wǎ	wà
窗	床	闯	创	蛙	娃	瓦	袜
huān	huán	huǎn	huàn	guāi	guái	guǎi	guài
欢	还	缓	幻	乖	△	拐	怪

(十一)撮口呼音 üe、ün、üan

xuē	xué	xuě	xuè	yūn	yún	yǔn	yùn	quān	quán	quǎn	quàn
薛	学	雪	血	晕	云	允	运	圈	全	犬	劝

二、双音节词训练

在双音节词声调发音中,注意根据词语的轻重格式和连读变调进行处理,把握调域的伸缩变化和声调的基本调形,同时适当拉开声调调域。同声调相连时,前一个阴平读44调值;前一个阳平读34调值;前一个上声变为35调值;前一个去声读53调值。

(一)阴平+阴平

播音	征婚	悲哀	温馨	边疆	悲观	餐厅	轻声	春耕
担忧	谦虚	工兵	嚣张	分割	诗歌	丰收	西安	呼声

（二）阴平+阳平

中国　签名　丝绸　边防　温和　苍白　飞扬　单人　均衡
帆船　斑白　跟前　新闻　观摩　发言　欢迎　金鱼　荒凉

（三）阴平+上声

秃顶　生产　标点　慷慨　插口　收缴　灯火　攀比　方法
奔走　风雅　批准　高等　申请　危险　优美　争取　艰苦

（四）阴平+去声

安顿　工地　车辆　风度　说话　方块　希望　兴奋　飞跃
耕种　亲自　工作　声调　黑暗　温度　轰动　精湛　居住

（五）阳平+阴平

图书　农村　财经　毛衣　船舱　南方　夺标　时光　房屋
国家　时间　滑冰　联欢　结晶　服装　绝招　革新　狂风

（六）阳平+阳平

学习　迷茫　神奇　平衡　独裁　文明　符合　完全　轮流
柔和　民族　渔船　难题　喉舌　前程　匍匐　蓬勃　留学

（七）阳平+上声

情景　王者　挨打　模仿　伯母　长久　成果　罗马　夺取
平等　宏伟　烦恼　华北　提醒　浏览　民主　全体　迷惘

（八）阳平+去声

然后　华丽　磁带　肠胃　别处　贫困　坟墓　习惯　革命
排斥　环境　停顿　环绕　局势　伶俐　狂热　明月　辽阔

（九）上声+阴平

广播　纺织　产生　古诗　小说　反击　本心　海关　午餐
恐慌　损失　领先　远方　点睛　普通　体贴　美观　舞姿

（十）上声+阳平

美文　朗读　语言　采集　请求　散文　女人　场合　火源
普及　表明　品德　返回　敏捷　果实　保持　火柴　美国

(十一)上声+上声

可以	导演	采访	所有	耻辱	铁锁	党委	审美	粉笔
讲解	好感	口语	火种	爽朗	广场	土壤	尽管	影响

(十二)上声+去声

美丽	短信	草地	普遍	处境	宇宙	保护	喜讯	抵制
领袖	访问	可是	讽刺	阻力	强迫	改善	抢救	恐惧

(十三)去声+阴平

认真	上升	卫生	气温	递增	特征	复兴	细菌	故乡
蜜蜂	冠军	外交	贵宾	味精	笑声	互相	哨兵	进攻

(十四)去声+阳平

暂时	电台	照明	报名	适合	并存	辨别	措辞	现实
富饶	尽头	会谈	奈何	混淆	特别	竟然	任何	克服

(十五)去声+上声

外语	喝彩	困扰	背景	色彩	放手	探索	看法	忘我
破损	幻影	梦想	剧本	酷暑	历史	向往	立体	探险

(十六)去声+去声

意见	抗日	释放	步骤	项链	档次	大地	恶劣	效率
泛滥	陆地	愤怒	另类	贯彻	但是	祝愿	耗费	破灭

三、四音节词训练

四音节词语的声调训练可以运用夸张四声的方式进行，就是把语速放慢，每个字拉长一些读。注意拉开声调调域，稳定调形，以及控制气息。

(一)四声顺序组合训练

中国伟大	山明水秀	花红柳绿	兵强马壮	山穷水尽	山盟海誓
千锤百炼	瓜田李下	飞檐走壁	阴谋诡计	风调雨顺	光明磊落
思前想后	心直口快	身强体壮	呼朋引类	金迷纸醉	因循守旧
鸡鸣狗盗	积年累月	灯红酒绿	轻裘缓带	花团锦簇	深谋远虑

(二)四声逆序组合训练

万里长征	异曲同工	四海为家	一马平川	大好河山	背井离乡
妙手回春	刻骨铭心	步履维艰	墨守成规	热火朝天	地广人稀

救死扶伤	调虎离山	逆水行舟	奋起直追	痛改前非	具体而微
木已成舟	暮鼓晨钟	笑里藏刀	顺理成章	破釜沉舟	驷马难追

(三)四声交错训练

开门见山	南征北战	大义凛然	毛遂自荐	呕心沥血	大材小用
八拜之交	拔刀相助	淡泊明志	百步穿杨	调兵遣将	半夜三更
放虎归山	杯水车薪	包罗万象	背信弃义	地大物博	闭月羞花
才高八斗	超群绝伦	刀山火海	达官贵人	胆大妄为	翻天覆地

四、绕口令训练

注意拉开声调调域,读准调形,语速不宜太快。

鲍指导让小宝去拿刨

鲍指导让小宝去拿刨,小宝知道刨是鲍指导的宝,路上遇雹,雹打宝,宝保刨,衣包刨,宝抱刨,雹打宝头两个包,刨被宝保仍完好,鲍指导知道,宝为保刨头起包,鲍抱宝,宝抱鲍。

梁木匠和梁瓦匠

梁木匠和梁瓦匠,两梁有事常商量。梁木匠天亮晾衣裳,梁瓦匠天黑量高粱。梁木匠晾衣裳受了凉,梁瓦匠量高粱少了粮。梁瓦匠思量梁木匠受了凉,梁木匠料想梁瓦匠少了粮。

第四节　普通话语流音变训练

在语流中,由于受到相邻音节、音素或语言环境的影响,一些音节、音素会发生约定俗成的语音变化,这种变化被称为“语流音变”。轻声、儿化、变调、词的轻重格式、语气词“啊”的音变都是普通话中最典型的语流音变现象。

【理论概述】

一、轻声

普通话的每个音节都有它的声调,但在说话时,有些音节会失去它原有的声调,变成一种短而轻的调子,这种调子就叫轻声。

（一）轻声的作用

1. 区别词义。如：东西（dōngxī）：表方位，指东和西；东西（dōngxi）：指各种抽象或具体的事物。

2. 区别词性。如：地道（dìdào）：名词，地下坑道；地道（dìdao）：形容词，真正的，纯粹的。

（二）普通话轻声的变读规律

以下几种情况需要读轻声：

1. 语气词"啊、吧、吗、嘛、啦、呢、哇、呀"等。如：是啊、去吧、对吗、来嘛、没啦、哪呢、好哇、谁呀。

2. 助词"着、了、过、的、地、得"等。如：走着、没了、来过、是的、快速地、好得很。

3. 名词、代词的后缀"子、头、们、巴、么"等。如：孩子、枕头、我们、尾巴、那么。

4. 重叠式动词或名词的后一个音节。如：看看、说说、试试、妈妈、星星、婷婷。

5. 表趋向的动词、方位词或语素，"上、下、来、去"等。如：天上、地下、过来、下去。

6. 作宾语的人称代词。如：叫他、请我、找你。

7. 常用双音节词的第二个音节

萝卜　葡萄　窗户　玻璃　扫帚　柴火　打听　苍蝇　告诉　溜达　明白

商量　扎实　清楚　凉快　耳朵　石榴　扁担　学问　规矩　包袱　巴结

状元　和尚　豆腐　体面　裁缝　马虎　风筝　咳嗽　钥匙　差事　热闹

在双音节词语中，轻声音节的高低升降取决于前一个音节的调值。用五度标记法表示，大致情况如下：

①阴平后面的轻声读半低调(2度)。如：妈妈、桌子、胳膊、高粱、闺女。

②阳平后面的轻声读中调(3度)。如：眉毛、糊涂、馒头、儿子、琢磨。

③上声后面的轻声读半高调(4度)。如：你们、枕头、好的、喇叭、婶婶。

④去声后面的轻声读低调(1度)。如：弟弟、吓唬、帐篷、嫁妆、疟疾。

二、儿化

儿化，是普通话词语中的后缀"儿"同前一个音节的韵母结合在一起成为一个音节，使韵母带上卷舌色彩，成为卷舌韵母的音变现象。这种带有卷舌色彩的韵母称为儿化韵。

(一)儿化的作用

1.区别词义。如:信(信件)与信儿(消息)。

2.区别词性。如:画(动词)与画儿(名词)。

3.表示小、少的意思。如:小孩儿、小鸟儿、小手儿。

4.表示可爱、喜爱、亲切等色彩。如:脸蛋儿、好玩儿、老伴儿。

(二)儿化发音要领

1.韵母或韵尾是ɑ、o、e、u的,直接加上卷舌动作-r。

ɑ-ɑr	刀把儿	打杂儿	腊八儿
iɑ-iɑr	书架儿	脚丫儿	豆芽儿
uɑ-uɑr	牙刷儿	笑话儿	麻花儿
o-or	面膜儿	泡沫儿	歪脖儿
uo-uor	饭桌儿	小伙儿	小说儿
ɑo-ɑor	红包儿	树梢儿	小猫儿
iɑo-iɑor	火苗儿	小鸟儿	跑调儿
e-er	模特儿	唱歌儿	唠嗑儿
u-ur	靠谱儿	媳妇儿	泪珠儿
ou-our	耍猴儿	老头儿	小丑儿
iou-iour	加油儿	篮球儿	石榴儿

2.韵尾是i、n(in、ün、un、ui除外)的,去掉韵尾,加卷舌动作-r。

ɑi-ɑr	小孩儿	名牌儿	刘海儿
uɑi-uɑr	一块儿	乖乖儿的	
ei-er	宝贝儿	刀背儿	抹黑儿
uei-uer	一会儿	香味儿	墨水儿
ɑn-ɑr	老伴儿	门槛儿	拐弯儿
iɑn-iɑr	门帘儿	一点儿	牙签儿
uɑn-uɑr	茶馆儿	大腕儿	钢管儿
üɑn-üɑr	手绢儿	跳远儿	大院儿
en-er	脸盆儿	一阵儿	大婶儿
uen-uer	打盹儿	嘴唇儿	车轮儿

3. 韵母是in、ün的，去掉韵尾，加er。

in–ier　脚印儿　背心儿　有劲儿

ün–üer　合群儿　花裙儿

4. 韵母是单元音i、ü的，加er。

i–ier　小鸡儿　玩意儿　针鼻儿

ü–üer　有趣儿　小曲儿　毛驴儿

5. 韵母是ê、-i[ɿ]、-i[ʅ]的，去掉ê、-i[ɿ]、-i[ʅ]，加er。

ie–ier　台阶儿　小鞋儿　树叶儿

üe– üer　木橛儿　主角儿　正月儿

–i[ɿ]–er　瓜子儿　歌词儿　葱丝儿

–i[ʅ]–er　果汁儿　小事儿　锯齿儿

6. 韵尾是ng的，去掉ng，韵腹鼻化，加卷舌动作。

ang –ãr　肩膀儿　帮忙儿　香肠儿

iang–iãr　鼻梁儿　花样儿　透亮儿

uang–uãr　相框儿　天窗儿　眼光儿

eng–ẽr　板凳儿　麻绳儿　钢镚儿

ueng–uẽr　小瓮儿

ing–iẽr　小名儿　电影儿　门铃儿

ong–ũr　胡同儿　果冻儿　酒盅儿

iong–üẽr　小熊儿　蚕蛹儿　哭穷儿

三、变调

在语流中，一些音节受到相邻音节的影响，声调发生变化的现象，叫作变调。

（一）上声的变调

上声音节单念或在句尾及居中需要停顿处时，不变调，在阴平、阳平、上声、去声前都会发生变调。

1. 上声在非上声前变为半上，调值由214变为211。例如，美标、美人、美丽。

2. 两个上声相连，前一个上声调值由214变为接近35。例如，美好。

3. 三个上声相连，末尾的上声音节不变调，开头和中间的上声音节变调，分为以下两种情况：

双单格:即“2+1”结构,前两个音节关系密切,此时开头和中间的音节声调变为35,最后一个音节声调不变,即35,35,214。例如,展览馆。

单双格:即“1+2”结构,词组中后两个音节关系密切,此时开头音节读半上,中间音节接近35,最后一个音节声调不变,即211,35,214。例如,好领导。

(二)去声的变调

去声在去声前变为半降,调值由51变为53。如:大地。

(三)“一”的变调

1.“一”在非去声前变去声。例如,一天、一年、一场。

2.“一”在去声前变阳平。例如,一次。

3.“一”夹在重叠词中变轻声。例如,想一想。

(四)“不”的变调

1.“不”在去声前变阳平。例如,不去。

2.“不”夹在词语中变轻声。例如,好不好、听不听。

四、词的轻重格式

在普通话和各地方言中,由于词义或情感表达的需要,一些双音节或多音节词发生约定俗成的轻重、长短的变化,这就是词的轻重格式。①短而弱的音节称为轻,长而强的音节称为重,介于两者之间的称为中。②

1. 双音节词的轻重格式分为中重、重中、重轻三种。其中,以中重格式居多。

2. 三音节词的轻重格式分为中中重、中重轻、中轻重三种。其中,以中中重格式居多。

3. 四音节词的轻重格式与语法结构有关,分为中重中重、重中中重、中轻中重三种。

五、语气词“啊”的音变

语气助词“啊”用在句首时,发本音“ɑ”。如果出现在句尾,则会受到前一音节末尾音素的影响发生音变。

---

① 中国传媒大学播音主持艺术学院.播音主持语音与发声[M].北京:中国传媒大学出版社,2014:119.

② 吴弘毅.实用播音教程:普通话语音和播音发声[M].北京:中国传媒大学出版社,2002:103.

1.前一音节末尾音素是ɑ、o、e、i、ü、ê时，“啊”读作yɑ。例如，说话啊。

2.前一音节末尾音素是u(包括ɑo、iɑo)时，“啊”读作uɑ。例如，知足啊。

3.前一音节末尾音素是n时，“啊”读作nɑ。例如，天啊。

4.前一音节末尾音素是ng时，“啊”读作ngɑ。例如，冲啊。

5.前一音节末尾音素是-i[ɿ]时，“啊”读作[z]ɑ。例如，写字啊。

6.前一音节末尾音素是-i[ʅ]、r、er时，“啊”读作rɑ。例如，粮食啊。

【实践训练】

一、轻声训练

轻声音节是一种弱化音节，发音时不能拖长也不能过于短促，过于短促容易出现吃字现象。普通话轻声训练时，除了掌握轻声的发音要领外，还可以根据语义、语法、构词找到轻声的规律。同时，要通过强化记忆，掌握必读轻声词语。

(一)词语训练

膏药	挑剔	答应	吩咐	生意	胳膊	烧饼	欺负	铺盖
白净	盘算	包涵	合同	行李	蛤蟆	虫子	屁股	能耐
打量	补丁	牌楼	场子	笸箩	使唤	本事	嫂子	领子
爱人	困难	岁数	人家	罐头	畜生	刺猬	认识	脾气

(二)绕口令训练

屋子里有箱子

屋子里有箱子，箱子里有匣子，匣子里有盒子，盒子里有镯子，镯子外面有盒子，盒子外面有匣子，匣子外面有箱子，箱子外面有屋子。

打南边来了个瘸子

打南边来了个瘸子，手里托着碟子，碟子里装着茄子。地上钉着橛子，绊倒了这个瘸子，撒了碟子里的茄子，气得瘸子撇了碟子，拔了橛子，踩了茄子。

(三)语句训练

正在踟蹰的时候，带头的一头牛，在离我们不远的地方停下来，抬起头看看，稍迟疑一下，就自动走下田去。一队耕牛，全跟着它走离阡陌，从我们身边经过。(小思《中国的牛》)

二、儿化训练

在儿化韵的发音中,u儿化和后鼻音儿化是难点。发好前者的要领是,卷舌与u圆唇的动作同时完成。后者的发音要学会主要元音的鼻化,可以先发一个没有鼻化的元音,如a,再发一个鼻化的an,掌握发鼻化音的方法后再练习后鼻音的儿化发音,注意卷舌与鼻化同步。此外,有的人发a的儿化开口度不够,如把"刀把儿"读成了"刀背儿"。还有人发i的儿化音时开口度过大,如把"有底儿"读成了"有点儿"。

(一)词语训练

八成儿　八字儿　菜单儿　菜花儿　搭伴儿　搭茬儿　摁钉儿　摁扣儿
发火儿　翻本儿　旮旯儿　盖戳儿　火候儿　火炉儿　记事儿　家底儿
裤腿儿　挎包儿　方格儿　柳条儿　门槛儿　面团儿　牛劲儿　纽扣儿
藕节儿　派头儿　旁边儿　轻活儿　蛐蛐儿　绕远儿　热门儿　锁链儿

(二)绕口令训练

鸡蛋变糖葫芦儿

我们那儿有个王小三儿,在门口摆着一个小杂货摊儿。卖的是煤油火柴和烟卷儿,草纸豆儿纸还有大包的烟儿,红糖白糖花椒大料瓣儿,鸡子儿挂面酱醋油盐儿,糖葫芦一串儿又一串儿,花生瓜子儿还有酸杏干儿。王小三儿不识字儿,写账记账他净闹稀罕事儿。街坊买了他六个鸡子儿,他就在账本上画了六个圈儿。过了两天人家还了他的账,他说人家短了他一串儿糖葫芦儿没有给他钱儿。

(三)语句训练

最妙的是下点(儿)小雪呀。看吧,山上的矮松越发的青黑,树尖(儿)上顶着一髻儿白花,好像日本看护妇。山尖(儿)全白了,给蓝天镶上一道银边。山坡上,有的地方雪厚点(儿),有的地方草色还露着,这样,一道儿白,一道儿暗黄,给山们穿上一件带水纹的花衣;看着看着,这件花衣好像被风儿吹动,叫你希望看见一点(儿)更美的山的肌肤。(老舍《济南的冬天》)

三、变调训练

训练时,需在掌握变调规律的基础上,结合语境、语感使发音准确、自然。

(一)词语训练

1.上声的变调

(1)上声在非上声前

上声+阴平：感激　响声　好听　捕捉　广州

上声+阳平：粉条　取得　语言　属于　海豚

上声+去声：美梦　想念　取悦　火药　挑战

上声+轻声：首饰　喜欢　眨巴　补丁　毯子

(2)两个上声相连

美女　古典　演讲　老马　美好　解码　永远

彩纸　祈祷　稳妥　整理　举止　礼品　管理

(3)三个上声相连

选举法　保守党　导火索　脚底板　洗脸水

党小组　好小伙　老首长　吐口水　纸老虎

2.去声的变调

记录　意义　奉献　电话　报告　摄像　聚会

面对　犯罪　固定　会议　现在　贵妇　报废

3."一"的变调

一般　一天　一年　一回　一起　一缕

一旦　一位　一律　一次　一共　一辆

看一看　笑一笑　说一说　走一走　等一等

4."不"的变调

不借　不会　不要　不去

去不去　会不会　好不好　打不开　听不懂

(二)绕口令训练

一个老僧一本经

一个老僧一本经，一句一行念得清。不是老僧爱念经，不会念经当不了僧。

一心一意

干什么工作都要一心一意，表里如一，言行一致，一丝不苟。情绪不能一高一低，一好一坏，一落千丈，一蹶不振。做事必须一是一，二是二，一清二楚，说一不二。要一不做，二不休，一不怕苦，二不怕累，不屈不挠，一切从零开始；决不能一而再，再而三地叫人摇头说"不"字。

(三)语句训练

1.有一天，当他在一处干涸的水塘里猛踢一个猪膀胱时，被一位足球教练看见

了。(刘燕敏《天才的造就》)

2. 更为重要的是,读书加惠于人们的不仅是知识的增广,而且还在于精神的感化与陶冶。(谢冕《读书人是幸福人》)

四、词的轻重格式训练

词的轻重格式中,轻与重体现于音长和音强的变化,应注意轻与重是相对而言的,要自然过渡。训练中应多培养听辨能力,加强积累,掌握约定俗成的语言习惯。

(一)双音节词

1. 中重格式

广播　飞机　波浪　跑道　时代　理论　词汇　国际
货币　开放　自学　汉字　中华　助理　童话　时间

2. 重中格式

学者　作家　积极　消极　春季　秋季　绝对　温度
传统　事业　要求　爱戴　绿化　作用　动作　干部

3. 重轻格式

火候　狐狸　盘算　厚道　挖苦　休息　扁担　暖和
胭脂　相声　废物　唠叨　痛快　唾沫　字号　刺猬

(二)三音节词

1. 中中重格式

白兰地　图书馆　办公室　抛物线　电视剧　天安门
寄生虫　团总支　招待会　常委会　体育场　播音员

2. 中重轻格式

没商量　腿肚子　小伙子　小姑娘　洋鬼子　糖葫芦
凑热闹　胡萝卜　两口子　犯嘀咕　套近乎　命根子

3. 中轻重格式

财神爷　豆腐渣　小不点　筒子楼　差不多　乡巴佬
饺子馆　娘娘腔　保不齐　蘑菇云　狐狸精　窟窿眼

(三)四音节词

1. 中重中重格式

安居乐业　张灯结彩　半斤八两　耳濡目染　四通八达

国泰民安　　南腔北调　　开源节流　　国色天香　　风调雨顺

2.重中中重格式

背水一战　　一扫而空　　付之东流　　在所不辞　　寿比南山

赤子之心　　不约而同　　寄人篱下　　一蹶不振　　义不容辞

3.中轻中重格式

老实巴交　　力不从心　　规规矩矩　　稀里糊涂　　大大方方

奥林匹克　　花里胡哨　　慌里慌张　　嘻嘻哈哈　　战战兢兢

五、语气词“啊”的音变训练

训练时,应按照“啊”的音变规则,根据前一音节的韵尾顺势而发,避免发音生硬。

(一)词语训练

快划啊　　活泼啊　　菠萝啊　　坐车啊　　一起啊　　可爱啊

喝水啊　　金鱼啊　　节约啊　　逛街啊　　别哭啊　　真好啊

好笑啊　　吃肉啊　　优秀啊　　真难啊　　全面啊　　喜欢啊

手绢啊　　咱们啊　　弹琴啊　　成长啊　　漂亮啊　　宽广啊

(二)绕口令训练

张果老

啪、啪、啪,谁啊?张果老啊!怎么不进来啊?怕狗咬啊!衣兜里兜着什么啊?大酸枣啊!怎么不吃啊?怕牙倒啊!胳肢窝里夹着什么啊?破棉袄啊!怎么不穿上啊?怕虱子咬啊!怎么不叫你老伴儿拿啊?老伴儿死了。你怎么不哭啊?盒儿啊,罐儿啊,我的老伴儿啊!

菜市场

菜市场里什么品种都有:韭菜啊、香椿啊、萝卜啊、竹笋啊、菜花啊、茄子啊、西红柿啊、羊肉啊、鲜鱼啊、鸡蛋啊、香肠啊、豆腐啊、粉丝啊,真是琳琅满目!

(三)语句训练

漓江的水真静啊,静得让你感觉不到它在流动;漓江的水真清啊,清得可以看见江底的沙石;漓江的水真绿啊,绿得仿佛那是一块无瑕的翡翠。(陈淼《桂林山水》)

拓展阅读

1. 国家语言文字工作委员会普通话培训测试中心.普通话水平测试实施纲要[M].北京:商务印书馆,2003.

2. 胡黎娜.播音主持艺术发声(第2版)[M].北京:中国传媒大学出版社,2019.

3. 林焘,王理嘉.语音学教程[M].北京:北京大学出版社,2011.

4. 吴弘毅.实用播音教程(第1册):普通话语音和播音发声[M].北京:中国传媒大学出版社,2004.

5. 吴洁茹,王璐.播音员主持人语音发声教程[M].北京:中国传媒大学出版社,2006.

6. 中国传媒大学播音主持艺术学院.播音主持语音与发声[M].北京:中国传媒大学出版社,2014.

第三章　播音主持创作基础训练

本章内容主要包括播音主持备稿训练、播音主持内部技巧训练、播音主持外部技巧训练三部分，涵盖了文字语言向有声语言转化的过程——从对文字稿件的理解，到集聚情感使之处于运动状态，再到有声语言的细致表达。

第一节　播音主持备稿训练

【理论概述】

一、备稿的概念

备稿，就是稿件的准备工作，它并不是文字与声音的简单对应过程，而是一个深入理解和感受的过程。

备稿分为广义上的备稿和狭义上的备稿。广义上的备稿是指不断地学习和积累。[①]广义上的备稿总的来说包括：持续提升政治素养和道德情操，不断增加学识的广度与深度，积极拓展兴趣爱好，主动提高艺术修养和感受能力，刻苦磨砺专业基本功，努力增强语言表达能力。狭义上的备稿是指播音员、主持人针对某一篇稿件进行具体的准备。此处的备稿指的是狭义上的备稿。

二、备稿六步

第一步：划分层次

① 张颂.播音创作基础[M].北京：中国传媒大学出版社，2011：33.

层次指稿件的布局、结构。拿到一篇稿件后，需要对文章的结构、层次进行精准的把握，理清文章的框架，具体的方法主要有归并和划分两种。归并是以段落为单位，将联系紧密的段落归并为一个大的层次；划分主要指以句子为单位，根据句子之间联系的紧密程度，把一段话划分为若干个小层次。

第二步：概括主题

主题主要是指文章的中心思想。概括主题的目的在于整体把握文章的思想含义，调动播讲愿望。一般用"通过……表扬了(或批评了、揭示了、体现了)……"句式来概括主题。

第三步：联系背景

这里的背景主要指的是播出背景，其中包括上情和下情两方面的内容。上情是指党的路线、方针、政策；下情是指国际、国内的形势，各方面的现实情况及其变化。

第四步：明确目的

目的是有声语言表达的统帅。每一篇稿件、每一期节目，在其总的宣传目的统帅下都有其播讲目的，播出时播音员、主持人还要将播讲目的落实为具体的播讲愿望。

第五步：分清主次

每一篇文章都会有重点和非重点的部分，找出重点，就找到了我们需要重点表达的部分。重点一般都是那些直接表现主题、体现目的、抒发感情的地方。抓住重点后，要注意把握主次关系，力求做到松紧有度、详略得当。

第六步：确定基调

基调一方面包括稿件本身所蕴含的感情色彩；另一方面还应融入播音员在播讲目的的指导下产生的具体态度，以及有关的政策对播讲态度的制约。[①]例如，高尔基《海燕》的基调是坚定昂扬、热情赞美的，吴瑛的《十里长街送总理》的基调是深切缅怀的，李白《将进酒》的基调是激愤豪放的。

【实践训练】

对下面的文章进行备稿训练，写出完整的分析笔记，落实层次、主题、背景、目的、重点和基调这六项内容，确立播音创作的整体观，然后尝试播读这些文章。

① 张颂.中国播音学[M].北京：中国传媒大学出版社，2003：213.

阳光是一种语言

雷抒雁

早晨，阳光以一种最明亮、最透彻的语言和树叶攀谈。绿色的叶子，立即兴奋得颤抖，通体透亮，像是一页页黄金锻打的箔片，炫耀在枝头。而当阳光微笑着与草地上的鲜花对语，花朵便立即昂起头来，那些蜷缩在一起的忧郁的花瓣，也立即伸展开来，像一个个恭听教诲的耳朵。

明朗的日子，走在街上，你不会留意阳光。普照的阳光，有时像是在对大众演讲的平庸演说家，让人昏昏欲睡，到处是燥热的嘈杂。

阳光动听的声音，响在暗夜之后的日出，严寒之后的春天，以及黑夜到来前的黄昏。这些时刻，阳光会以动情的语言向你诉说重逢的喜悦、友情的温暖和哪怕是因十分短暂的离别而产生的愁绪。

倘若是雨后的斜阳，彩虹将尽情展示阳光语言的才华与美丽。赤、橙、黄、绿、青、蓝、紫，从远处的山根，腾空而起，瞬间飞起一道虹桥，使你的整个身心从地面立刻飞上天空。现实的郁闷，会被一种浪漫的想象所消解。阳光的语言，此刻充满禅机，让你理解天雨花、石点头，让你平凡生活的狭窄，变成一片无边无垠的开阔；让你孤寂日子的单调，变得丰富多彩。

可这一切，只是一种语言。你不可以将那金黄的叶子当成黄金；江河之上，那些在粼波里晃动的金箔也非真实；你更不要去攀援那七彩的虹桥，那是阳光的话语展示给你的不可捉摸的意境。瞬间，一切都会不复存在。可是，这一切又都不是空虚的，它们在你的心中留下确确实实的图画，在你的血管里推涌起浪潮，在你耳边轰响着不息的呼喊，使你不能不相信阳光的力量和它真实的存在。

和阳光对话，感受光明、温暖、向上、力量。即使不用铜号和鼙鼓，即使是喁喁私语，那声音里也没有卑琐和阴暗，没有湿淋淋的、怯懦者的哀伤。

你得像一个辛勤的淘金者，从闪动在白杨翻转的叶子上的光点里把握阳光的语音节奏；你得像一个朴实的农夫，把手指插进松软的泥土里，感知阳光温暖的语言力度。如果你是阳光的朋友，就会有一副红润健康的面孔和一窗明亮晴朗的心境。

阳光，是一种语言，一种可以听懂的语言。

第二节　播音主持内部技巧训练

【理论概述】

播音主持表达的内部技巧包含“情景再现”“对象感”“内在语”。播音主持语言内部技巧训练,可以使创作主体的情感始终处于运动状态,更好地将文字作品的思想感情传递给受众,并给人以美的享受。

一、情景再现

以稿件为依据,使稿件中的人、事、物、景……在脑海中形成连续活动的画面,并不断引发相应的态度和情感,这个过程就是情景再现。

实现情境再现的四个步骤:

第一步:理清头绪

根据文稿描写的框架展开联想和想象,理清文章发展的脉络:开头是什么?人物是怎样的?过程是怎样发展变化的?走向了怎样的结果?要把握结构,明确先后顺序,把握内容的主次详略及特点。

第二步:设身处地

通过想象,将自己放置到文稿描述的情景中,获得现场感。我们不是剧中人,不同于戏剧中的“我就是”,但我们要成为亲历者,获得真实的在场感,也就是“我就在”。

第三步:触景生情

在看到文稿中所展现出来的情境、人、事、物时,我们要积极调动自己的情绪,用心感受,使产生的情绪与文稿所要表现的情感相契合。

第四步:现身说法

通过触景生情将情绪集聚起来后,我们必然会产生强烈的播讲欲。接下来就是在这种播讲欲的支持下,通过有声语言把文稿中的内容呈现在受众面前,让受众也能感受到文稿中所要表达的人、事、物。

情景再现是一种联想和想象活动,但想象的内容要以稿件为依据,并不是随心而想,在想象时也需要有所取舍,做到主次分明。

二、对象感

所谓对象感,就是播音员、主持人必须设想和感觉到对象的存在和对象的反应,必须从感觉上意识到受众的心理——要求、愿望、情绪等,并由此而调动自己的思想感情,使之处于运动状态。[①]

（一）对象感的获得

1.设想对象的存在

想要获得对象感,我们首先需要根据节目的定位对受众进行具体设想,只有确定了自己节目的受众群体,我们才能在语言上有所体现,例如面向儿童,我们就需要让语言“夸张”起来;面对老年人,我们的语言就需要稳重。面对不同的受众群体,我们的语言样态是不一样的,只有具体设想自己节目的受众群体,才能拉近与受众的关系。

2.设想对象的反应

在对象感的获得上,还要设想对象的反应,要感受到对象的要求、愿望、情绪等。例如生活中与人交谈时,我们可以实时观察到交谈对象的反应,并不断调整谈话内容或方式,以便适应谈话对象的需要。

（二）沟通样式

1.与想象中的对象“交流”

许多时候,我们面对的是话筒、镜头,往往看不到受众,这就需要我们对受众进行想象,此时的交流就是与想象中的对象进行“交流”。

2.间接交流

在许多节目中,主持人都是有搭档的,或者邀请了嘉宾,此时的交流就是通过与搭档、嘉宾等人的交流达到与观众、听众的间接交流。

3.直接交流

有的节目或者晚会等,现场是存在大量受众的,此时的交流就是与现场的受众进行的直接交流。

三、内在语

播音的内在语,是指那些在播音语言中所不便表露、不能表露,或没有完全表露出来和没有直接表露出来的语句关系和语句本质。语句关系主要是指语句间的逻辑关系,语句本质主要是指通过语境和上下文确定的语句的深层含义。[②]

---

① 张颂.播音创作基础[M].北京:中国传媒大学出版社,2011:77.

② 张颂.中国播音学[M].北京:中国传媒大学出版社,2003:239.

（一）内在语的分类

1.发语性内在语

发语性内在语，是指在呼号、节目、稿件、层次、段落、语句之前，加上适当的词语。播音员、主持人把这些词语作为开头在内心播出来，并与稿件原来开头的词语自然衔接，把其"带发"出来。

2.寓意性内在语

寓意性内在语是稿件文字的"弦外之音"，是隐含在语句深层的内在含义，是结合上下文语言环境挖掘出来的语句本质和语句目的。

3.关联性内在语

所谓关联性内在语，就是指那些没有用文字表示出来的语句关系，具体地说，就是那些体现语句逻辑关系和语法意义的隐含性关联词，以及关联词短语。

4.提示性内在语

提示性内在语用于语句、段落、层次之间，也是为了解决上下句语气衔接的问题。

5.回味性内在语

上文结束，不管是漾开缓收，还是戛然而止，都给人以语已尽情尚存的印象。让受众回味什么，思考什么，想象什么，憧憬什么，要靠回味性内在语具体引发。

6.反语性内在语

反语性内在语直接体现了语句表层意义与深层内在含义，即语句本质的对立关系或对比关系。①

【实践训练】

一、情景再现训练

（一）片段训练

理清下列片段中所描写的内容、发展过程、结果，做到心中有数；展开联想和想象，将片段中所描述的内容设想为自己的亲身经历，使自己进入具体的事件、场景中去；对感知到的事物做出积极回应，调动全部经验积累，产生具体的心理感受；经过自己吸收和加工，用有声语言重现情景。

---

① 张颂.中国播音学[M].北京：中国传媒大学出版社，2003：245—251.

1.暴风咆哮着，几次的，他都要被吹下深谷，大雨倾盆，险恶的岩石又光又滑，使他寸步难行，冰雹夹着细砂，无情地向他猛扑，他的头上脸上，已开始流血了，但他一点也不气馁，他匍匐前进，把普罗美秀斯拉上来。(柴瑞林《深宅暗室》)

2.雪纷纷扬扬，下得很大。开始还伴着一阵儿小雨，不久就只见大片大片的雪花，从彤云密布的天空中飘落下来。地面上一会儿就白了。冬天的山村，到了夜里就万籁俱寂，只听得雪花簌簌地不断往下落，树木的枯枝被雪压断了，偶尔咯吱一声响。(峻青《第一场雪》)

3.一根蜘蛛网丝在空中拉好了：一头拴在图钉上，另一头拴在对面墙的一颗小钉子上。小蜘蛛在细细的蛛丝上工作着，她要把这根丝加粗一些。这根丝是网的"地基"。(郑渊洁《女明星和图钉公主》)

4.在我凝望的那个遥远的北方，漫天大雪正在轻盈地起舞飞扬。大雪飞扬在古老的冬天里，我看见，所有的生命都在这白色的柔絮中幸福地迷醉。(歌吟有梦《大雪飞扬》)

（二）文章训练

训练中要以稿件为依据，不能随意联想和想象，避免在感受中出现偏差。注重调动视、听、嗅、触、空间等感知觉，全方位立体感受。注重整体感受，情感态度要鲜明。注意景与情之间的关系，把握情感的走向和变化。

春

朱自清

盼望着，盼望着，东风来了，春天的脚步近了。

一切都像刚睡醒的样子，欣欣然张开了眼。山朗润起来了，水涨起来了，太阳的脸红起来了。

小草偷偷地从土里钻出来，嫩嫩的，绿绿的。园子里，田野里，瞧去，一大片一大片满是的。坐着，躺着，打两个滚，踢几脚球，赛几趟跑，捉几回迷藏。风轻悄悄的，草软绵绵的。

桃树、杏树、梨树，你不让我，我不让你，都开满了花赶趟儿。红的像火，粉的像霞，白的像雪。花里带着甜味儿；闭了眼，树上仿佛已经满是桃儿、杏儿、梨儿。花下成千成百的蜜蜂嗡嗡地闹着，大小的蝴蝶飞来飞去。野花遍地是：杂样儿，有名字的，没名字的，散在草丛里，像眼睛，像星星，还眨呀眨的。

"吹面不寒杨柳风"，不错的，像母亲的手抚摸着你。风里带来些新翻的泥土的气息，混着青草味儿，还有各种花的香，都在微微润湿的空气里酝酿。鸟儿将巢安在繁花嫩叶当中，高兴起来了，呼朋引伴地卖弄清脆的喉咙，唱出宛转的曲子，与轻风流水应和着。牛背上牧童的短笛，这时候也成天嘹亮地响着。

雨是最寻常的，一下就是三两天。可别恼。看，像牛毛，像花针，像细丝，密密地斜织着，人家屋顶上全笼着一层薄烟。树叶儿却绿得发亮，小草儿也青得逼你的眼。傍晚时候，上灯了，一点点黄晕的光，烘托出一片安静而和平的夜。在乡下，小路上，石桥边，有撑起伞慢慢走着的人，地里还有工作的农民，披着蓑戴着笠。他们的房屋，稀稀疏疏的在雨里静默着。

天上风筝渐渐多了，地上孩子也多了。城里乡下，家家户户，老老小小，也赶趟儿似的，一个个都出来了。舒活舒活筋骨，抖擞抖擞精神，各做各的一份事去。"一年之计在于春"，刚起头儿，有的是工夫，有的是希望。

春天像刚落地的娃娃，从头到脚都是新的，它生长着。

春天像小姑娘，花枝招展的，笑着，走着。

春天像健壮的青年，有铁一般的胳膊和腰脚，领着我们上前去。

庆祝中华人民共和国成立70周年阅兵解说词(节选)

海霞：今天是你的生日，我的中国。在这个不同寻常的节日里，相信每一位中华儿女都会从心底里说一句"我爱你，中国"。

康辉：七十年风雨兼程，天安门广场上的红飘带，寓意着红色基因连接历史、现实与未来。

海霞：今天的天安门广场是世界瞩目的中心，今天的中国，正前所未有地靠近世界舞台中心。

康辉：长安街上，人民军队精神抖擞，这支曾经穿草鞋、拿梭镖走上征途的队伍，现在已经拥有了自己的航母和新一代隐身战机，正阔步迈向世界一流军队。此时此刻，4名上将，2名中将，100多名少将，近15000名官兵列队完毕，等待接受统帅的检阅，接受祖国和人民的检阅。

海霞：长安街两侧身穿节日盛装的10万游行群众已集结完毕，一个多小时后，他们将组成一个个方阵，从天安门前通过，向全世界展示自由生动，欢愉活泼。70年前中国人的平均预期寿命只有三十五岁，七十年后的今天已经达到七十七岁，七十年来不断创造奇迹的中国让世界刮目相看。

康辉：新中国用短短几十年的时间，走过了西方发达国家几百年的工业化历程。70年前的中国，满目疮痍，积贫积弱。今天，中国已经成为世界第二大经济体，是全球经济发展的第一引擎。

海霞：长安街，始建于明代，寓意长治久安。回望长安大街，它记载着一个国家的兴衰和曾经有过的悲伤、挣扎、奋斗、喜悦，也记载着我们浴血奋战得解放，披荆斩棘成大道，砥砺奋进新时代的伟大征程。今天，走在中国特色社会主义道路上，我们无比自豪，无比自信。

康辉：黄河长江的浪，长城内外的风，起起伏伏，多少仁人志士上下求索。

海霞：革命先行者孙中山凝视着天安门广场，他曾经奋力让黑暗的中国走向黎明。

康辉：开国领袖毛泽东注视着天安门广场，他让沉睡的东方雄狮昂起了头颅。

海霞：1949年，一唱雄鸡天下白，中国迈进新纪元！

康辉：此时此刻，地域不同，口音不同的人们，汇聚在这里，有56个民族的兄弟姐妹，有港澳台同胞和海外侨胞，有关心和支持中国发展的外国友人，我们将共同见证历史。（央视网2019年10月01日）

二、对象感训练

（一）片段训练

将下列素材编成小栏目，可一人主持，也可两人合作主持。要求自编串联词，语言通俗流畅，做到真实自然交流。一人主持时，要对受众做具体设想，与受众交流起来；两人合作主持时，要注意避免自说自话，对搭档的表达作出恰切的回应，在双方交流的同时兼顾与受众的交流。

在公交车上站着打瞌睡会倒下吗？

在大城市生活，每天早上早早起床上班，经常是哈欠连天，加上公交车的单调晃动，更加引人入睡，所以很多人都会趁坐车这会儿打瞌睡，没抢到座位的，站着也能睡着。于是就会出现有趣的场景：站着睡觉的人，身体随着车的行进摇来晃去，可就是不会倒下去。有时眼看就要倒下去了，可马上他又晃回来取得了新的平衡，而人却还是睡着了的样子。

很奇怪是吧？其实，这是因为人耳朵深处的内耳中，有一个“三半规管”，主要功能就是维持身体的平衡，里边还有同样有平衡作用的耳石和淋巴液，在人体失去平衡的一刻发挥作用，本能地使身体恢复原来的姿势。因为有“三半规管”的工作，所以在公交车中站着睡觉，身体也不会倒下来。（三上工作室《冷知识》）

为什么厨房油锅着火不能用水浇灭?

燃烧需要三个条件,可燃物、空气、达到着火点。要灭火就必须破坏已经形成的燃烧条件。水可以灭火的原因是水浇上去后吸收大量的热转变为水蒸气。一方面将可燃物的温度降低到燃点以下,另一方面水蒸气把可燃物和氧气隔开了,因此可以灭火。油锅着火后用水浇,起不到破坏任何一个燃烧条件的作用。原因如下:

(1)油比水轻,把水喷到油上,水不能盖在油上面,而是沉到油层底下去,不能隔绝氧气。

(2)水是流动的,它会带着燃烧的油到处乱窜,反而扩大可燃物与空气的接触面积,火会越烧越旺。

正确的应急办法为:迅速切断燃气阀门,然后用湿布或者锅盖儿盖在油锅上面。(张颖《大学生讲科学——生活中的十万个为什么》)

(二)文章训练

设想对象要具体,不仅要感受到对象的存在,还要设想对象的反应。要清楚受传间的沟通样式,同时注意表达场景以及表达形式,分清演讲、朗读、谈话等语言样式。表达时声音要与设想对象的特点相匹配。

谁是最可爱的人(节选)

魏巍

在朝鲜的每一天,我都被一些东西感动着;我的思想感情的潮水,在放纵奔流着;我想把一切东西都告诉给我祖国的朋友们。但我最急于告诉你们的,是我思想感情的一段重要经历,这就是:我越来越深刻地感觉到谁是我们最可爱的人!

谁是我们最可爱的人呢?我们的部队、我们的战士,我感到他们是最可爱的人。

让我还是来说一段故事吧。

有一次,我见到一个战士,在防空洞里吃一口炒面,就一口雪。我问他:“你不觉得苦吗?”他把正送往嘴里的一勺雪收回来,笑了笑,说:“怎么能不觉得!咱们革命军队又不是个怪物!不过我们的光荣也就在这里。”他把小勺儿干脆放下,兴奋地说:“拿吃雪来说吧。我在这里吃雪,正是为了我们祖国的人民不吃雪。他们可以坐在挺豁亮的屋子里,泡上一壶茶,守住个小火炉子,想吃点什么,就做点什么。”他又指了指狭小潮湿的防空洞说:“你再比如蹲防空洞吧。多憋闷得慌哩。眼看着外面好好的太阳,光光的马路不能走!可是我在那里蹲防空洞,祖国的人民就可以不蹲防空洞呀。

他们就可以在马路上不慌不忙地走呀。他们想骑车子也行，想走路也行，边溜达边说话也行。那是多么幸福的呢！所以，"他又把雪放到嘴里，像总结似的说："我在这里流点血不算什么，吃点苦又算什么哩！"我又问："你想不想祖国呀？"他笑起来："谁不想哩，说不想那是假话。可是我不愿意回去。如果回去，祖国的老百姓问：'我们托付给你们的任务完成得怎么样啦？'我怎么答对呢？我说'朝鲜半边红，半边黑，这算什么话呢？'"我接着问："你们经历了这么多危险，吃了这么多辛苦，你们对祖国、对朝鲜有什么要求吗？"他想了一下，才回答我："我们什么也不要。可是说心里话，我这话可不定恰当呀。我们是想要这么大的一个东西，"他笑着，用手指比个铜子儿大小，怕我不明白，又说："一块'朝鲜解放纪念章'，我们愿意戴在胸脯上，回到咱们的祖国去。"

亲爱的朋友们，当你坐上早晨第一列电车走向工厂的时候，当你扛上犁耙走向田野的时候，当你喝完一杯豆浆，提着书包走向学校的时候，当你安安静静坐到办公桌前计划这一天工作的时候，当你向孩子嘴里塞着苹果的时候，当你和爱人悠闲散步的时候，朋友，你是否意识到你是在幸福之中呢？你也许很惊讶地看我："这是很平常的呀！"可是，从朝鲜归来的人，会知道你正生活在幸福中。请你们意识到这是一种幸福吧，因为只有你意识到这一点，你才能更深刻了解我们的战士在朝鲜奋不顾身的原因。朋友！你已经知道了爱我们的祖国，爱我们的伟大领袖毛主席，请再深深地爱我们的战士吧，他们确实是我们最可爱的人！

《小喇叭》节目主持词（节选）

正在收听节目的小朋友晚上好，今晚的小喇叭又开始广播啦，我是你的好朋友春天姐姐。不知道小朋友的家里有没有养花呢？爷爷奶奶、爸爸妈妈养花儿吗？你家的花是什么颜色的呀？你知道吗，花是大自然里很漂亮的一种植物，看着它心情就会很好呢，世界上大约有45万种花，花儿有各种各样的形态、颜色和味道。中国是世界上花卉种植面积最大的国家，当我们走进公园，你会看到很多的花卉品种，不同的季节也会有不同种类盛开的花。小朋友们可要注意啦，不能因为你喜欢它就把花带回家，摘下它，要知道花是很脆弱的，开放的时间很短，如果你摘下来了，它很快就会枯萎啦，你再放到花盆或者水里也是养不活的，所以我们用眼睛好好地欣赏它们就可以啦。今晚的博士爷爷回答小问号的栏目当中，有个小姑娘就特别喜欢花，我们来听听她的问题吧！（央广中国之声《小喇叭》2020年3月11日）

三、内在语训练

（一）片段训练

从下列片段中挖掘内在语，并说明其分别属于哪种内在语类型，用恰当的语气加以表达。

1. 读本好书，听段故事，今天我要和您分享的是这本《戎装天使》……（央视科教频道《读书》）

2. 杨柳青青江水平，闻郎江上踏歌声。东边日出西边雨，道是无晴却有晴。（刘禹锡《竹枝词·其一》）

3. 一片片的大雪，飘落在我们生命的原野上。我们以怎样的方式将雪花般的梦幻珍藏？我们以怎样的姿态迎接着春天在一场大雪之后到来？（歌吟有梦《大雪飞扬》）

4. 这个人可真了不起，衰老也罢、疾病也罢，都奈何不了他，他也不管死亡就在眼前、再过一会儿就要站到天主的座前去受审判了，却还是施出他那奸刁的伎俩，临死都不改！（薄伽丘《十日谈》）

（二）文章训练

结合上下文语境，对文章的思想感情进行细心体味，准确挖掘文中的内在语。在内在语的表达上，要注意不同内在语类型的综合运用，把握语句、段落的内在含义和情感，运用相应的语气进行准确表达。

"友邦惊诧"论（节选）

鲁迅

只要略有知觉的人就都知道：这回学生的请愿，是因为日本占据了辽吉，南京政府束手无策，单会去哀求国联，而国联却正和日本是一伙。读书呀，读书呀，不错，学生是应该读书的，但一面也要大人老爷们不至于葬送土地，这才能够安心读书。报上不是说过，东北大学逃散，冯庸大学逃散，日本兵看见学生模样的就枪毙吗？放下书包来请愿，真是已经可怜之至。不道国民党政府却在十二月十八日通电各地军政当局文里，又加上他们"捣毁机关，阻断交通，殴伤中委，拦劫汽车，攒击路人及公务人员，私逮刑讯，社会秩序，悉被破坏"的罪名，而且指出结果，说是"友邦人士，莫名惊诧，长此以往，国将不国"了！

好个"友邦人士"！日本帝国主义的兵队强占了辽吉，炮轰机关，他们不惊诧；阻断铁路，追炸客车，捕禁官吏，枪毙人民，他们不惊诧。中国国民党治下的连年内战，空前水灾，卖儿救穷，砍头示众，秘密杀戮，电刑逼供，他们也不惊诧。在学生的请愿中有一点纷扰，他们就惊诧了！

好个国民党政府的“友邦人士”！是些什么东西！

那个

丁言

正是下班的时刻下起了雨。因为没带雨具，十几位男女老少困在办公室焦急地等待雨停。

范迪古是带了雨衣的。天有不测风云，范迪古办事周密又从不嫌累赘，雨衣属他的常备武器。然而，刚才他在准备打开提包取出雨衣很神气地离开办公室的一刹那，心里竟有些那个。此时此地，撇下一屋的同事，在众人嫉妒的目光中自己离去，不是太那个了吗？

范迪古把手从提包上缩回，脑子里闪过一个想法：把雨衣让给别人，一来做了好事，二来也免得自己那个。那么给谁呢？范迪古发愁了。科长，对，就是科长。科长坐在自己对面，如果是别人，只要瞥一眼科长那令人肃然起敬的白发也会那个的。范迪古堆起笑脸要表示自己的意思，忽然又那个了。眼下正在传下半年要评定职称，此举难免有那个之嫌。他范迪古堂堂正正，还不喜欢来那个的。实在对不起了，范迪古心里对科长说。

那么把雨衣让给刘姐吧，范迪古又想。刘姐比谁都显得焦急，她得往幼儿园接儿子，去迟了阿姨会那个的。但是，范迪古很快又否定了。如今男女之间稍有热情的表示就要那个！这一屋十几位，他独向她献殷勤，更何况刘姐又长得太漂亮，这就一定要落了那个。刘姐啊，你要是丑那么一点点，不就，不就那个了么？范迪古心里又说声请原谅。

那边大张在骂天。对，把雨衣让给大张。大张三十多岁了，眼下正那个。上午大张的那位头一回来电话，约大张下班看电影，该死的雨下得大张围着桌子直转磨。范迪古觉得这是一个帮忙的好机会，可话到嘴边还是那个了。这大张平时很有些那个。论资历自己算得上这办公室的元老，可大张也太那个了，动不动为点小事弄得自己在众人面前下不来台，今天主动借他雨衣，简直，简直算是那个。范迪古心里生气了。

胖李，小赵，小高……范迪古脑瓜里迅速出现过一个个人，又都一个个地那个，最后想到了老王。是啊，怎么没有想起他来呢？范迪古有点埋怨自己。老王是近邻，好友，小小老百姓，岁数大，当然还是男的，把雨衣让给他，保准那个。范迪古终于果断地把手伸向提包的拉锁，同时很响亮地喊了声老王。老王正埋头看一本小说，被他一声突然的喊吓了一跳，扭过脸来莫名其妙地看着他。忽然，办公室凳椅乱响，大家呼呼地站起往门口涌。范迪古抬起头看一看窗外，雨已经那个了。

第三节　播音主持外部技巧训练

【理论概述】

通过情景再现、内在语和对象感等内部技巧把思想感情调动起来以后，还需要运用停连、重音、语气、节奏等外部技巧进行准确表达，才能更好地将文字作品的思想感情传递给受众，给人以美的享受。

一、停连

停连，就是播音主持创作中有声语言的中断和连接。

停连，不仅仅是出于生理的需要，更是为了表达的需要。创作主体在进行有声语言表达时，要根据文章的层次、段落、语句、短语和词之间的疏密程度进行判断。在感情连续、联系紧密的地方，需要一气呵成；在转折、回味、关联度低的地方，需要稍做中断。

（一）停连的原则

1.标点符号是参考

在文章中，标点符号可以帮助我们理解内容，也是我们把文字语言转化成有声语言时停连的重要提示。但是，标点符号不等同于有声语言的停连，“逢标点必停”是不可取的，没有标点的句子一口气灌到底也是不行的，否则将导致受众在接收信息的过程中难以理解。

2.语法关系是基础

语法是词、短语、句子等语言单位的组合规律。在有声语言表达中，停连必须在语法的规范下进行，若是脱离了语法规范，将会造成语义不清，影响传播效果。

3. 情感表达是根本

表达的目的在于传情达意。因此如何停连，要根据文章意图和情感需要，联系稿件的上下文进行决断，这是掌握和运用停连的根本。

（二）停连的类型[①]

1. 区分性停连

在有声语言表达中，为了更清晰地表达意义，需要对句子成分以及语意进行区分。例如：药材∧好，药∧才好。

2. 呼应性停连

在有声语言表达中，在那些体现呼应关系的句子里突显逻辑意味，需要运用呼应性停连。例如：下面请欣赏△由×××带来的歌曲。

3. 并列性停连

在有声语言表达中，为了体现句子中所蕴含的并列关系，需要运用并列性停连。例如：祖国的青年一代有理想⌣、有追求⌣、有担当，实现中华民族伟大复兴就有源源不断的青春力量。

4. 分合性停连

在有声语言表达中，有一些句子内具有分合关系，有些是“总—分—总”结构，有些是“分—总”结构，有些是“总—分”结构，在分合之间需要停顿。例如：只见那颗颗珍珠，△有大如羊奶子头的，有小如红豆的，△光华夺目，熠熠生辉。

5. 强调性停连

在有声语言表达中，有些是需要重点强调的部分，那么这个部分就需要停顿。例如：在人生征途中，∧理想信念∧是通向成功的关键因素之一。

6. 判断性停连

在有声语言表达中，有时需要展现思维过程，表达思索、判断的心理，在需要思考判断的地方就需要停顿。例如：明天早上他们已经在六十公里以外的海上登船走了呀，∧看来她就没想带你走。

---

① 符号说明：

△：挫号，停顿时间较短，一般用于句中。

∧：停顿号，停顿时间适中，用在句子和小层次中。

⩕：间歇号，停顿时间较长，一般用于层次、段落之后。

⌣：连接号，用于有标点、需要连接的地方。

7.转换性停连

在有声语言表达中,我们的情感、内容发生转换时,需要转换性的停连。例如:按理说这也不是多大的事情,∧可他怎么就是抓着不放呢?

8.生理性停连

在有声语言表达中,稿件中的人物在思想感情支配下生理发生变化,这些生理变化或生理差异会在表达上有所体现。例如:“不!∧不……∧不是!∧”雪老倌一个劲儿地解释。

9.回味性停连

在有声语言表达中,有些句子播完后会引发思考、回味,声音虽然停止,但情感依然延续。例如:在无边的旷野上,在凛冽的天宇下,闪闪地旋转升腾着的是雨的精魂……︽是的,那是孤独的雪,是死掉的雨,是雨的精魂。︽

10.灵活性停连

所有的停连都不是公式化的,我们应该根据具体的语境,具体的思想感情灵活处理。

(三)停连的方法

1.扬停

一般存在于未完成句中,句子成分之间联系较为紧密,也就是在句中无标点之处,或一个意思还没有说完而中间又需要停顿的地方。停顿时间较短,句尾声音稍稍上扬或者平铺拉开,有一种推进感。

2.落停

一般存在于完成句中,句子的意思已经讲完。停顿时间较长,句尾声音顺势落下、收住。

3.直连

一般存在于有标点符号而又联系比较紧密的地方,用来表示动作、事物的连贯性。连接时一气呵成,无顿挫感,有时甚至无须换气。

4.曲连

一般存在于那些既需要连接又需要区分的地方,特别是并列、排比等成分的连接处。在连接时给人连而不断、似连非连的感觉。

二、重音

在播音主持表达中,那些能够突出地、明晰地表达出具体的语言目的和具体的思想感情的词或短语,就是重音。简单说,就是表达中需要强调、突出的地方。

（一）重音的原则

1.少而精

少，指的是量少；精，指的是精准。重音的选择不能过多，要精准选择那些能够表达语句目的的词或短语，若处处都是重音，就没有重音了。

2.有对比

在重音的处理上不能完全相同。一句话中不止一个重音时，除了并列性重音外，一般有主要重音和次要重音之分，其余语言成分为非重音。在表达强调时应有重有轻，有强有弱，有实有虚，相互配合，对比鲜明，避免平均用力。

3.讲分寸

在重音的强调过程中，还要讲求分寸，不能为了强调而强调，刻意加强或弱化，在听觉上造成不自然的感觉，甚至还会出现歧义。

4.多变化

在强调重音时，要注意主要重音和次要重音的区别。重音的强调方法是多种多样的，需要灵活选择和处理。

（二）重音的类型

1.并列性重音

突出语句的并列关系的词语叫并列性重音。例如：山朗润起来了，水涨起来了，太阳的脸红起来了。

2.对比性重音

突出语句的对比关系的词语叫对比性重音。例如：中国地铁20年走完发达国家100年的路。

3.呼应性重音

揭示语句的前后呼应关系的词语叫呼应性重音。例如：人生有三种面最难吃：人面、情面、场面。

4.递进性重音

显示语句的递进关系的词语叫递进性重音。例如：下棋的走法不但多种多样，而且错综复杂。

5.转折性重音

揭示语句内容、意图、情感等向相反方向发展的词语叫转折性重音。例如：深秋的清晨是寒冷的，周总理却送来了春天般的温暖。

6.肯定(否定)性重音

表达语句肯定、否定态度的词语叫肯定(否定)性重音。例如:面对惨绝人寰的大屠杀,中国人民没有屈服。

7.强调性重音

在语句中需要强调以突出某种感情色彩的词语叫强调性重音。例如:不该得的钱,一分钱也不要。

8.比喻性重音

语句中,那些需要强调的、运用了比喻修辞手法的词语叫比喻性重音。例如:它像一条巨龙横卧在我国北方的崇山峻岭上,从东头的鸭绿江边到西头的嘉峪关,高高低低,蜿蜒曲折,全长6500多公里。

9.拟声性重音

在语句中,那些需要强调的象声词语叫拟声性重音。例如:宁静的夜晚,小雨滴滴答答地下着。

10.反义性重音

在语句中,那些需要强调的、与字面意义相反的词语叫反义性重音。例如:还有几位"大师"们捧着几张古画和新画,在欧洲各国一路的挂过去,叫作"发扬国光"。

(二)重音的表达方法

1.高低法

在有声语言表达时,用声调的高低对比来强调重音的方法。

2.强弱法

在有声语言表达时,用声音的强弱对比来强调重音的方法。

3.虚实法

在有声语言表达时,用声音的虚实对比来强调重音的方法。

4.快慢法

在有声语言表达时,用语速的快慢对比来强调重音的方法。

5.停连法

在有声语言表达时,用停顿和连接的方式来强调重音的方法。

三、语气

语气是指具体的思想感情运动状态下语句的声音形式。[①]

---

① 张颂.播音创作基础[M].北京:中国传媒大学出版社,2011:104.

（一）语气的感情色彩和分量

语气的感情色彩就是句子中所包含的是非爱憎。是非，是指态度方面的具体性质，例如赞扬、支持、批评、反对等等。爱憎，是指感情方面的具体性质，例如喜悦、热爱、悲伤、冷漠等等。

对于语气的感情色彩的把握，要做到准确贴切。语气是以句子为单位的，每一句都有相应的个性色彩。我们在把握语气时必须将语句置于具体的语言环境中，根据具体的语境来确定语气的感情色彩。在语气感情色彩准确贴切的基础上，探寻其个性特点，避免千人一面、千篇一律。

语气的分量主要是指语气的感情色彩的程度。语气的分量的层次是非常丰富的，有的重一些，有的是中度的，有的轻一些。要想把握好语气的分量就要仔细体会，对其中的分寸拿捏得当。

（二）语势

“语势，指一个句子在思想感情的运动状态下声音的态势，或者说有声语言的发展趋向。”[①]语势大致有五种类型：

1.波峰类

波峰类语势的声音走向是句首低，句腰高，句尾低。

2.波谷类

波谷类语势的声音走向是句首高，句腰低，句尾高。

3.上山类（起潮类）

上山类语势的声音走向是句首较低，句腰持续走高，句尾最高。

4.下山类（落潮类）

下山类语势的声音走向是句首较高，句腰持续下行，句尾最低。

5.半起类

半起类语势的声音走向类似上山类语势，句首低起上行，声音上行到一半停止，不再上行。

以上只是语势的基本类型。要知道语无定势，播音员、主持人应从具体的作品出发，用具体的声音形式展现具体思想感情的运动状态。不能孤立地研究语句的声音形式，要注重上下文的联系，使表达立体、丰满。

① 张颂.播音创作基础[M].北京：中国传媒大学出版社，2011：106.

四、节奏

在播音中，节奏是由整个文本生发出来的、创作主体思想感情的波澜起伏所造成的抑扬顿挫、轻重缓急的声音形式的回环往复。①

（一）播音节奏的基本类型

根据声音形式的不同特点，节奏可分为以下6种基本类型：

1.轻快型

“多扬少抑，声轻不着力，语流中顿挫少，且顿挫时间短暂，语速较快，轻巧明丽，有一定的跳跃感。全篇重点处的基本语气、基本转换，都比较轻快。”

2.凝重型

“多抑少扬，多重少轻，音强而着力，色彩多浓重。语势较平稳，顿挫较多，且时间较长，语速偏慢。重点处的基本语气、基本转换都显得分量较重。”

3.舒缓型

“声多轻松明朗，略高但不着力，语势有跌宕但多轻柔舒展，语速徐缓。重点处的基本语气、基本转换都显得舒缓徐缓。”

4.紧张型

“声音多扬少抑，多重少轻，语速快，气较促，顿挫短暂，语言密度大。重点处的基本语气、基本转换都较急促、紧张。”

5.低沉型

“声音偏暗偏沉，语势多为下山类，句尾落点多显沉重，语速较缓。重点处的基本语气、基本转换多偏于沉缓。”

6.高亢型

“声音多明亮高昂，语势多为上山类，峰峰紧连，扬而更扬，势不可遏，语速偏快。重点处的基本语气、基本转换都带有昂扬积极的特点。”②

（二）语言节奏转换的基本技巧

1.欲扬先抑、欲抑先扬

“扬抑”表现在声音的高低变化上。“扬”，声音向高的趋势发展；“抑”，声音向低的趋势变化。在表达时，以抑衬托扬，以扬衬托抑，不断变化。

---

① 张颂.播音创作基础[M].北京：中国传媒大学出版社，2011：110.

② 张颂.中国播音学[M].北京：中国传媒大学出版社，2003：375.

2. 欲快先慢、欲慢先快

“快慢”表现在语流快慢疏密的变化上。主要是在吐字音节长短的变化、顿挫的多少，以及衔接的松紧变化上。快与慢在语流中要交替进行，做到快而不乱、慢而不拖。

3. 欲重先轻、欲轻先重

“轻重”表现在咬字的力度、口腔的松紧和气息密度的变化上，一般来说咬字力度强，口腔紧，气息强，声音实，其声音表现就重；反之则声音轻。

我们只有通过以上扬抑、快慢、轻重的对比、有序交替的综合运用，才能形成立体、美妙的有声语言节奏。

【实践训练】

一、停连训练

（一）片段训练

通过下列片段，体会停连位置的确定和停连运用的原则，明晰停连的各种类型，熟练掌握扬停、落停、直连、曲连这几种停连方法，对停连的处理做到心中有数。

1. 青藏高原是世界屋脊、亚洲水塔，是地球第三极，是我国重要的生态安全屏障、战略资源储备基地，是中华民族特色文化的重要保护地。开展这次科学考察研究，揭示青藏高原环境变化机理，优化生态安全屏障体系，对推动青藏高原可持续发展、推进国家生态文明建设、促进全球生态环境保护将产生十分重要的影响。（央视新闻频道《新闻联播》2017年8月19日）

2. 他们是不是在雪飘雪落中感受到了一些启示，一些来自风雪无阻的故事的深深感动呢？是的，无论是故乡还是驿站，无论是长亭还是短桥，面对这样一场美丽的雪，他们穿过雪花的心思也一定美极了。（杨明菊《云南雪》）

3. 桂林的山真奇啊，一座座拔地而起，各不相连，像老人，像巨象，像骆驼，奇峰罗列，形态万千……（陈淼《桂林山水》）

4. 一个个峡谷和悬崖，迎面驶来，又向后移去，仿佛消失在茫茫的远方，而火光却依然停在前头，闪闪发亮，令人神往——依然是这么近，又依然是那么远……（柯罗连科《火光》）

（二）文章训练

在下列文章的训练中，要注意对停连的综合运用，不必受标点符号的限制，要随着思想感情运动的需要进行停连。要根据情感需要具体把握停连的位置和时长，要克服不敢停顿和要连不连的现象，注重灵活多变，不要千篇一律。

《人民日报》将刊发宣言署名文章：《决胜脱贫在今朝》

明天（1月2日）出版的《人民日报》将刊发“宣言”署名文章《决胜脱贫在今朝》。

文章说，习近平总书记在新年贺词中指出，2020年是脱贫攻坚决战决胜之年。冲锋号已经吹响。当历史来到21世纪的第20个年头，千百年来困扰中华民族的绝对贫困问题即将历史性地画上句号，我们将全面建成小康社会，实现第一个百年奋斗目标。

文章指出，接力奔跑，仍需加劲冲刺；千年追寻，圆梦就在今朝。回望历史，丰衣足食一直是中国人民最朴素的愿望。照见现实，一个不忘初心、牢记使命的百年大党，正带领亿万人民向着消除绝对贫困的目标发起最后总攻。谁都不能否认，今天的中国，书写了“最成功的脱贫故事”；谁都不能否认，今天的中国，回答了“谁能使中国长治久安”；谁都不能否认，今天的中国，向世界贡献了减贫脱贫的中国智慧。

文章指出，中国共产党带领中国人民创造世所罕见的脱贫奇迹，靠的是自力更生、艰苦奋斗的志气，靠的是精准科学、务实笃行的精神，靠的是无私奉献、忘我牺牲的担当。摘帽不是终点，而是新生活、新奋斗的起点。一任接着一任干、一代接着一代干，才能以尺寸之力积千秋之功。

文章号召，岁月不居、时节如流，不变的是内心的执着和坚定。旌旗猎猎、击鼓催征，需要的是百折不挠的意志和行动。历史已经铸就，历史正在创造，历史将铭记我们这一代人的奋斗与坚毅。行动起来，胜利属于英雄的中国人民。（央视新闻频道《新闻联播》2020年1月1日）

再说长江·第一集（节选）

这是20多年前一部史诗般的电视系列节目《话说长江》中的影像，拍摄者将镜头对准中国最长的河流长江，记录下与它有关的神奇自然、厚重人文和长江流域人们的生存状态。上世纪80年代，一个将改变中国人生活的时代正在到来，时代变迁的急促脚步，成为《话说长江》中最具历史张力的影像。

1983年，《话说长江》播出，产生了一个万人空巷的收视奇迹。当年的报道这样描述：“每到星期天的晚上，数百万中国人便坐到电视机前，收看由中央电视台播放的电视系列节目《话说长江》。”对于当年的人们来说，这是一次影像的盛宴，更为重要的是，这条巨大的河流带给他们澎湃的激情和民族自豪感，一个个难忘的画面，成为人们心中挥之不去的时代印记。通过电视荧屏，中国人第一次完整地看到了流淌亿万年、养育了中华民族千百年的母亲河的真实容颜。

这部长达25集的系列节目，来自4000多分钟的电影胶片素材。鲜活画面的背后，是历时整整一年的艰辛拍摄。1981年，一代电视人开始了这次盛况空前的拍摄，他们的足迹，遍及大江两岸。之后，一部在中国电视史上具有里程碑意义的作品脱颖而出。

2004年，距离《话说长江》播出整整20年后，中央电视台《再说长江》摄制组，沿着长江开始了又一次大规模拍摄。这是对20年前脚步的追寻，某种意义上，这是跨越不同时空的同一次纪录。

20年，历史中的短暂一瞬，而对于世纪之交的长江，却充满沧海桑田的意味。它的背后，是一个巨变的中国。

20多年前留下的画面中，长江上这些险峻的峡谷，令人想到古诗中关于蜀道的描述。峡谷居民搏命般的水上生活，带着远古的血性和豪气。而在流域的另一些河段中，富于现代色彩的水利工程已初露端倪。上个世纪80年代，长江边的城市中已出现这些规模巨大的楼群，时尚，开始成为大多数人的新鲜话题。

这些情景，仍然深深地映在许多人的脑海中。甚至，每一个细节都会令人感动。来自20多年前的面孔、表情和动态，让我们找到自己生活的影子，同时，也更加清晰地看到，今天的生活发生了怎样的变化。对于生活在今天的我们，这是属于每一个人的20年。

二、重音训练

（一）片段训练

在正确理解语句目的的基础上选择重音，遵照重音运用的原则，指出下列片段都有哪些重音类型，选择恰当的重音表达方法进行处理。

1. 第二次青藏高原综合科学考察研究19日在拉萨启动。中共中央总书记、国家主席、中央军委主席习近平发来贺信，向参加科学考察的全体科研人员、青年学生和保障人员表示热烈的祝贺和诚挚的问候。（央视新闻频道《新闻联播》2017年8月19日）

2.很多次我都在想,我这样活着有什么意义?可是我不能选择死亡,让我留恋的太多太多……(黎家明《最后的宣战》)

3.从玉龙雪山到梅里雪山,雪花演绎的是一场朝拜顶礼的盛典,在开满格桑花的土地上,雪山成了最高最高的信仰。(杨明菊《云南雪》)

4.况且“冲”的时候,倘使对面是能够有些抵抗的人,那就汽车会弄得不爽利,冲者也就不英雄,所以敌人总须选得嫩弱。流氓欺乡下老,洋人打中国人,教育厅长冲小学生,都是善于克敌的豪杰。(鲁迅《冲》)

(二)文章训练

播读下列文章时,要注意对重音知识的综合运用,避免出现习惯性重音,要通过传播目的确定重音,体现出文章的精神实质。要在文章中区分主次重音,重音的选择要少而精。所选的重音表达方法要与文章情感的抒发相得益彰。

记者观察:让“生命通道”不再添堵

消防通道就是生命通道,当火灾发生时,消防通道堵塞,就会延误救援的最佳时机。日前,记者跟随消防人员在多地明察暗访,结果发现给“生命通道”添堵的情况屡见不鲜。

2019年12月18日晚上11点多,山西大同一小区19楼发生火灾,消防救援人员到达小区门口时,发现小区内到处停满了车,消防车根本无法进入小区。等到物业人员现场打电话挪走七八辆车后,已经过去半个多小时,着火的这家卧室全部过火。

这几天,记者跟随各地消防人员明察暗访时发现,很多居民小区都存在堵占消防通道的情况。在天津一个小区内,私家车停在了消防通道上,物业人员通知车主下来挪车后,消防人员对车主进行了处罚。

除了消防通道被堵占,一些居民楼里的疏散过道也常常堆放杂物。记者跟随消防人员在湖南桂阳县检查时发现,有些楼梯间堆放的杂物,占去一半楼道,有不少还是可燃易燃物,严重影响人员疏散。

近日,应急管理部消防救援局下发通知,全国将集中开展打通“生命通道”攻坚行动,各地消防救援机构组织高层住宅小区的管理单位,要全部完成消防车通道的标线标志施划,并全部清理消防通道障碍物。对占用、堵塞、封闭消防车通道拒不改正的,或者多次违法停车造成严重影响的单位和个人,还要纳入消防安全严重失信行为,并进行相关惩戒措施。(央视新闻频道《新闻联播》2020年01月07日)

孝心无价

毕淑敏

我不喜欢一个苦孩子求学的故事。家庭十分困难，父亲逝去，弟妹嗷嗷待哺，可他大学毕业后，还要坚持读研究生，母亲只有去卖血……我以为那是一个自私的学子。求学的路很漫长，一生一世的事业，何必太在意几年蹉跎？况且这时间的分分秒秒都苦涩无比，需用母亲的鲜血灌溉！一个连母亲都无法挚爱的人，还能指望他会爱谁？把自己的利益放在至高无上位置的人，怎能成为为人类奉献的大师？

我也不喜欢父母重病在床，断然离去的游子，无论你有多少理由。地球离了谁都照样转动，不必将个人的力量夸大到不可思议的程度。在一位老人行将就木的时候，将他对人世间最后期冀的希望斩断，以绝望之心在寂寞中远行，那是对生命的大不敬。

我相信每个赤诚忠厚的孩子，都曾在心底向父母许下“孝”的宏愿，相信来日方长，相信水到渠成，相信自己必有功成名就衣锦还乡的那一天，可以从容尽孝。可惜人们忘了，忘了时间的残酷，忘了人生的短暂，忘了世上有永远无法报答的恩情，忘了生命本身有不堪一击的脆弱。

父母走了，带着对我们深深的挂念。父母走了，遗留给我们永无偿还的心情。你就永远无以言孝。

有一些事情，当我们年轻的时候，无法懂得。当我们懂得的时候，已不再年轻。世上有些东西可以弥补，有些东西永无弥补……

“孝”是稍纵即逝的眷恋，“孝”是无法重现的幸福。“孝”是一失足成千古恨的往事，“孝”是生命与生命交接处的链条，一旦断裂，永无连接。赶快为你的父母尽一份孝心。也许是一处豪宅，也许是一片砖瓦。也许是大洋彼岸的一只鸿雁，也许是近在咫尺的一个口信。也许是一顶纯黑的博士帽，也许是作业簿上的一个红五分。也许是一桌山珍海味，也许是一个野果一朵小花。也许是花团锦簇的盛世华衣，也许是一双洁净的旧鞋。也许是数以万计的金钱，也许只是含着体温的一枚硬币……但在“孝”的天平上，它们等值。

只是，天下的儿女们，一定要抓紧啊！趁你父母健在的光阴。

三、语气训练

（一）片段训练

下列片段中所蕴含的语气色彩特点鲜明，便于把握。训练时要明确不同思想感情对声音形式的不同要求，把握语气的感情色彩和分量，使声音能够展现情感。

1.余新江渐渐想起，刚才在冰雹之前的狂风呼啸中，似乎也曾听到这种响声，只是不如现在这样清晰，这样接近；因为他专注地观察敌人，所以未曾引起注意。这隆隆的轰鸣，是风雪中的雷声么？余新江暗自猜想着：在这隆冬季节，不该出现雷鸣啊！难道是敌人爆破工厂，毁灭山城么？忽然，余新江冰冷的脸上，露出狂喜，他的手心激动得冒出了汗水。他忽然一转身，面对着全室的人，眼里不可抑制地涌出滚烫的泪水。（罗广斌、杨益言《红岩》）

2.那是一个月黑风高的夜晚，人们早已沉入梦乡，骤然，狂风暴雨夹着闪电猛烈袭来，滔天的洪水有如张开血盆大口的猛兽，吞噬着一片片良田，一座座村庄……多少无望的生命在黑色的漩涡里沉浮，如同一片片无舵的小舟在险波恶浪中跌宕漂流……蓦然之间，一只手伸了过来，紧接着，无数只手一起伸了过来，于是，那只绿色的手便托起了一个生命；那许多绿色的手，挽起了一群生命……（曾令鹏《绿色的手》）

3.总理的灵车缓缓地开来了。灵车四周挂着黑色和黄色的挽幛，上面装饰着白花，庄严，肃穆。人们心情沉痛，目光随着灵车移动。好像有谁在无声地指挥。老人、青年、小孩，都不约而同地站直了身体，摘下帽子，静静地望着灵车，哭泣着，顾不得擦去腮边的泪水。（吴瑛《十里长街送总理》）

4.珍惜我们的感动，就是珍惜了生命的零件。在感动中我们耳濡目染，不由自主地逼近那些曾经感动过我们的灵魂。也许有一天，我们也在无意间成了感动的小小源头，淙淙地流向了另一个渴望感动的双眸。（毕淑敏《感动是一种能力》）

（二）文章训练

阅读下列的文章时，应注意语气的综合运用。语气的把握上，要注重以句子为单位，这一句有这一句的语气，那一句有那一句的语气，防止出现固定腔调。要在具体的语境中把握语气，注意语气感情色彩和分量的变化，运用语势变化的方法，做到精准表达。

秋天的怀念

史铁生

双腿瘫痪后，我的脾气变得暴怒无常：望着望着天上北归的雁阵，我会突然把面前的玻璃砸碎；听着听着录音机里甜美的歌声，我会猛地把手边的东西摔向四周的墙壁。每当这时，母亲就悄悄地躲出去，在我看不见的地方偷偷地听着我的动静。当一切恢复沉寂，她又悄悄地进来，眼边红红的，看着我。“听说北海的花儿都开了，我推着你去走走。”她总是这么说。母亲喜欢花，可自从我的腿瘫痪后，她侍弄的那些花都死了。“不，我不去！”我狠命地捶打这两条可恨的腿，喊着：“我活着有什么劲！”母亲扑过来抓住我的手，忍住哭声说：“咱娘儿俩在一块儿，好好儿活，好好儿活……”

可我却一直都不知道，她的病已经到了那步田地。后来妹妹告诉我，她常常肝疼得整宿整宿翻来覆去地睡不了觉。

那天我又独自坐在屋里，看着窗外的树叶“唰唰啦啦”地飘落。母亲进来了，挡在窗前：“北海的菊花开了，我推着你去看看吧。”她憔悴的脸上现出央求般的神色。“什么时候？”“你要是愿意，就明天？”她说。我的回答已经让她喜出望外了。“好吧，就明天。”我说。她高兴得一会儿坐下，一会儿站起：“那就赶紧准备准备。”“唉呀，烦不烦？几步路，有什么好准备的！”她也笑了，坐在我身边，絮絮叨叨地说着：“看完菊花，咱们就去‘仿膳’，你小时候最爱吃那儿的豌豆黄儿。还记得那回我带你去北海吗？你偏说那杨树花是毛毛虫，跑着，一脚踩扁一个……”她忽然不说了。对于“跑”和“踩”一类的字眼儿，她比我还敏感。她又悄悄地出去了。

她出去了。就再也没回来。

邻居们把她抬上车时，她还在大口大口地吐着鲜血。我没想到她已经病成那样。看着三轮车远去，也绝没有想到那竟是永远的诀别。

邻居的小伙子背着我去看她的时候，她正艰难地呼吸着，像她那一生艰难的生活。别人告诉我，她昏迷前的最后一句话是：“我那个有病的儿子和我那个还未成年的女儿……”

又是秋天，妹妹推我去北海看了菊花。黄色的花淡雅、白色的花高洁、紫红色的花热烈而深沉，泼泼洒洒，秋风中正开得烂漫。我懂得母亲没有说完的话，妹妹也懂。我俩在一块儿，要好好儿活……

秋色赋(节选)

峻青

时序刚刚过了秋分，就觉得突然增加了一些凉意。早晨到海边去散步，仿佛觉得那蔚蓝的大海，比前更加蓝了一些；天，也比前更加高远了一些。

回头向古陌岭上望去，哦，秋色更浓了。多么可爱的秋色啊！我真不明白，为什么欧阳修作《秋声赋》时，把秋天描写得那么肃杀可怕，凄凉阴沉。在我看来，花木灿烂的春天固然可爱，然而，瓜果遍地的秋色却更加使人欣喜。

秋天，比春天更富有欣欣向荣的景象。

秋天，比春天更富有灿烂绚丽的色彩。

你瞧，西面山洼里那一片柿树，红得是多么好看。简直像一片火似的，红得耀眼。古今多少诗人画家都称道枫叶的颜色，然而，比起柿树来，那枫叶却不知要逊色多少呢。

还有苹果，那驰名中外的红香蕉苹果，也是那么红，那么鲜艳，那么逗人喜爱；大金帅苹果则金光闪闪，闪烁着一片黄澄澄的颜色；山楂树上缀满了一颗颗红玛瑙似的红果；葡萄呢，就更加绚丽多彩，那种叫"水晶"的，长得长长的，绿绿的，晶莹透明，真像是用水晶和玉石雕刻出来似的；而那种叫做红玫瑰的，则紫中带亮，圆润可爱，活像一串串紫色的珍珠。……

哦！好一派迷人的秋色啊！

我喜欢这绚丽灿烂的秋色，因为它表示着成熟、昌盛和繁荣，也意味着愉快、欢乐和富强。

啊，多么使人心醉的绚丽灿烂的秋色，多么令人兴奋的欣欣向荣的景象啊！在这里，我们根本看不到欧阳修所描写的那种"其色惨淡，烟霏云敛……其意萧条，山川寂寥"的凄凉景色，更看不到那种"渥然丹者为槁木，黟然黑者为星星"的悲秋情绪。

看到的只是万紫千红的丰收景色和奋发蓬勃的繁荣气象。因为在这里，秋天不是人生易老的象征，而是繁荣昌盛的标志。写到这里，我忽然明白了为什么欧阳修把秋天描写得那么肃杀悲伤，因为他写的不只是时令上的秋天，而是那个时代，那个社会在作者思想上的反映。我可以大胆地说，如果欧阳修生活在今天的话，那他的《秋声赋》一定会是另外一种内容，另外一种色泽。

我爱秋天。

我爱我们这个时代的秋天。

我愿这大好秋色永驻人间。

四、节奏训练

首先判断下列每篇文章的基本节奏类型，然后从整体上来把握节奏，从总体的布局出发，树立大局观。表达时注意对比适度、纵控有节，节奏转换上要整体和谐，依据文章内容进行变化，不可随意，不可卖弄技巧。

珍珠鸟

冯骥才

真好！朋友送我一对珍珠鸟。放在一个简易的竹条编成的笼子里，笼内还有一卷干草，那是小鸟儿舒适又温暖的巢。

有人说，这是一种怕人的鸟。

我把它挂在窗前。那儿还有一大盆异常茂盛的法国吊兰。我便用吊兰长长的、串生着小绿叶的垂蔓蒙盖在鸟笼上，它们就像躲进深幽的丛林一样安全；从中传出的笛儿般又细又亮的叫声，也就格外轻松自在了。

阳光从窗外射入，透过这里，吊兰那些无数指甲状的小叶，一半成了黑影，一半被照透，如同碧玉，斑斑驳驳，生意葱茏。小鸟的影子就在这中间隐约闪动，看不完整，有时连笼子也看不出，却见它们可爱的鲜红小嘴儿从绿叶中伸出来。

我很少扒开叶蔓瞧它们，它们便渐渐敢伸出小脑袋瞅瞅我。我们就这样一点点熟悉了。三个月后，那一团越发繁茂的绿蔓里边，发出一种尖细又娇嫩的鸣叫。我猜到，是它们有了雏儿。我呢，决不掀开叶片往里看，连添食加水时也不睁大好奇的眼去惊动它们。过不多久，忽然有一个更小的脑袋从叶间探出来。哟，雏儿！正是这小家伙！它小，就能轻易地由疏格的笼子钻出身。瞧，多么像它的父母：红嘴红脚，灰蓝色的毛，只是后背还没生出珍珠似的圆圆的白点；它好肥，整个身子好像一个蓬松的球儿。

起先，这小家伙只在笼子四周活动，随后就在屋里飞来飞去，一会儿落在柜顶上，一会儿神气十足地站在书架上，啄着书背上那些大文豪的名字，一会儿把灯绳撞得来回摇动，跟着逃到画框上去了。只要大鸟儿在笼里生气地叫一声，它立即飞回笼里去。

我不管它。这样久了，打开窗子，它最多只在窗框上站一会儿，决不飞出去。

渐渐地它胆子大了，就落在我的书桌上。

它先是离我较远，见我不去伤害它，便一点点挨近，然后蹦到我的杯子上，俯下头来喝茶，再偏过脸瞧瞧我的反应。我只是微微一笑，依旧写东西，它就放开胆子跑到稿纸上，绕着我的笔尖蹦来蹦去；跳动的小红爪子在纸上发出“嚓嚓”响。

我不动声色地写，默默享受着这小家伙亲近的情意。这样，它完全放心了，索性用那涂了蜡似的、角质的小红嘴，“嗒嗒”啄着我颤动的笔尖。我用手抚一抚它细腻的绒毛，它也不怕，反而友好地啄两下我的手指。

白天，它这样淘气地陪伴我；天色入暮，它就在父母再三的呼唤声中，飞向笼子，扭动滚圆的身子，挤开那些绿叶钻进去。

有一天，我伏案写作时，它居然落到我的肩上。我手中的笔不觉停了，生怕惊跑它。呆一会儿，扭头看，这小家伙竟趴在我的肩头睡着了，银灰色的眼睑盖住眸子，小红脚刚好给胸脯上长长的绒毛盖住。我轻轻抬一抬肩，它没醒，睡得好熟！还咂咂嘴，难道在做梦？

我笔尖一动,流泻下一时的感受:

信赖,往往创造出美好的境界。

老人与海(对诵)

海明威

女:那老人再一次扛起他的桨,朝海边走去。这时候远处的地平线刚刚出现白色。借着微弱的天光,老人理了理他的鱼钩、鱼叉和那张绕在桅杆上的旧帆。

男:已经第八十五天了,一条鱼也没有打到。我好像已经老了,开始背运了。可我的胳膊倒还是有着劲儿的。

女:他慢慢地升起那张补过几次的旧帆,那帆看上去就像一面永远不会失败的旗帜。

男:太阳升起来了,太阳刺痛了我的眼睛,这耀眼的阳光已经把我的眼睛刺痛了一辈子。我感到有点儿老了,有点力不从心,可年轻的时候我是个好水手啊。

女:不知过了多久,老人发现,那绿色浮杆急速地向水里沉去,他拉了拉鱼绳,感到了沉重的分量。

男:我钓住的是一条什么样的鱼啊,它几岁了,我还从来没有见过鱼有这么大的劲儿呢,它只要一跳,或者往前一蹿,就会要了我的命。

女:老人全身心地等待着他和那条大鱼的最后搏斗。他想,他这辈子不会再遇到这么大的鱼了,他要最后再赢一次。太阳落下去了,夜晚来临。老人感到寒冷。他望着满天的星星,他的那盏哈瓦纳渔灯也不像从前那么明亮了。那条鱼拖着老人的小船在海上游了一夜,老人没想到等待一场搏斗需要这么长时间。第二天,当太阳再一次升起,老人又冷又饿,疲惫不堪。

男:我已经感到了你的力量,让我们面对面地斗一斗吧。我和你谁也没有帮手,这很公平,来吧,来吧,让我看看你是谁,我知道你是谁,用你的大尾巴来拍碎我的船,用你那坚硬的长吻来刺穿我的身体吧,我早已经做好了准备,我不会后悔,死在一条金枪鱼的手里。

女:当夜晚再一次降临,老人筋疲力尽,甚至昏迷。

男:它不会有那么大,不会的。

女:它就是那么大,大得出乎老人的意料。老人看见了鱼的尾巴从水里露出来,满身紫色条纹,它伸展着巨大的胸鳍,围着小船打转转,老人看见了它的眼睛。

男:我只有一次机会,这是生死搏斗。不是我叉死它,就是它撕碎我。

女:老人觉得自己快要撑不住了。他用绵软的双手努力握紧他的鱼叉。然后站起身来,将鱼叉举过头顶,他将鱼叉举到了不可能再高的高度。

男:来吧,冲着这儿来吧,作一次临死前的最后的决斗吧!我老了,没什么力气了,我跟你磨了三天,我等了你一辈子。嘿!老兄,我还从来没见过比你更大、更美、更沉着的鱼呢。来吧,我们都快死了,看看我们究竟,谁杀死谁。

女:那条鱼挣扎着向老人的小船冲过来。它游得那么快,那么有力,坚硬的长吻就像一把利剑。

男:啊……

女:老人拼尽他最后的生命,将鱼叉扎入了大鱼胸鳍后面的鱼腰里。那鳍挺在空中,高过老人的胸膛,老人扎中了大鱼的心脏!大鱼生气勃勃地做了一次最后挣扎,它跳出水面,跃向天空,把它的长,它的宽,它的威力和它全部的美都展现出来,而后,"轰隆"一声落入水中。

男:哼,哼,哼……哈哈……哈哈……

女:老人赢了,他战胜了自己,战胜了那条鱼,那条他一生都没有见过的美丽的大鱼。那条鱼比老人的小船长出许多,老人用了最瘫痪的躯体,费了很长的时间,才把小船拴在大鱼的身上。不知道应该让鱼带着他走,还是让他带着鱼走?这时候,一群无所畏惧的鲨鱼正嗅着血迹朝这里涌来。成群结队的鲨鱼向老人的战利品,那条系在船边的大鱼发起了猛攻,那撕咬鱼肉的声音,使老人再一次站立起来。他重新举起鱼叉,悲壮地站在船头,他决心捍卫他的战利品,就像捍卫他的荣誉。

男:这不公平,你们这些厚颜无耻的强盗,真会选择时机。但我不怕你们,我不怕你们,我不怕你们!人,并不是生来要给打败的。你可以消灭他,可就是打不败他,你们打不败他。

女:当老人终于回到出海时的那个港口,天空第三次黑暗下来。他的船边只剩下大鱼粗长的白色脊骨,夜晚的潮水摇晃着那条美丽硕大的尾巴。老人无力上岸回到他的小屋,就在船上躺下了。头枕着那张补过几次的旧帆。

人,并不是生来要给打败的。你可以消灭他,可就是打不败他。

老人在船上睡着了。他梦见年轻时候的非洲。他梦见了——狮子。

拓展阅读

一、著作类

1. 杜伟东.朗诵学[M].成都:成都科技大学出版社,1992.

2. 王福生.诗歌朗诵艺术[M].北京:中国广播电视出版社,2008.

3. 王东．中华朗诵艺术十五讲[M]．北京：中华书局，2014.
4. 姚喜双，郎小平．方明谈播音[M]．北京：中国广播电视出版社，2000.
5. 张颂．朗读学[M]．北京：中国传媒大学出版社，2010.
6. 张颂．朗读美学[M]．北京：中国传媒大学出版社，2010.
7. 张颂．播音创作基础[M]．北京：中国传媒大学出版社，2011.
8. [苏]符·阿克肖诺夫．朗诵艺术[M]．齐越，崔玉陵译．北京：广播出版社，1984.

二、节目类

序号	节目名称	播出平台
1	《朗读者》	央视综合频道
2	《见字如面》	黑龙江卫视
3	《新年新诗会》	新媒体平台
4	《全国大学生朗诵艺术大赛》	新媒体平台

第四章　即兴口语表达训练

即兴口语表达是指播音员、主持人在播音主持创作活动中为实现节目传播目的而使用口语进行的即兴创作，多数情况下它是经过充分准备的，在突发情境和动态情境中需要播音员、主持人临时组织语言。本章主要进行即兴口语表达的基本技能训练。

第一节　即兴口语表达基础训练

【理论概述】

一、思维方式

思维能力的培养，在即兴口语表达这一系统工程中占据着重要的位置。加强思维能力的训练，目的在于提高即兴口语表达思路的畅达性、反应的敏捷性、推理的缜密性，使即兴口语表达过程保持活跃、积极的思维状态。[①]

（一）发散性思维与集中性思维

发散性思维，又称扩散思维或辐射思维，是指突破原有的知识领域和认知模式，对多学科、多领域的信息进行重组，充分发挥想象力，从不同角度、不同领域、不同方向去分析问题、解决问题。集中性思维，又称聚集性思维或聚敛性思维，是对已经掌握的大量资料去粗取精、去伪存真，“加工制作”后沿着一个方向去分析问

① 张颂.中国播音学[M].北京：中国传媒大学出版社，2003：312.

题、解决问题。

(二)正向思维与逆向思维

正向思维,指的是常规的思维方式。逆向思维,是指和常规思维相反的一种思维方式。生活中人们习惯性用正向思维思考问题,如果反过来进行思考,会有意想不到的效果。

(三)惯性思维与创造性思维

惯性思维,也称为思维定式。所谓思维定式,是指按照业已形成的思维活动、经验教训、思维规律去分析问题、解决问题。这种思维在反复使用过程中形成了相对稳定的模式和方式。创造性思维,是指能突破现有理念的束缚,从多角度、多层次、多结构分析问题、解决问题的思维方式。创造性思维的本质实际上是发散性思维。创造性思维具有新颖性、灵活性、广阔性等特点。

二、口头复述

口头复述是一种对听到、看到的语言信息进行理解、加工,然后将记忆的信息内容转换为口头语言表述出来的过程。复述要求忠于原始材料,不得歪曲、调换主要内容、观点和情节。口头复述不同于机械背诵,它是在理解原文的基础上,经过详略的处理,突出重点,对语言重新加以组织,基本上用自己的话转述材料内容。[①]常用的口头复述有以下几种类型:

(一)口头详细复述

口头详细复述,是忠于原材料的一种复述方式,需要十分详细地复述原材料。复述过程中要严格遵循原材料的内容,包括原材料的顺序、结构、情节等。口头详细复述的要领是适当对原材料中的复杂句子进行调整,将复合句转换为简单句,将长句转换为短句,将书面语转换成口语。

(二)口头概要复述

口头概要复述,是指在把握原材料的基础上,对材料重点内容进行提炼和概括,略去解释性、修饰性等内容,简明扼要地将原材料的中心内容进行归纳总结的复述方式。概要复述的要领是整体把握,抓住主题,保留文章核心内容,舍去文章铺垫性语言。

---

① 张颂.中国播音学[M].北京:中国传媒大学出版社,2003:313.

（三）口头扩展复述

口头扩展复述，是指在不背离原材料的基础上适当扩充内容，展开议论的复述。扩展复述的要领是通过合理想象，丰富材料内容，从细节入手，适当增加铺陈性、修饰性、解释性语言。复述过程中可融入修辞手法，增强形象性表达，但不能改变原材料的思想、风格、内容。

（四）口头变式复述

口头变式复述，是指将原材料的人称、结构、题材、语体等加以转换的复述方式。它相当于根据复述需要对原材料进行改写。口头变式复述的要领是变换人称、变换结构、变换体裁、变换语体。例如，将第一人称改为第三人称，倒叙变成顺叙，诗歌变成散文，文言文变成现代文；抑或相反。

【实践训练】

一、思维方式训练

1.运用发散性思维或创造性思维，结合生活实际展开合理想象，尽可能多地说出下列物品的用途。物品用途要符合逻辑，有内涵和价值，语言简洁。

(1)一瓶矿泉水	(2)一束鲜花	(3)一把雨伞
(4)一辆自行车	(5)一双筷子	(6)一件衣服
(7)一根蜡烛	(8)一副眼镜	(9)一本书
(10)一双袜子	(11)一块手表	(12)一本日历
(13)一副耳环	(14)一支钢笔	(15)一部手机

2.找出下列各组三个关键词语间的内在联系，运用这些词语讲述一段故事。构想要合理，要符合逻辑，层次要清晰，内容要充实，故事力求生动，要注意情节间的内在关联性。

(1)西红柿、炸药、飞机	(2)苹果、哑铃、花瓶
(3)球鞋、公园、红领巾	(4)隐形眼镜、刮胡刀、口红
(5)蔬菜、项链、水壶	(6)景区、衬衣、自行车
(7)投影仪、手纸、空气净化器	(8)雨衣、充电宝、保温杯
(9)遥控器、沙发、火车	(10)插座、晾衣架、飞机

3.就下列观点进行正反两方面思考。论证要合理，要有说服力，注意正反两方观点的对立性和思维的缜密性。

(1)水火不容——水火可以相容

(2)存在即合理——存在未必合理

(3)水滴石穿,绳锯木断——水滴未必石穿,绳锯未必木断

(4)眼见为实,耳听为虚——眼见未必为实,耳听未必为虚

(5)近朱者赤,近墨者黑——近朱者未必赤,近墨者未必黑

二、复述练习

分别对下列两则材料做详细复述、概要复述、扩展复述和变式复述。复述时要严格遵循不同复述类型的具体要求,注意内容的真实性、逻辑的严密性、语言的口语化。

北京大兴国际机场正式通航(节选)

2019年9月25日16时20分许,7架大型客机依次从跑道起飞,标志着北京大兴国际机场正式通航。

北京大兴国际机场位于北京市大兴区和河北省廊坊市广阳区之间,与天安门直线距离为46公里,是目前全球建设规模最大的新建机场。航站楼综合体建筑140万平方米,可停靠飞机的指廊展开长度超过4000米。机场规划四纵两横6条民用跑道,本期建设三纵一横4条跑道、268个停机位。机场建成了"五纵两横"的交通网络,1小时通达京津冀。

北京大兴国际机场工程建设难度世界少有,其航站楼是世界最大的减隔震建筑,建设了世界最大单块混凝土板。初步统计,大兴机场已经创造了40余项国际、国内第一,技术专利103项,新工法65项,国产化率达98%以上。上千家施工单位,施工高峰期间5万余人同时作业,全过程保持了"安全生产零事故",全面实现廉洁工程目标。

北京大兴国际机场航站楼是世界首个实现高铁下穿的航站楼,双层出发车道边世界首创,有效保证了旅客进出机场效率。机场跑道在国内首次采用"全向型"布局,在航空器地面引导、低能见度条件运行等多方面运用世界领先航行新技术,确保了运行效率和品质。机场在全球枢纽机场中首次实现了场内通用车辆100%新能源,是国内可再生能源利用率最高的机场。

截至目前,共有66家航空公司意向入驻北京大兴国际机场,其中20家境内航空公司、46家港澳台地区及外国航空公司。2019年冬春航季,北京大兴机场预计开通116条航线,其中国内航线101条,国际航线15条;覆盖全球112个航点,包括国内航点97个,国际航点15个。

未来,北京大兴国际机场与北京首都国际机场两场年旅客吞吐量将突破2.5亿人次,北京将成为航空双枢纽城市。北京大兴国际机场还将服务北京和雄安新区建设,为京津冀协同发展提供新动力。(新华网2019年9月25日)

春秋假“做什么”比“放几天”更重要(节选)

学生放春假、秋假,这在我国部分城市、学校已经实行了相当长的一段时间。去年5月,中国人民大学的“五一+春假”模式令许多人艳羡不已。春秋假的好处自不必提。俗话说:文武之道,一张一弛。适当的假期既能把减负落到实处,也有益于学生们调节身心,起到劳逸结合的作用。

比放几天假更重要的,是利用假期做什么。从传统上看,我国古代学生们放假具有鲜明的目的性。《史记·春申君列传》中载,“因游学所以能博闻”。用外出游玩、揽山川风水入己之怀抱,成了古代文人提高道德修养、增长学识的有效方式。

历朝历代许多贤达都有游学的经历。孔子出游列国,确立了“比德”的儒学审美观念;司马迁20岁开始游历名山大川,遍访大半中原;到了唐代更是开发出了“边境游”这样的项目,开启时代之先。而我国教育家也早早意识到假期过少对于学生的负面作用。1905年,被尊为南开“校父”的严范孙先生就批评旧式私塾教育假期过少,不符合新时代教育和学生成长的需求。

由此可见,学生们如果能够好好利用春假、秋假增长学识,广博见闻,将会对自身的成长大有裨益。

利用假期游玩需要带着计划性、目的性。应当将其看作一种学习方式,而非以玩耍的态度对待假期,通过异地文化的感受与求知提升自身的素养。从教育规律上看,将教育与现实生活联系在一起,实现知行合一是合理且行之有效的教育方法。因此,通过春秋假期让学生们带有目的性出游,有利于将知识与实践相结合,从而获得更好的教育效果。

在教育部的答复中,也强调了春秋假应与实践相结合。这也与目前社会对创新创业以及智能产业的需求相契合,弱化了以往象牙塔式的教学,提倡把“教室”搬到日常生活中、搬到大自然里,避免了学生走出校门仍是一张白纸,有助于培养具有高度实践能力的综合人才。(《科技日报》2019年11月7日)

第二节　即兴评述训练

【理论概述】

评述，是一种夹叙夹议的综合性表达方式，“叙”是叙述，“议”是议论，叙述是基础，议论是核心。

一、论证方法①

论证，就是用论据来证明论点的过程，即从论据的真实性推出论点的真实性的推理形式的总和。熟悉并掌握论证的方法并能恰当地运用这些方法，将论点与论据有机地结合在一起，是即兴评述训练必须要完成的任务。以下是常见的几种论证方法：

（一）演绎论证

演绎论证就是引用众所周知的原理或用公认的科学原理与道理推断出一个论点的论证方法，它是从一般到个别的论证方法。演绎论证循序渐进、循循善诱，具有说服力。

（二）归纳论证

归纳论证就是通过一些个别的事例（论据），归纳其共同的属性，综合它们的共同本质，得出一个带有普遍性的结论（论点）。归纳论证以事实为基础，因此材料要真实，具有典型性；归纳要准确，具有概括性。

（三）比喻论证

比喻论证就是用人们熟知的事物作比喻来证明论点的方法。它将逻辑思维与形象思维融贯一体，充满机趣，寓理于具体、可感的形象之中，便于人们理解、接受。

（四）类比论证

类比论证就是把两种具有某些相同或相似属性的事物进行比较，用一事物的属性来论证另一事物也应具有的属性，从而确立论题的真实性。

（五）因果论证

因果论证是指通过论证事物发展的因果关系，来揭示事物发展的必然规律。

---

① 张颂．中国播音学[M]．北京：中国传媒大学出版社，2003：319–321.

（六）反驳论证

反驳论证是指用自己的论证推翻别人的论证，它包括直接反驳和间接反驳。间接反驳包括归谬法与反证法。归谬法，先假设被反驳的对象是真实的，然后再将被反驳的对象（一种论点或是一种做法）进行合乎逻辑的引申，引出其结论或结果的荒谬，其错误的结论或结果也就不攻自破了。反证法，即为了论证自己的论点是正确的，先证明相反论点是错误的，从而间接证明自己的论点是正确的。

二、即兴评述的要求

即兴评述要达到三个层次，即清晰、严谨和艺术性。具体来说，包括以下几个方面的要求：

（一）准确

准确是即兴评述的基本要求。首先，事实必须准确无误，掌握的材料必须真实可靠。如果阐述的内容不真实，评的内容也就脱离了实际。其次，即兴评述观点要科学、准确，论点和论据不能脱离，要遵循实事求是的原则，以客观实际为依据，反复推敲观点。最后，评述过程中语言要准确，遣词造句必须严谨。

（二）完整

评述过程要完整，有头有尾。论点正确，论据充分，论证有力。我们在撰写文章时注重层次结构，把事实阐述清楚，评述也一样，要讲求条理性。评述时，要先巧妙进入话题，中间论述时要徐徐展开、娓娓道来，结尾要做到首尾呼应、升华主题。

（三）流畅

语言要简明扼要，条理清晰明了，避免不必要的重复、间断等情况，确保语言流畅。同时要注意，评述时不作“播音状”“主持状”“表演状”，避免眼神呆板僵直，让受众感到冷漠和隔阂。

（四）生动

生动是指具有活力，能使人感动。即兴评述的语言组织要在准确的基础上提升艺术性，避免“套路型”的语言和结构，确保评述的角度、思想、立意等方面符合客观实际。见解要独到，敢于求真求实，彰显人文情怀，让即兴评述更有温度。

三、即兴评述的组织方式

(一)整体把握

认真读取题目,通过梳理和概括,整体把握事实。明确题目的关键词和所限定的范围,新闻材料类评述切忌以偏概全。

(二)选择角度

结合当下的社会环境或熟悉的人和事,确定评述的角度。角度的选取要彰显新闻价值,体现节目宗旨和媒体性质。评述不是为了说话而说话,要引发人们的思考。

(三)理清逻辑

确定评述的角度后,开始选取论点、论据。可借助时间和空间概念展开讨论,注意内在逻辑链条的准确性。

(四)确定结构

结构是即兴评述的框架,是谋篇布局的手段。即兴评述的常用结构有并列式、递进式、总分式、对比式等。

【实践训练】

一、经典语句评述训练

以下列经典语句为题进行3分钟的即兴评述。要正确理解语句原意,语言简练,观点明确,创新评述视角,不要为了“新奇”而“新奇”。

1. 水能载舟,亦能覆舟。 (《荀子·王制》)
2. 塞翁失马,焉知非福。 (刘安《淮南子·人间训》)
3. 志当存高远。 (诸葛亮《诸葛亮集·诫外甥书》)
4. 行成于思,毁于随。 (韩愈《劝学解》)
5. 人无远虑,必有近忧。 (《论语·卫灵公》)
6. 千里之行,始于足下。 (《道德经》)
7. 上善若水,水善利万物而不争。 (《道德经》)
8. 君子之交淡如水,小人之交甘若醴。 (《庄子·山木》)
9. 近朱者赤,近墨者黑。 (傅玄《太子少傅箴》)

10.读万卷书,行万里路。 (董其昌《画禅室随笔·卷二》)

11.生于忧患,死于安乐。 (《孟子·告子下》)

12.慈母手中线,游子身上衣。 (孟郊《游子吟》)

13.会当凌绝顶,一览众山小。 (杜甫《望岳》)

14.读书破万卷,下笔如有神。 (杜甫《奉赠韦左丞丈二十二韵》)

15.书中自有颜如玉,书中自有黄金屋。 (赵恒《励学篇》)

16.天生我材必有用,千金散尽还复来。 (李白《将进酒》)

17.纸上得来终觉浅,绝知此事要躬行。 (陆游《冬夜读书示子聿》)

18.衣带渐宽终不悔,为伊消得人憔悴。 (柳永《蝶恋花·伫倚危楼风细细》)

19.沉舟侧畔千帆过,病树前头万木春。 (刘禹锡《酬乐天扬州初逢席上见赠》)

20.立志欲坚不欲锐,成功在久不在速。 (张孝祥《论治体札子·甲申二月九日》)

二、话题类评述训练

对下列话题进行3分钟的即兴评述。可以联系社会现实展开讨论,观点要新颖,语言要简练。

1.谈谈你对"父母是孩子最好的老师"的看法。

2.你如何理解"女排精神"?

3.你如何理解"小赢靠智,大赢靠德"?

4.你如何看待"方言的消逝"?

5.你如何看待"禁止非法野生动物交易"立法?

6.你如何理解"品牌的力量"?

7.你如何看待"网络安全"?

8.你如何理解"酒香不怕巷子深"?

9.你如何看待"近视低龄化"?

10.康德说,世上有两样东西最使他敬畏,那就是头上的星空和心中的道德律。你如何理解这句话?

11.从景区泡脚、乱刻乱画到高铁公然"霸座",近年来,关于国民素质的讨论从未停止。你如何看待此现象?

12.工匠精神,是指在制作或工作中追求精益求精的态度与品质。你如何看待工匠精神?

13.共享经济，是指基于陌生人且存在物品使用权暂时转移的一种新的经济模式。你如何看待共享经济？

14.佛系青年是网络流行词，指在快节奏的都市生活中，追求平和、淡然的生活方式的年轻人。你如何看待佛系青年？

15.近年来，中国式家长、中国式大妈、中国式过马路等现象进入大众视野，你如何看待这种“中国式”标签？

三、思辨类评述训练

对下列各题进行3分钟的即兴评述。注意结构层次及逻辑链条，要求观点明确，语言简练。

1.美与丑	2.得与失	3.快与慢
4.进与退	5.新与旧	6.外因与内因
7.对手与伙伴	8.守成与创新	9.压力与动力
10.播种与收获	11.雾霾与心霾	12.简单与精彩
13.知识与能力	14.自由与规范	15.家庭责任与社会责任

四、新闻评述训练

根据下列新闻背景分别进行3分钟的即兴评述。要正确把握新闻内容，抓住新闻的价值，不能对新闻中没有涉及的事情进行主观臆断。可从不同角度切入，注意叙述和评论的结合，要求逻辑清晰，语言流畅，做到有理有据。

1.驻藏陆军某部在一次长途机动过程中，途经一个村庄。一群淳朴的藏族小朋友见到军车从远处驶来，立即停止玩耍，站得笔直，送上不太标准的“军礼”，目送军车驶过。受他们鼓舞，路上的游客行人也纷纷效仿。见此情景，解放军驾驶员立即鸣笛回礼，车上官兵也不断向他们挥手示意。（央视新闻2018年12月4日）

2.近日，在贵州毕节一个高速收费站内，一位女收费员被司机骂后委屈地哭泣，但下一秒恢复微笑服务的视频在网上热传。据报道，当时收费员翁芯帮忙推走故障车辆，耽搁了几分钟，后面排队司机不了解具体情况，指责她动作缓慢。翁芯因为觉得委屈，所以掉了眼泪。帮忙推车耽误了时间，被骂后继续微笑服务，“最敬业变脸”让人心疼。（《中国青年报》2019年1月29日）

3.近日，国家卫健委正式发布《关于开展“互联网+护理服务”试点工作的通知》及试点方案，确定今年2月至12月在北京、天津、上海、江苏、浙江、广东试点“互联网+护理服务”，引起大众关注。跟“互联网+医生”的网上问诊不同，“网约护士”需要落地到现实场景，自诞生以来一直不温不火。此次试点方案是否将迎来市场爆发，业内人士认为挑战不小。(《南方日报》2019年2月22日)

4.6月27日，此前引起热议的“小龙虾学院”——江汉艺术职业学院潜江龙虾学院的首批35名学生正式毕业，被授予了普通专科毕业证书。6月30日，北京青年报记者从江汉艺术职业学院潜江龙虾学院了解到，首批35名学生中，大部分都走上了“烧虾”岗位，薪资可过万。而尚未毕业的2018届学生也已有多人被提前“预订”。(《北京青年报》2019年7月1日)

5.近日，辽宁大连一位老人别着“勿需让座”LED胸牌乘地铁的照片，刷爆朋友圈，被称为硬核大爷。据了解，老人名叫刘增盛，今年76岁。老人表示，此举是怕给其他乘客增加负担：“现在的年轻人不易，我身体还可以，站着也没有问题。”实际上，老人挂着“勿需让座”的牌子已有两年时间，只是这次被网友拍了下来。(光明网2019年7月2日)

6.乔家大院被文旅部摘牌一周，晋中市有些“慌”。据最新报道，8月6日16时，在祁县召开的乔家大院再创“5A”景区整改提升新闻发布会，宣布了明确的整改目标：一个月时间集中整改，一年时间规范提升，最短的时间内再创5A，还提出将适当对门票价格进行下调。为了尽快完成整改，8月7日至8月16日，乔家大院景区将暂停运营10天。(《新京报》2019年8月7日)

7.聚华园茶馆，是荻港村一座有着近两百年历史的老茶馆。潘平福是茶馆第四任掌柜，接手至今已有53年。考虑到茶客都为老人，他只收很少的茶钱，一元钱可以喝上一天。所以这里，也被称为“一元茶馆”。(中新网湖州2019年10月4日)

8.浙江省人大常委会近日批准的《嘉兴市文明行为促进条例》。针对“低头玩手机”过马路等行为作出了禁止性规定，“行人通过路口或者横穿道路时浏览手持电子设备或者嬉闹的处警告或者五元以上五十元以下罚款”。(新华社杭州2019年10月5日)

9.“代经济”在年轻人中愈发流行。代遛狗、代取东西、代吃东西、代堆雪人、代喝奶茶、代相亲……诸如此类，花样繁多，可谓“只有想不到，没有做不到”。基于大量个性化需求而产生的“代经济”也引起了舆论的热议，有人认为“代经济”就是“懒人经济”，甚至出现了“年轻人越来越懒”的声音。事实果真如此吗？(《中国青年报》2019年11月7日)

10. 农旅深度融合，让重庆长寿区有了一座“慢城”：在这里，乡村里的林田村落、农特产品都“活起来”了，城里人有了“歇歇脚、深呼吸”的好去处，“农区变景区、田园变公园、农房变客房”，让乡村振兴有了新载体，按下了发展的“升级键”。（新华网2020年1月6日）

11. 加密“夜京城”地标、商圈、生活圈网络布局，发布夜间经济2.0版；启动朝阳CBD、昌平龙德等7个商圈的改造升级；扩大“一店一策”试点范围；推动跨境电商进口医药产品试点……昨日，全市商务工作会议召开，北京市商务局局长闫立刚表示，2020年将聚焦提质升级，推动消费高品质发展，在发展夜经济、推动商圈改造、补齐便民网点等方面发力。（《新京报》2020年1月21日）

12. “无接触商业”，顾名思义，就是通过线上交易、线下定点配送、用户自提等方式，在商业活动中避免人与人之间的直接接触。面对新冠肺炎疫情的冲击，不仅仅是餐饮领域，很多行业也纷纷试水“无接触”服务。从一些大型商超、商城转战线上销售，到各大快递公司出台各自的无接触配送标准，再到某外卖平台的数据显示，采用无接触配送的订单占80%以上……既能最大程度减少交叉感染的风险，又能兼顾复工复产的现实需要，“无接触”订餐、配送，不失为企业经营的新思路。（《人民日报》2020年2月27日）

13. “公筷公勺摆上桌，分餐进食好处多。”近日，北京、上海、成都等多地倡导推广分餐制，鼓励就餐使用公筷公勺，以降低新冠肺炎疫情传播风险。疫情暴发以来，各地发生多起因家庭或外出聚餐导致的聚集性疫情。从公布的疫情案例看，人们普遍习惯的合餐制，为病毒传播提供了机会和渠道，一定程度上成为疫情蔓延的推手。这也让越来越多人意识到了围桌共食、不用公筷的饮食方式所隐藏的健康隐患，认识到分餐的文明和健康。（新华网2020年3月17日）

14. “刚在‘江西微就业’平台‘智就业’系统实名认证，填完相关信息，就收到10多家企业的匹配信息。”南昌大学大四学生王山鑫对最近结束的这场特殊线上招聘会记忆犹新，从10多家企业中挑选了3家进行视频面试后，他成功拿到了2家公司的工作机会。“金三银四”，三四月份是高校毕业生春季求职的高峰期，但受疫情影响，各地高校均延迟开学、暂停线下招聘。江西将招聘从线下全面转向线上，并开发出线上智能招聘系统，在对毕业生求职意愿和单位用人需求进行大数据分析的基础上，开展“智能匹配”。（新华社南昌2020年3月18日）

15. 据报道，为避免现场祭扫引发聚集性疫情，近期北京、广东、江苏、山东等全国多地发文“暂停现场祭扫活动”，提倡家庭追思、网络祭扫等方式，大力推广“云祭扫”。“云祭扫”被社会认可，不只是因为这次前所未有的凶猛疫情。近年来，全国各地都在不遗余力地倡导移风易俗，积极引导文明祭扫，鼓励群众采取鲜花祭扫、网络祭扫、居家祭扫等祭扫新方式。日新月异的互联网技术给这种新风尚提供了极大的便利，清明“云祭扫”渐渐被更多人接受。(《北京青年报》2020年3月19日)

第三节　即兴主持训练

【理论概述】

一、即兴主持的语言要求

主持人是通过直接平等的交流方式推动节目进程、体现节目意图的人，主持人不是表演者，也不是稿件的播报者。其主要功能和作用是：组织节目流程、串联板块内容、传达政策信息、服务受众需求。即兴主持的语言也具有自己的规律与特点。

(一)语言表达规范化

即兴主持的语言呈现“散体”样式，简单句多且不规整，口语化强且自由。在即兴主持时，主持人的语言要符合受众的接受规律，避免官方色彩，力求通俗，少一些套话，少一些说教。吐字清晰，表达流畅，无大起大落，无大停大连，语气平和，节奏趋缓。

(二)语言风格个性化

主持人语言风格的个性化是媒介发展的必然。在即兴主持时，主持人不是一字不落地背诵内容，而是将对节目的理解和生活的感悟，通过个性化的语言展示出来，与受众坦诚相见。

二、即兴主持的开场语

开场语对交代节目背景、节目内容，吸引受众具有重要的作用。常用的开场语可以概括为以下几种类型：[1]

---

① 应天常，王婷．主持人即兴口语训练[M]．北京：中国传媒大学出版社，2014：244.

（一）开门见山式

主持人用三言两语进入节目主题，这是一种直接揭示话题内容的进入方式，它的特点是简洁明快、直截了当。

（二）迂回入题式

主持人借助相关或不太相关的内容，预设某种前提或调动受众的兴趣，使受众在不知不觉中进入节目。可以运用一些典型事例、小故事作为引子，从受众易于接受的角度自然入题。

（三）引发思考式

主持人创设悬念或提出质疑，构筑一个便于受众积极参与的“思维场”，从而引发受众思考。

（四）情绪渲染式

主持人抒发情感，用自己的情感“点燃”受众的情感，并确定节目基调。

三、即兴主持的串联语

串联语是根据节目需要产生的，它具有承上启下、补充完善、沟通交流等功能。主持人要处理好整体与部分的关系，理清各部分内容间的逻辑链条，让串联语的表达自然、流畅。串联语创作的要求如下：

（一）切题

切题，是指切合题目。主持人在创作串联语的过程中要审清题目、抓住关键词、准确表述，避免机械化、模式化、形式化，不说套话、水话、空话。串联语表达要在语言规范的前提下，做到通俗生动、富有感情。

（二）切旨

切旨，是指切合主旨，与传播目的相吻合。串联语的中心思想要始终体现节目的主旨，表达时要紧扣言语的目的性，根据节目意图选择和调整串联语的表达形式，体现媒介、节目的风格与特点。

（三）切境

切境，是指切合语言环境。主持人在创作串联语时一定要把握好语境，主持人的语境即传播的语境，要充分考虑时间、空间的不同特点，是演播室还是现场，是清晨还是晚上，是否有嘉宾参与等。主持人在串联语的创作过程中必须有适应语境和自我调节的能力。

四、即兴主持的结束语

常用的结束语可以概括为以下几种类型：

（一）首尾呼应，评论点题

梳理节目内容，与节目的开始语相互呼应。将节目内容与时代背景相融合，升华节目主题。评论可以于细微处见精神，在个性特点中总结共性认知，要注意分寸，话不要说“满”，留有余地。

（二）总结归纳，强调要点

有条理地梳理节目的重点内容，用提纲挈领的话总结节目。此种结束语多适用于教育性、教学性的节目中，通过梳理归纳、总结要点的方式增强受众对节目重点内容的记忆。可以通过关键词的方式对节目主要内容进行总结，不要以偏概全，注意归纳总结的条理性。

（三）以情感人，引发联想

通过抒情的表述方式结尾，引发受众的深层次思考。可以适当拓展节目内容，联系生活实际，让受众感同身受，使其思想情感得到洗礼，上升到新的高度。对“矛盾”或有争议的话题，可以通过抛出问题的方式结尾，引发受众的联想和思考。

（四）科学分析，提出建议

通过科学分析，得出结论，给受众提出合理化的意见或建议。要注意所提建议的可行性和科学性，切忌根据主观经验判断是非曲直。

【实践训练】

一、开场语训练

根据要求完成下列开场语训练。要求：明确题目，表达内容不流于形式，能进行深层次的思考；语言简洁，表达流畅，状态积极，副语言表达符合节目内容需要；主持时间为3分钟。

1.《故事里的中国》是中央广播电视总台央视综合频道（CCTV-1）播出的一档完全

自主原创的文化类节目。节目的宗旨是:“让经典照进现实,让世界品味中国。”请根据上述信息,即兴主持一段开场白。

2.《中国地名大会》是中央广播电视总台央视中文国际频道(CCTV-4)播出的一档节目。该节目以地名知识为载体,全方位地展现中华大地的万千风貌,旨在弘扬优秀民族文化。请根据上述信息,即兴主持一段开场白。

3.《绿水青山看中国》是中央广播电视总台央视科教频道(CCTV-10)播出的一档演播室益智文化类节目。该节目以美丽中国、生态保护、地理文化为主轴,经过深入解析山水林田湖草生命共同体的构成要素,展现人地关系,感念乡土、乡情、乡愁。请根据上述信息,即兴主持一段开场白。

4.猜灯谜是中国独有的富有民族特色的一种传统民俗文娱活动形式,是从古代就开始流行的元宵节特色活动。某社区将在元宵节举办一场“欢天喜地闹元宵”猜灯谜活动。请根据上述信息,即兴主持一段开场白。

5.《经典咏流传》是中央广播电视总台央视综合频道(CCTV-1)播出的一档大型诗词文化音乐类节目。节目旨在用流行音乐演绎经典诗词、经典文学作品,传递向上向善的主流价值。请根据上述信息,即兴主持一段第一期节目的开场白。

二、串联语训练

根据要求完成下列串联语训练。要求:巧妙串联,衔接紧凑,注意节目的整体节奏把握;语言简洁,表达流畅,状态积极,副语言表达得体;主持时间为3分钟。

1.《生活圈》是中央广播电视总台央视综合频道(CCTV-1)制作播出的一档全新早间节目。节目的宗旨是通过生活技巧、生活智慧和生活态度,传递“真善美、勤俭巧”的价值观。接下来要播出的内容是:“视力下降是什么原因?”请即兴进行主持串联。

2.《声临其境》是湖南卫视播出的一档原创声音魅力竞演秀。“经典之声”是节目的一个板块,内容是让嘉宾们为经典影片配音。请根据前两句话的提示,为该板块进行主持串联。

3.《中国电影报道》是中央广播电视总台央视电影频道(CCTV-6)播出的一档电影娱乐资讯栏目。节目的主题是“电影生活,新鲜接触”,“全线接触,共享幕后精彩”。今天的“电影快讯”板块将播出的是《致敬战役英雄》。请根据上述信息,即兴主持串联。

4.学校召开迎新年文艺晚会,你担当本次晚会的主持人,请根据下面的节目单,设计节目的串联语。本次晚会的部分节目有:歌曲《我和我的祖国》、小品《原来如此》、歌曲联唱《青春无限好》。

5.《挑战不可能》是中央广播电视总台央视综合频道(CCTV-1)和央视创造传媒联合推出的大型励志挑战节目。第一位挑战者已经完成挑战任务,第二名挑战者即将出场。请根据上述信息,即兴进行主持串联。

三、结束语训练

根据要求完成下列结束语训练。要求:体现节目的主旨,升华节目的内涵,起到画龙点睛的效果,让受众产生共鸣,感到意犹未尽;语言简洁,表达流畅,状态积极,注意副语言表达;主持时间为3分钟。

1.“时代楷模”是中宣部的全国重大先进典型。中央广播电视总台央视综合频道(CCTV-1)专门设立了“时代楷模”发布厅。时代楷模充分体现“爱国、敬业、诚信、友善”的价值准则。这些楷模人物涵盖工人、农民、教师、法官、医生、航天员群体、边防部队、基层干部等各行各业。请根据上述信息,即兴主持一段结束语。

2.《艺览天下》是一档以介绍世界综艺舞台各种精彩表演为主的综艺节目。请根据上句话的提示,即兴为这档节目完成一段结束语。

3.《中国诗词大会》是中央广播电视总台央视科教频道(CCTV-10)自主研发的一档大型演播室文化益智节目。《中国诗词大会第五季》以家国情怀为主线,以家国、英雄、青春、童年、奋斗、匠心等十余个类别为主题。请根据上述信息,即兴主持本季最后一期节目的结束语。

4.《我要上春晚》是一档大型跨界互动综艺节目,旨在为明星以及普通百姓提供一个展示自我的舞台。请根据上述信息,即兴主持一段结束语。

5.《我有传家宝》是中央广播电视总台央视综合频道推出的一档文化收藏类节目,以传家宝为载体,讲述家族传承故事,展现中国优秀的礼仪文化。请根据上述信息,即兴主持一段结束语。

四、命题型即兴主持训练

按题目要求完成下列主持。围绕题目的核心内容展开,注意把握不同类型节目的基调、语言特点、主持风格。主持状态要积极、语言流畅、亲切感强。主持时间为3分钟。

1.请以“家乡的骄傲”为主题,进行一段即兴主持。(2019中央广播电视总台主持

人大赛第一期）

2. 请以“家乡的味道”为主题，进行一段即兴主持。（2019中央广播电视总台主持人大赛第一期）

3. 假设在中国的传统节日中秋节这一天，你将与海外华侨进行直播连线，请你进行一段即兴主持。（2019中央广播电视总台主持人大赛第二期）

4. 假设在中国的传统节日重阳节这一天，晚会现场请到了一个五世同堂的家庭，请你进行一段即兴主持。（2019中央广播电视总台主持人大赛第二期）

5. 在小年夜《CCTV网络春晚》的直播现场，主持人即将与在高铁上的外景主持连线，邀请车厢里的乘客与演播室内的歌手一起进行“实时欢唱”，请你进行一段主持。（2019中央广播电视总台主持人大赛第三期）

6.《花开中国——时代女性盛典》晚会将讲述不同行业女性“巾帼不让须眉”的新时代中国故事，请你进行一段主持。（2019中央广播电视总台主持人大赛第三期）

7. 在致敬经典的访谈类节目中，我们请到了75岁的著名歌唱艺术家李谷一，请你进行一段主持。（2019中央广播电视总台主持人大赛第四期）

8.2020元旦跨年晚会的主题为“这就是青春”，在新年的钟声敲响的这一刻，请你进行一段主持。（2019中央广播电视总台主持人大赛第四期）

9. 在“五月的鲜花”全国大中学生文艺演出中，接下来的节目是来自56个民族的学生共同演唱歌曲《我和我的祖国》，请你进行一段开场主持。（2019中央广播电视总台主持人大赛第五期）

10. 某档国宝鉴赏类节目即将讲述中国十大传世名画之一的《千里江山图》，请你进行一段主持。（2019中央广播电视总台主持人大赛第五期）

11. 节目名称是《生活好帮手》，请根据节目名称自行确定节目内容，主持一档生活服务类节目。

12. 请根据“龙抄手”、“担担面”、“川北凉粉”这几个关键词语，主持一档美食类节目，节目名称自拟。

13. 请根据“登高”、“重阳节”、“夕阳红”这三个关键词语，主持一档养生类节目，节目名称自拟。

14. 请主持一档影视类节目，本期节目的内容是介绍一位导演及他的作品，节目名称及内容自拟。

15. 请以“非物质文化遗产”为主题，主持一档文化类节目，节目名称自拟。

16.《百家讲坛》的节目宗旨是让专家、学者为百姓服务，目的是普及我国优秀传统文化。请自选一位嘉宾到节目现场，主持一期节目。

17.请主持一档少儿类节目，本期节目的主要内容是推荐一部动画片，节目名称和内容自拟。

18.请主持一档体育类节目，本期节目的主要内容是最新的体坛快讯，节目名称和内容自拟。

19.《一鸣惊人》旨在打造成为一档全民戏曲创意竞演节目。请选择一种戏曲的种类进行介绍，主持一期节目。

20.《消费新主张》是一档为广大消费者提供有价值资讯的节目。请根据节目定位自选主题，主持一期节目。

五、材料型即兴主持训练

根据下列新闻材料分别进行即兴主持，要从受众的需求出发。注意挖掘新闻价值，内容完整，语言简练，逻辑清晰。合理分配开场语、内容展开、结束语各部分的时间。主持时间为3分钟。

1.过去的几十年，从书信、电话，到后来的聊天软件，再到如今的微博、微信，技术革新让生活日新月异，过去的一些生活习惯逐渐淡去。不过，依据这种更替来评判孰优孰劣恐怕不合适。比如书信，除了被认为是一种过去时的沟通方式，大家经常还会对它产生一种怀旧情绪——远离了书信，似乎总觉得少了一点东西，于是有的人突发奇想给朋友写封信，对方收到信往往非常感动——寄信人以如此“郑重”的方式与你沟通，这背后的情感该多么厚重！（《人民日报》2016年3月31日）

2.身处移动互联时代，已经很少有人认为，只有读纸质书才叫阅读。如果说阅读的意义在于引导我们进入精神世界，感受古今作家的笔端雍容，那么毫无疑问，科技发展拓宽了阅读世界的入口。幼时读诗，不懂什么是“月落乌啼霜满天，江枫渔火对愁眠”，5G时代可以用声音图像为诗句作注；青年读史，不解为何“上党从来天下脊”，通过3D电子地图，中国古代历史地理得以立体呈现。这些，都应该归功于科技的进步，使我们能够更加真切地感知书中乾坤的博大之美。（《人民日报》2019年5月7日）

3.丰富的历史意义、文化意涵，赋予中华民族传统节日以巨大魅力，以潜移默化的方式，将中华民族的精神操守、道德力量根植人心。对传统文化的新表达、新诠释，很好地呈现了传统节日中蕴含的传统文化，推动传统节日融入当代中国人的生活。端午节临近，在一些城市的商场等公共场所，龙舟、菖蒲等为节日平添了文化意蕴，不仅为公共空间拓展了文化内涵,也对端午节背后的传统文化进行了具有当代意识的阐释,让人们近距离体验了一次有"文化味"的端午节。(《人民日报》2019年6月6日)

4.在当代中国的文明星空中,处处能看到道德的光亮。他们如同一盏盏明灯,照耀着人们的心灵。点燃自己的善念火种、做身边人的道德光源,社会才能更加充满道德温度,文明才会因每个人的奉献而水涨船高。日前,第七届全国道德模范评选表彰活动进入候选人集中公示阶段,各媒体集中刊登候选人的事迹。一个个闪耀的名字、一串串感人的事迹,刻写下我们时代的凡人善举,也彰显着推动社会前进的精神力量。(《人民日报》2019年6月25日)

5.故宫闭馆日,年轻女子开"大奔"进故宫,停在了金銮殿门前的广场上——太和门广场,而且大大咧咧地晒在了微博上:"赶着周一闭馆,躲开人流,去故宫撒欢儿。该女子还疑发微博澄清,称故宫西华门是允许开车进入的,自己所在的位置就是停车场,并称自己的做法"合规合法"。(澎湃新闻2020年1月18日)

6.直播助农,让田间地头农产品畅销全国;在线学习,让知识跨越千山万水;分享日常,让生活技能方便你我……近年来,网络直播成为互联网世界的一个"风口",一个个流量平台纷纷崛起,在产品营销、知识共享、远程办公医疗等方面发挥积极作用。人们在直播中寻得商机,在直播中觅得便利,也在直播中拓宽出路。(《法制日报》2020年7月8日)

7.《北京市生活垃圾管理条例》实施3个多月以来,垃圾分类工作不断推进。对个人以教育引导为主,对单位管理更为严格:对混装混运坚持发现一个处罚一个。积极开展车、站、楼等全链条设施设备改造提升,垃圾分类减量效果较为明显。居民总体比较配合,今后还将通过党员带头、激励调动、约束督促等方式继续推进。(《人民日报》2020年8月14日)

8."副业刚需"渐成新宠,"斜杠青年"风行一时,"直播网红"火遍全网——这是时下灵活就业盛行的真实写照。百度最新发布的数据显示,2020年上半年百度文库知识店铺的开店量超过4万家,新增内容1.5亿条,直接带动近100万兼职或全职的内容创作者就业。受益于今年国家稳就业政策力度不断加大、《关于支持多渠道灵活就业的意见》等多份文件相继发布,平台经济、数字经济、副业经济等让很多受疫情影响待业的劳动者尝到了灵活就业的甜头。(《经济日报》2020年8月13日)

9.近日,一场号召人们珍惜粮食、对餐饮浪费行为说不的"光盘行动"成为人们关注的热点。在新浪微博上,以"光盘行动"为标签的各类话题总阅读量达到5.9亿次。

和过去一些人请客吃饭时把故意多点菜、排场要到位视为“有面儿”不同，现在年轻一代的餐桌文化和消费观念已经发生了很大改变——“饭局”不见得是享受，“摆阔”也不再是光荣。这届青年纷纷加入“光盘行动”的新浪潮，在网上晒出自己的“战绩”，分享自己用餐完毕的空盘子照片和视频。对他们来说，节约粮食、拒绝浪费才是新的“有面儿”。（《中国青年报》2020年8月21日）

10.重庆市新型智慧城市运行管理中心近日建成投用。据悉，该中心是重庆智慧城市建设的基础性、枢纽性、集约性项目，系智慧城市的“智能中枢”，建成投用可有效助力重庆智慧城市建设。从具体功能来看，其旗下的数据资源中心汇聚重庆各类政务数据资源，并深度挖掘数据价值；监测预警中心实现对城市运行态势感知、监测分析和预测预警；调度指挥中心可实现对日常工作监督调度、城市突发事件应急处置调度等；综合赋能平台则提供共性技术、业务协同、安全运行等服务支撑保障。（新华社重庆2020年8月22日）

11.列车员刘钟的单位在广东，老家在湖南衡阳，儿子丁丁在衡阳由家人照顾，母子难得相聚。2018年2月4日，乌鲁木齐开往深圳的Z229次列车停靠衡阳站，刘钟与儿子丁丁在站台短暂相聚四分钟。紧紧相拥后，刘钟含泪告别。不过让她特别开心的是今年她可以回家过除夕，这是11年来第一次。（2019中央广播电视总台主持人大赛第一期）

12.94岁高龄的抗战老兵李安甫，虽然只有1.2米的个头，但枪法很准，曾屡立战功，被授予“一级人民英雄”、“全国战斗英雄”等10多个荣誉称号。他一直有一个心愿，即想要在有生之年，到天安门广场，再看一次升旗仪式。2019年6月29日清晨，在国家和志愿者的帮助下，李安甫终于实现了他的愿望，他来到北京，站在金水桥上观看了升旗，并向国旗庄严敬礼。看完升旗仪式后，他来到三军仪仗队国旗护卫队前，缓缓捧起战友们用鲜血捍卫的国旗深情地亲吻。（2019中央广播电视总台主持人大赛第一期）

13.2019年8月12日，为迎战超强台风“利奇马”，山东济南振兴街派出所副所长宁继勇已在防汛现场工作了10多个小时，而他的家里也漏水了。妻子给他打了很多遍电话，微信消息也发了很多，但他都顾不上回复。到了晚上，宁继勇还没有回家，妻子终于忍不住发了一个朋友圈，吐槽一下这位“不顾家”的警察。（2019中央广播电视总台主持人大赛第二期）

14.2019年7月，江苏常州，原本计划陪妻子生产的医生曹翔，坚持做完了四台手术。来不及脱掉口罩鞋套，曹医生便急忙赶往妻子的手术室外。龙凤胎宝宝已相继出生，但因早产还在抢救，曹医生瘫坐在了手术室的门口。他说：病人平稳了，我才能够安心。（2019中央广播电视总台主持人大赛第三期）

15.前不久，北京某出租车司机携带患阿尔茨海默病的妻子共同出车，该消息被网友刷屏。据悉，因女儿在外且妻子患病没人陪伴，所以该司机不得已需要携妻出门。该司机已这样出车1年多，部分乘客也会因此取消乘坐，导致他的满意度评分只有56。对此，该司机也很无奈，说道："可以选择不坐，但请别差评。"（2019中央广播电视总台主持人大赛第五期）

第四节　即兴演讲训练

【理论概述】

即兴演讲，是指在特定的情景下，自发或者根据现场需要不借用任何文稿阐述个人观点或意见的口语交际活动，其特点是模糊性和临场性。提升即兴演讲能力，除了要不断拓宽知识面和积累大量素材外，构建严谨的思维模式也至关重要。

一、即兴演讲的开场

在设置即兴演讲的开场时，可以尝试以下几种方式：

（一）话题转承

演讲者可以借助现场的某个话题展开议论，提出自己的观点。这种开场方式较为自然，易于受众接受。

（二）情感沟通

选择与受众息息相关的话题，引发受众与演讲者在心理上的共鸣。

（三）借物寓意

采用以物证事的方法，借用某种具体的事物表达隐含的道理。这种开场方式语意深刻，言简意赅，给人以启迪。

（四）借景寓意

选取演讲城市的特色或现场的景物进行引入。此种方式容易让受众产生地缘上的亲切感。

二、即兴演讲的展开

（一）并列式

并列式，又称横式。即围绕即兴演讲题目的中心论点，从不同的视角进行展现，或将几个事例或故事串联起来，几部分内容的关系是并列的，并且每一个事例或故事都能证明中心论点。

（二）递进式

递进式，又称纵式。它的特点是由表及里、由此及彼，从话题的表层入手，环环相扣，层层递进，逐层深入论证，最后阐释演讲的主题。

（三）对比式

对比式，就是在中心论点提出之后，从正反两个方面对中心论点进行论述。目的是通过对比，突出说明其中一方面的正确性或重要性。

三、即兴演讲的结尾

常见的即兴演讲结尾方式有以下几种：①

（一）镜头回放

你已经在演讲中解释了一项特殊的工作，在结尾的时候，为什么不给我们展示一下你的演讲指出的更宏伟的图景、更广阔的可能性呢？

（二）号召行动

如果你已经给了观众一个有力的思想，为什么不鼓励他们付诸行动呢？

（三）个人承诺

号召观众行动起来是一回事，但有时，演讲获得成功是由于演讲者做出了巨大的承诺。

（四）价值和愿景

你能否将你探讨的思想转变成鼓舞人心或充满希望的未来愿景？

---

①［美］克里斯·安德森．演讲的力量［M］．蒋贤萍，译．北京：中信出版社，2016：205-211.

（五）重新审视

有时候，演讲者会从另一个角度重新定义他们讨论的主题。

（六）叙述对称

精心建构于主线基础之上的演讲能通过呼应开头而创造出令人满意的结尾。

（七）诗意的激励

如果你的演讲已经打开了观众的心扉，那么就可以用一种诗意的语言收尾，深深触动人们的心。

【实践训练】

一、经典语句类即兴演讲

准确理解下面诗词的意思，提炼其中蕴含的观点，分别进行即兴演讲。演讲时间为3分钟。

1. 读书破万卷，下笔如有神。（杜甫《奉赠韦左丞二十二韵》）
2. 春蚕到死丝方尽，蜡炬成灰泪始干。（李商隐《无题》）
3. 先天下之忧而忧，后天下之乐而乐。（范仲淹《岳阳楼记》）
4. 不要人夸好颜色，只留清气满乾坤。（王冕《墨梅》）
5. 行至水穷处，坐看云起时。（王维《终南别业》）
6. 莫愁前路无知己，天下谁人不识君。（高适《别董大》）
7. 近水楼台先得月，向阳花木易为春。（苏麟《断句》）
8. 海上生明月，天涯共此时。（张九龄《望月怀远》）
9. 路遥知马力，日久见人心。（无名氏《争报恩》）
10. 但愿人长久，千里共婵娟。（苏轼《水调歌头》）

二、关键字词类即兴演讲

根据下面的关键字词分别进行即兴演讲。联想与想象要符合逻辑，演讲内容要有价值，能通过演讲鼓舞受众、启发受众。即兴演讲过程中如遇到思维“短路”，可以尝试借题发挥、借人发挥、借物发挥、借事发挥等方式。演讲时间为3分钟。

1. 善　　2. 门　　3. 火　　4. 美

5. 阅读　　6. 幸福　　7. 文明　　8. 道德

9.继承与创新　10.合作与竞争　11.精神与物质　12.开放与封闭

13.贫穷与富裕　14.快乐与悲伤　15.光明与黑暗　16.风险与机遇

三、话题类即兴演讲

根据下列话题自选角度分别进行即兴演讲。可以结合生活实际展开演讲,要求逻辑清晰,内容充实,语言简洁,富有艺术性与感染力。演讲过程中要注意减少“无效”语言,控制习惯性附加语、口头禅等。演讲时间为3分钟。

1.这是不是一个看脸的时代?

2.朋友圈要不要屏蔽父母?

3.守护我们平安的不是圣诞老人,而是我们的人民子弟兵。

4.人不能两次踏进同一条河流。

5.沉默是最高级别的声音。

6.偏见比无知距离真理更远。

7.人生而自由,却无往不在枷锁之中。

8.阅读,是摆脱平庸的过程。

9.汪国真在他的作品《山高路远》中说:“没有比脚更长的路,没有比人更高的山。”

10.有人说:“顺境时,多一份思索;逆境时,多一份勇气;成功时,多一份淡然。”

11.最好的奖励是什么?

12.一代人就要有一代人的使命,一代人就要有一代人的担当。

13.电影《肖申克的救赎》中有这样一句话:“在我们心里,有一块地方是无法锁住的,那块地方叫作希望。”

14.作为中华民族的传统美德,“诚信”既是一种道德品质,也是每个公民的道德责任,更是一种崇高的人格力量。在社会快速发展的今天,诚信更需要传承和发扬。

15.联合国确定2020年“世界水日”的主题为“Water and climate change”(水与气候变化)。我国纪念“世界水日”和“中国水周”活动的主题为“坚持节水优先,建设幸福河湖”。

拓展阅读

一、著作类

1.秦琍琍,李佩雯,蔡鸿滨.口语传播[M].上海:复旦大学出版社,2011.

2.宋晓阳.完美沟通[M].北京:中国友谊出版公司,2020.

3. 童肇勤. 即兴口语表达[M]. 杭州：浙江大学出版社，2016.

4. 汪圣安. 思维心理学[M]. 上海：华东师范大学出版社，1992.

5. 翁如. 主持人思维训练教程[M]. 北京：中国传媒大学出版社，2007.

6. 吴郁. 主持人思维与语言能力训练路径[M]. 北京：中国广播电视出版社，2005.

7. 应天常，王婷. 主持人即兴口语训练(第2版)[M]. 北京：中国传媒大学出版社，2014.

8. 於春. 主持人即兴口语传播[M]. 北京：中国传媒大学出版社，2012.

9.【美】戴尔·卡耐基. 演讲的艺术[M]. 王林，译. 北京：北京燕山出版社，2015.

10.【美】克里斯·安德森. 演讲的力量[M]. 蒋贤萍，译. 北京：中信出版社，2016.

二、节目类

	节目名称	播出平台
1	《开讲了》	央视综合频道
2	《海阳现场秀》	央广文艺之声
3	《超级演说家》	安徽卫视
4	《晓说》	新媒体平台
5	《罗辑思维》	新媒体平台

第五章 文艺作品演播训练

文艺作品演播，是指利用语言表达的各种手段将文学作品中的文字变为有声语言，艺术地体现或再现文学作品的内容，并通过广播电视、新媒体传达给受众的创作活动。文艺作品演播的范畴包含文学作品的朗诵，寓言、童话故事和小说的演播，以及影视配音。

第一节 文学作品朗诵训练

【理论概述】

一、朗诵的定义

朗诵是以有声语言为主要创作手段，对文学作品进行抒情性、音声化二度创作的有声语言表演艺术。[①]朗读和朗诵的主要区别在于：前者是“足情节声”，后者是“足情放声”。张颂将朗诵艺术的表现特征总结为：热情洋溢的表演心态、得心应口的喷弹力度、张弛鲜明的疏密尺度、高低起落的抑扬幅度、见微知著的刚柔强度和浓淡相宜的明暗亮度。[②]

① 邹俊.朗诵艺术通论[M].北京：中国广播电视出版社，2013：1-4.

② 张颂.诗歌朗诵[M].北京：中国传媒大学出版社，2008：2.

二、诗歌朗诵

(一)古典诗词朗诵

古典诗词的朗诵大体上以慢为主,人、事、物、景有渐显和突显两类,要因辞就义、由语生境,主次关系、浓淡分寸都要切实把握,才能体现出古诗词特有的韵味。

朗诵前,要先站在诗人所处的历史背景下准确理解作品的感情基调,然后找准情感变化的转折点,进行整体的谋篇布局,将宏观控制与微观处理相结合,在正确理解情感变化的基础上进行流畅的表达。坚持情动声发,基调正确,语气贴切,增加表达的对比度。此外,还要处理好音步和韵辙的变化。音步就是诗歌的节拍,以长短不同的停顿和大小不同的重音进行区分;韵辙则是诗歌的押韵规律,不同的韵辙对于表达不同的情感有特殊的效果。

(二)现代诗朗诵

现代诗指的是以现代白话文为语法规范写作的诗歌,它的特点是形式自由,韵律灵活。要表达出现代诗歌的韵律感,需要从诗歌的流派、作者的情感和作品的表达方式等方面下功夫,并且要遵照播音备稿六步,进行深入的理解和感受。

现代诗的朗诵同样需要播音主持语言表达内外部技巧的支持。现代诗的朗诵节奏并不一定完全遵从诗行的排列,而是要立足于诗歌本身的语言结构,这种语言结构是由诗歌中蕴含的事理情感决定的。朗诵时,要充分调动自己的情感,将诗歌的内涵和语言形态从文字转为画面,再从画面转为语音。全篇的节奏要通过句子中词语的快慢,句子间语势的错落变化来体现。此外,对于译为白话文的外国诗歌,也应当按照现代诗的朗诵方式进行处理。

(三)散文朗诵

散文包含古代散文和现代散文。

古代散文的朗诵与诗歌朗诵的处理方式较为接近,讲究用声音技巧表达出作品本身文辞的美感和音韵的节奏。同时,注意拓开词语,适当放慢语速。

现代散文大体上可以分为抒情型、议论型和叙事型三种。现代散文朗诵的具体用声和表达应为声低、语轻、真挚。表达多轻柔化,语言舒展、音量不大,语缓气松。但也要注意变化。

散文讲究“形散神聚”、“以小见大”和“真事真情”。所以,在朗读备稿时要注意把握作品的神韵,理解作者“高情感的理性认知”;要通过与作者的“共情”,细腻地表达出作者的情感；要抓住文中的“点睛句”进行谋篇布局。

【实践训练】

一、古诗词朗诵训练

(一)古体诗朗诵训练

首先通过资料查证明晰诗歌的创作背景(包括时代背景和作者背景)，理解诗歌的内容，找到诗歌在情感上的转折点，在此基础上进行谋篇布局，整体把握好情感的流动变化，针对不同的情感设计不同的声音处理方式，再一气呵成地完成作品的朗诵。朗诵中要特别注意对音步的差异化处理以及诗歌本身的转韵特征。

白雪歌送武判官归京

(唐)岑参

北风卷地白草折，胡天八月即飞雪。忽如一夜春风来，千树万树梨花开。
散入珠帘湿罗幕，狐裘不暖锦衾薄。将军角弓不得控，都护铁衣冷难着。
瀚海阑干百丈冰，愁云惨淡万里凝。中军置酒饮归客，胡琴琵琶与羌笛。
纷纷暮雪下辕门，风掣红旗冻不翻。轮台东门送君去，去时雪满天山路。
山回路转不见君，雪上空留马行处。

春江花月夜

(唐)张若虚

春江潮水连海平，海上明月共潮生。滟滟随波千万里，何处春江无月明。
江流宛转绕芳甸，月照花林皆似霰；空里流霜不觉飞，汀上白沙看不见。
江天一色无纤尘，皎皎空中孤月轮。江畔何人初见月？江月何年初照人？
人生代代无穷已，江月年年只相似。不知江月待何人，但见长江送流水。
白云一片去悠悠，青枫浦上不胜愁。谁家今夜扁舟子？何处相思明月楼？
可怜楼上月徘徊，应照离人妆镜台。玉户帘中卷不去，捣衣砧上拂还来。
此时相望不相闻，愿逐月华流照君。鸿雁长飞光不度，鱼龙潜跃水成文。
昨夜闲潭梦落花，可怜春半不还家。江水流春去欲尽，江潭落月复西斜。
斜月沉沉藏海雾，碣石潇湘无限路。不知乘月几人归，落月摇情满江树。

(二)格律诗朗诵训练

通过对诗歌的理解把握住诗歌的情感基调，并使用相应的情、声、气处理方式。

正确分析格律诗的基本节奏单元，考虑好应当采用哪种音步划分方式，应该怎么把握长短音和轻重音的对比，然后对每一句的节奏单元进行细化处理。最后，准确使用各类表达技巧将这些情感变化细腻地展现出来。

问刘十九

（唐）白居易

绿蚁新醅酒，红泥小火炉。晚来天欲雪，能饮一杯无？

春雨

（唐）李商隐

怅卧新春白袷衣，白门寥落意多违。红楼隔雨相望冷，珠箔飘灯独自归。

远路应悲春晼晚，残宵犹得梦依稀。玉珰缄札何由达，万里云罗一雁飞。

登高

（唐）杜甫

风急天高猿啸哀，渚清沙白鸟飞回。无边落木萧萧下，不尽长江滚滚来。

万里悲秋常作客，百年多病独登台。艰难苦恨繁霜鬓，潦倒新停浊酒杯。

（三）词朗诵训练

通过对作品的理解把握住词作的情感基调，以词牌本身特有的对仗规律和韵辙为主要的韵律节奏，根据词的具体内容对音步长短进行微调，跟随词作画面和韵的转换形成流动的情感。

念奴娇·赤壁怀古

（宋）苏轼

大江东去，浪淘尽，千古风流人物。故垒西边，人道是，三国周郎赤壁。乱石穿空，惊涛拍岸，卷起千堆雪。江山如画，一时多少豪杰。

遥想公瑾当年，小乔初嫁了，雄姿英发。羽扇纶巾，谈笑间，樯橹灰飞烟灭。故国神游，多情应笑我，早生华发。人生如梦，一尊还酹江月。

苏幕遮·草

（宋）范仲淹

露堤平，烟墅杳。乱碧萋萋，雨后江天晓。独有庾郎年最少。窣地春袍，嫩色宜相照。

接长亭，迷远道。堪怨王孙，不记归期早。落尽梨花春又了。满地残阳，翠色和烟老。

满江红·登黄鹤楼有感

（宋）岳飞

遥望中原，荒烟外、许多城郭。想当年、花遮柳护，凤楼龙阁。万岁山前珠翠绕，蓬壶殿里笙歌作。到而今、铁骑满郊畿，风尘恶。

兵安在？膏锋锷。民安在？填沟壑。叹江山如故，千村寥落。何日请缨提锐旅，一鞭直渡清河洛。却归来、再续汉阳游，骑黄鹤。

二、现代诗朗诵训练

准确把握诗歌的时代背景，正确分析诗歌所属的流派，深刻理解诗人写作的目的和要表达的情感。现代诗的基本节奏类型有：轻快型、凝重型、舒缓型、高亢型、低沉型、紧张型。要结合对诗歌的理解，根据其节奏类型，调动情感，由静而动、由平面而立体、由理性而感性、由抽象而具象、由共性而个性地进行表达。要处理好开篇和结尾，对诗歌中特殊的修辞手法应采用多样化的朗诵技法。

雨巷

戴望舒

撑着油纸伞，独自
彷徨在悠长、悠长
又寂寥的雨巷，
我希望逢着
一个丁香一样地
结着愁怨的姑娘。

她是有
丁香一样的颜色，
丁香一样的芬芳，
丁香一样的忧愁，
在雨中哀怨，
哀怨又彷徨；
她彷徨在这寂寥的雨巷，
撑着油纸伞
像我一样，

像我一样地
默默彳亍着,
冷漠、凄清,又惆怅。

她默默地走近
走近,又投出
太息一般的眼光,
她飘过
像梦一般地,
像梦一般地凄婉迷茫。

像梦中飘过
一枝丁香地,
我身旁飘过这女郎;
她静默地远了,远了,
到了颓圮的篱墙,
走尽这雨巷。

在雨的哀曲里,
消了她的颜色,
散了她的芬芳,
消散了,甚至她的
太息般的眼光,
丁香般的惆怅。

撑着油纸伞,独自
彷徨在悠长、悠长
又寂寥的雨巷,
我希望飘过
一个丁香一样地
结着愁怨的姑娘。

再别康桥

徐志摩

轻轻的我走了，
正如我轻轻的来；
我轻轻的招手，
作别西天的云彩。

那河畔的金柳，
是夕阳中的新娘；
波光里的艳影，
在我的心头荡漾。

软泥上的青荇，
油油的在水底招摇；
在康河的柔波里，
我甘心做一条水草！

那榆荫下的一潭，
不是清泉，是天上虹；
揉碎在浮藻间，
沉淀着彩虹似的梦。

寻梦？撑一支长篙，
向青草更青处漫溯；
满载一船星辉，
在星辉斑斓里放歌。

但我不能放歌，
悄悄是别离的笙箫；
夏虫也为我沉默，
沉默是今晚的康桥！

悄悄的我走了，
正如我悄悄的来；
我挥一挥衣袖，
不带走一片云彩。

西去列车的窗口(节选)

贺敬之

在九曲黄河的上游，
在西去列车的窗口……

是大西北一个平静的夏夜，
是高原上月在中天的时候。

一站站灯火扑来，像流萤飞走，
一重重山岭闪过，似浪涛奔流……

此刻，满车歌声已经停歇，
婴儿在母亲怀中已经睡熟。

啊，在这样的路上，这样的时候，
在这一节车厢，这一个窗口——

你可曾看见：那些年轻人闪亮的眼睛
在遥望六盘山高耸的峰头？

你可曾想见：那些年青人火热的胸口
在渴念人生路上第一个战斗？

啊，你可曾听到，在车厢里：
仿佛响起井冈山拂晓攻击的怒吼？

啊，你可曾望到，灯光下：
好像举起南泥湾披荆斩棘的镢头？

啊，大西北这个平静的夏夜，
啊，西去列车这不平静的窗口！

三、散文朗诵训练

分析散文的写作背景和时代背景，摸清散文的“神韵”。找出“点睛句”，然后结合作品的段落结构正确地划分散文的层次和段落，做到在朗诵时水到渠成地落脚在“点睛句”上。对于作品中出现的特殊修辞和优美的语句，要着重进行设计。叙述要清晰明了、诱人、有情，议论要带情而议，抒情要感情真挚、有感而发，描绘要具体细致、形象生动。同时注意不能破坏作品的整体性。

（一）古代散文朗诵训练

岳阳楼记

（宋）范仲淹

庆历四年春，滕子京谪守巴陵郡。越明年，政通人和，百废具兴。乃重修岳阳楼，增其旧制，刻唐贤今人诗赋于其上。属予作文以记之。

予观夫巴陵胜状，在洞庭一湖。衔远山，吞长江，浩浩汤汤，横无际涯；朝晖夕阴，气象万千。此则岳阳楼之大观也，前人之述备矣。然则北通巫峡，南极潇湘，迁客骚人，多会于此，览物之情，得无异乎？

若夫淫雨霏霏，连月不开，阴风怒号，浊浪排空；日星隐曜，山岳潜形；商旅不行，樯倾楫摧；薄暮冥冥，虎啸猿啼。登斯楼也，则有去国怀乡，忧谗畏讥，满目萧然，感极而悲者矣。

至若春和景明，波澜不惊，上下天光，一碧万顷；沙鸥翔集，锦鳞游泳；岸芷汀兰，郁郁青青。而或长烟一空，皓月千里，浮光跃金，静影沉璧，渔歌互答，此乐何极！登斯楼也，则有心旷神怡，宠辱偕忘，把酒临风，其喜洋洋者矣。

嗟夫！予尝求古仁人之心，或异二者之为，何哉？不以物喜，不以己悲；居庙堂之高则忧其民；处江湖之远则忧其君。是进亦忧，退亦忧。然则何时而乐耶？其必曰：“先天下之忧而忧，后天下之乐而乐”乎。噫！微斯人，吾谁与归？

时六年九月十五日。

赤壁赋

（宋）苏轼

壬戌之秋，七月既望，苏子与客泛舟游于赤壁之下。清风徐来，水波不兴。举酒属客，诵明月之诗，歌窈窕之章。少焉，月出于东山之上，徘徊于斗牛之间。白露横江，水光接天。纵一苇之所如，凌万顷之茫然。浩浩乎如冯虚御风，而不知其所止；飘飘乎如遗世独立，羽化而登仙。

于是饮酒乐甚，扣舷而歌之。歌曰："桂棹兮兰桨，击空明兮溯流光。渺渺兮予怀，望美人兮天一方。"客有吹洞箫者，倚歌而和之。其声呜呜然，如怨如慕，如泣如诉；余音袅袅，不绝如缕。舞幽壑之潜蛟，泣孤舟之嫠妇。

苏子愀然，正襟危坐而问客曰："何为其然也？"客曰："'月明星稀，乌鹊南飞。'此非曹孟德之诗乎？西望夏口，东望武昌，山川相缪，郁乎苍苍，此非孟德之困于周郎者乎？方其破荆州，下江陵，顺流而东也，舳舻千里，旌旗蔽空，酾酒临江，横槊赋诗，固一世之雄也，而今安在哉？况吾与子渔樵于江渚之上，侣鱼虾而友麋鹿，驾一叶之扁舟，举匏樽以相属。寄蜉蝣于天地，渺沧海之一粟。哀吾生之须臾，羡长江之无穷。挟飞仙以遨游，抱明月而长终。知不可乎骤得，托遗响于悲风。"

苏子曰："客亦知夫水与月乎？逝者如斯，而未尝往也；盈虚者如彼，而卒莫消长也。盖将自其变者而观之，则天地曾不能以一瞬；自其不变者而观之，则物与我皆无尽也，而又何羡乎！且夫天地之间，物各有主，苟非吾之所有，虽一毫而莫取。惟江上之清风，与山间之明月，耳得之而为声，目遇之而成色，取之无禁，用之不竭。是造物者之无尽藏也，而吾与子之所共适。"

客喜而笑，洗盏更酌。肴核既尽，杯盘狼藉。相与枕藉乎舟中，不知东方之既白。

（二）现代散文朗诵训练

迟暮（节选）

张爱玲

咳！苍苍者天，既已给予人们生命，赋予人们创造社会的青红，怎么又吝啬地只给我们仅仅十余年最可贵的稍纵即逝的创造时代呢？这样看起来，反而是朝生暮死的蝴蝶为可羡了。它们在短短的一春里尽情地酣足地在花间飞舞，一旦春尽花残，便爽爽快快地殉着春光化去，好像它们一生只是为了酣舞与享乐而来的，倒要痛快些。像人类呢，青春如流水一般的长逝之后，数十载风雨绵绵的灰色生活又将怎样度过？

她，不自觉地已经坠入了暮年人的园地里，当一种暗示发现时，使人如何的难堪！而且，电影似的人生，又怎样能挣扎？尤其是她，十年前痛恨老年人的她！她曾经在海外壮游，在崇山峻岭上长啸，在冻港内滑冰，在厂座里高谈。但现在呢？往事悠悠，当年的豪举都如烟云一般霏霏然地消散，寻不着一点的痕迹，她也唯有付之一叹，青年的容颜，盛气，都渐渐地消磨去。她怕见旧时的挚友。她改变了容貌，气质，无非添加他们或她们的惊异和窃议罢了。为了躲避，才来到这幽僻的一隅，而花，鸟，风，日，还要逗引她愁烦。她开始诅咒这逼人太甚的春光了……

灯光绿黯黯的，更显出夜半的苍凉。在暗室的一隅，发出一声声凄切凝重的磬声，和着轻轻的喃喃的模模糊糊诵经声，“黄卷青灯，美人迟暮，千古一辙”。她心里千回百转地想，接着，一滴冷的泪珠流到嘴唇上，封住了想说话又说不出的颤动着的口。

荷塘月色（节选）

朱自清

沿着荷塘，是一条曲折的小煤屑路。这是一条幽僻的路；白天也少人走，夜晚更加寂寞。荷塘四面，长着许多树，蓊蓊郁郁的。路的一旁，是些杨柳，和一些不知道名字的树。没有月光的晚上，这路上阴森森的，有些怕人。今晚却很好，虽然月光也还是淡淡的。

路上只我一个人，背着手踱着。这一片天地好像是我的；我也像超出了平常的自己，到了另一世界里。我爱热闹，也爱冷静；爱群居，也爱独处。像今晚上，一个人在这苍茫的月下，什么都可以想，什么都可以不想，便觉是个自由的人。白天里一定要做的事，一定要说的话，现在都可不理。这是独处的妙处，我且受用这无边的荷香月色好了。

曲曲折折的荷塘上面，弥望的是田田的叶子。叶子出水很高，像亭亭的舞女的裙。层层的叶子中间，零星地点缀着些白花，有袅娜地开着的，有羞涩地打着朵儿的；正如一粒粒的明珠，又如碧天里的星星，又如刚出浴的美人。微风过处，送来缕缕清香，仿佛远处高楼上渺茫的歌声似的。这时候叶子与花也有一丝的颤动，像闪电般，霎时传过荷塘的那边去了。叶子本是肩并肩密密地挨着，这便宛然有了一道凝碧的波痕。叶子底下是脉脉的流水，遮住了，不能见一些颜色；而叶子却更见风致了。

第二节 小说演播训练

【理论概述】

一、小说的演播

小说是文学的一种样式,它是以刻画人物形象为中心,通过完整的故事情节和环境描写来反映社会生活的文学体裁。小说的演播就是通过演播者的声音塑造,将小说描述的人物、空间、事件等文字形象用语音予以展现的一种声音艺术。

寓言、童话故事属于儿童文学体裁,但从演播的角度来说可归于小说演播的一种特殊类别。

小说中的语言分为“叙述语言”和“人物语言”两大类。叙述语言是小说演播的主要成分,用于描写时代背景、自然环境,介绍人物、事件等。人物语言则是某个特定角色的语言。

二、小说演播的步骤与方法[①]

(一)把握演播基调

1.阅读全篇,对作品的整体有所了解,充分认识和确切把握各部分与全篇之间的关系。

2.从作者的角度出发,以“一度创作”为基础来探寻和把握自己“二度创作”的演播基调。

3.反复阅读,细细体味,从局部的情节和个别的人物中跳出来,看清作品的全貌和要旨。

(二)选用演播样式

演播的样式与小说本身的时代、地域、内容、创作风格等密切相关。小说演播的方式可分为播讲式和表演式,形式可以分为土味和洋味,上口前需要反复揣摩和模仿。

播讲式:演播者站在第一或第三者位置上,以叙说、转述的方式将情节、人物讲得清楚、自然,适合播回忆录、自传类稿件,以及人物语言少及抒情性较强的小说。

---

① 罗莉.文艺作品演播[M].北京:中国传媒大学出版社,2009:41.

表演式:表演式的重点是对人物语言的处理,表演成分较大,适合演播人物语言集中、较多又生动的小说。

土味:演播中糅进方言味,让人听得出浓郁的地方味道,适合演播地域色彩和民族色彩浓的作品。

洋味:演播中糅进一些洋味,让人一听便知是外国作品,语言特点是语尾翘起,语调有些弯曲,上飘。

寓言、童话的演播则要求播读者以儿童为收听对象,最好能给自己一个亲切的身份定位(如叔叔、姐姐等)。此外,寓言和童话具有一定的教育功能,要分清其风格是"劝诫式"还是"讽喻式"。

(三)处理叙述语言

"叙述语言"大体分为三类:

1.环境描写类,这里的环境,包括时代背景、社会状况、自然环境等,这类语言在演播时语速应缓慢。对特定的环境气氛应以对应的语气加以渲染。

2.人物形象塑造类,这里的人物形象塑造,包括"概貌介绍"与"人物行为"。"概貌介绍"是对人物大概的刻画,不应过于生动,而"人物行为"则是小说的主体,应当充分地展现出人物各方面的特征。

3.情节交代类,即以恰当的方式表达故事的起承转合与时间转换。这部分语言很大程度上用于区分小说的场景。前后语言的衔接应该注意情感和态度的变化,要做到点指清楚,转换有机,承接自然、顺畅。

(四)处理人物语言

人物语言的处理要注意两点:

1.确立人物基调:演播小说之前,小说中的人物应该在演播者心中有一个全面、立体的形象。在确立人物基调时,我们应该以现实生活和以往的经验为参照。

2.设计人物造型:人物造型应做到"语言内在实质与外在表现形式"的统一和"视觉形象与听觉形象"的统一。两个"统一"同样基于现实生活体验。

【实践训练】

一、小说演播训练

分析作品的时代、地域、内容、创作风格,选择与之相适应的演播方式。在脑海中勾勒文中描绘的环境,将人物置于环境中进行形象的塑造,通过画面的转换带动情节的变换。理解作品的内涵，从角色在文中所处的环境、生理状况和情感状况三个角度分析角色，确定人物基调，针对文中具体的状况设计声音形象。然后通过试音固定音色，再进行演播。

战争与和平(节选)

[俄国]列夫·托尔斯泰

“啊呀!”库图佐夫露出绝望的神情闷声闷气地说，他回头看了一下。“博尔孔斯基，”他低声地说，因为意识到自己年老体弱，声音颤抖了。“博尔孔斯基，”他指着溃散的营队，又指着敌人，低声地说，“这是怎么回事啊?”

可是，当他还没有说完这句话，安德烈公爵就感觉到羞愧和愤怒的眼泪涌进了他的喉头，于是他翻身下马，向军旗面前走去。

“伙伴们，前进!”他用儿童般的尖锐的嗓音喊了一声。

“你看，这就是军旗!”安德烈公爵心中想着，他抓起旗杆，高兴地听着想必正是向他射来的子弹的啸声。有几个士兵倒下了。

“乌拉!”安德烈公爵喊道，他勉强擎起一面沉重的军旗，向前跑去，他心中坚信，全营都会跟随着他跑步前进。

诚然，他独自一人仅仅跑了几步路。一个士兵，又一个士兵行动起来了。全营都高喊“乌拉”，跑步前进，并且赶到他前面去了。这个兵营的士官跑到了前面，他拿起那面因为太重而在安德烈公爵手中摇摇晃晃的军旗，但是他马上就被击毙了。安德烈公爵又急忙拿起军旗，拖着旗杆，带领一营人跑步前进。他看见前面有我们的炮兵，其中一些人正在战斗，另一些人抛弃大炮，向他迎面跑来;他也看见法国的步兵，他们正在抓着炮兵的马，掉转那大炮。安德烈公爵带领一营人走到了离大炮二十步远的地方。他听见上空的子弹不停地呼啸，他的左右两旁的士兵不住地呻吟，一个个都倒下来。但是他不观望他们，他所凝视的只是在他前面——炮台上发生的事情。他清晰地看见一个歪歪戴着高筒军帽的头发棕红的炮兵的身影，他从一端拖着洗膛杆，而法国士兵却抓着另一端把它拖过去。安德烈公爵清楚地看见这两个人的不知所措而又凶恶的面部表情，看起来，他们并不明白他们在干什么。

“他们在干什么?”安德烈公爵一面想道，一面瞧着他们。

“既然这个棕红色头发的炮兵没有武器，他为什么不跑呢? 为什么法国人不刺杀他呢? 如果法国人想起自己的枪，用刺刀刺杀他的话，他连跑都来不及了。”

诚然，另一个法国人向前斜提着枪，朝这两个拼搏的人面前跑来，头发棕红的炮兵怀着夺得洗膛杆的胜利者的喜悦心情，还不明了等待他的是什么，他的命运已被决定了。但是安德烈公爵没有看见这件事怎样结束。他仿佛觉得,近在咫尺的某个士兵好像抡起胳臂将一根坚硬的棍子朝他头部使劲地打去。虽然疼痛得不太厉害,但是主要的是,他觉得很不好受,因为这一阵疼痛分散了他的注意力,妨碍他去望清他所观看的东西。

"这是怎么回事啊?我倒了吗?我的两腿发软了。"他想了一会儿,仰面倒下了。他睁开眼睛,希望看清楚,两个法国人和一名炮兵的搏斗有什么结局,也想知道,这个头发棕红的炮兵是否被打死,几门大炮是否被夺走,抑或保存下来。但是他什么都看不见。除开天空——高高的天空,虽不太明朗,但毕竟是广阔无垠的高空,此外他的上方什么都没有了,灰色的云彩在天际慢慢移动。"多么寂静,多么雄伟,完全不是我跑步前进时那个样子,"安德烈公爵想了想,"不是我们奔跑、喊叫和战斗时那个样子,完全不是两个法国人和一个炮兵脸上流露出凶恶和惊惶失措、互相拉扯洗膛杆时那个样子,完全不是广阔无垠的高空里的云彩慢慢移动时那个样子。我原先怎么看不见这一片高空呢?我终于认识它了,我觉得自己多么幸福。是啊!除开这广阔无垠的天空而外,什么都是虚幻,什么都是欺骗。除开它,什么,什么都没有了。但是除开静寂和安宁,甚至连天空也没有,什么都没有。谢天谢地!"

平凡的世界(节选)

路遥

就像大晴天冷不丁下起了冰雹——孙少安的砖窑砸了!所有千辛万苦烧制的成品砖,出窑的时候,无一例外地布满了裂痕,成了一堆毫无用处的废物。

灾难是毁灭性的。粗略地计算一下,损失在五六千元以上。这几乎等于宣布他破产了!旁的不说,村中几十人在他这里辛苦了近一个月,他却连一分钱的工资也给大家开不出;而他自己还在银行贷了一万元巨款,每月利息近百元……绝望的人们所做的第一件事,就是把那个吹牛皮的人痛打了一顿。那人除受了点皮肉之苦,屁也没损失——他带着预支的一个月高薪落荒而逃了。

一天之内,所有帮孙少安干活的本村人,都咒骂着别人也咒骂着自己,灰心丧气地各回了各家。一些人走时还留下话:你孙少安小子无论如何得给我们开工资,要不,马上种麦子,我们拿什么买化肥呢?

现在,红火热闹的砖场顷神间就像散了的戏场。人走空了只留下遍地狼藉。我们记得,不久前开张的时候,这时曾有过什么样的风光!

此刻,在这个一夜间败落下来的场所,少安夫妇相对而泣。他们就像遗弃在战场上的败将,为无可挽回的惨局而悲鸣。

…………

少安用哆嗦的双手勉强卷起一支旱烟棒。满脸泪迹斑斑的秀莲凑到他身边,从他手里拿过火柴,为他点着了烟,亲爱的人伏在他膝头,又一次失声地哭起来。

少安沉重地叹了一口气,像哄孩子一样亲切地抚摸着妻子满是灰土的头发。

他无法安慰她。

孙少安砖场的熊熊炉火也随之熄灭了。

对于一个平凡的农民来说,要在大时代的变革浪潮中奋然跃起,那是极其不容易的。而跌落下来又常常就在朝夕之间。像孙少安这样一些后来被光荣地奉为"农民企业家"的人,在他们事业的初创阶段却是非常脆弱的。一个偶然的因素,就可能使他们处于垮台的境地;而那种使他们破产的"偶然性"却是惯常的现象。因为中国和他们个人都是在一条铺满荆棘的新路上摸索着前行。碰个鼻青眼肿几乎不可避免。这就是人们面对的现实。

而问题在于,我们能不能在这条路上跌倒后,爬起来继续走下去?

当然,我们毫不怀疑整个社会将奋然前行!

但是,这个倒在泥泞中的名字叫孙少安的人,此刻却爬不起来了。他个人的力量无法使自己从这场突发的灾难中恢复过来。

二、寓言、童话演播训练

按照自己的声音特性,给自己一个可以和孩子成为朋友的身份定位,比如××姐姐或××叔叔。演播者要以固定的身份播讲,要带有针对孩子的交流感;通读全文,明确应当采用正常播读、"劝诫式"还是"讽喻式"播读;针对作品中角色的造型、性格等因素塑造特殊的声音形象。

一头学问渊博的猪

一头绝顶聪明的猪,住在一个非常出名的图书馆的院子里。它深信自己由于多年的图书馆生涯,已经成了渊博的学者。

有一天,一只八哥来访问。这头猪立即按照惯例,对客人进行自我介绍。

"朋友,相信我吧!"它说,"我在这个图书馆里待的时间很长了,我对这儿的沟渠、粪坑、垃圾堆,都有着深刻的了解,甚至屋后山坡上的墓穴都拱翻了好几个。谁要是想在这个图书馆得到知识而不找我,那他是白跑了一趟。"

八哥说:"你所说的都是图书馆外面的事,那里面的东西也了解吗?"

"里面?"这头学问渊博的猪说,"那我最清楚不过了。里面无非是一些木架子,上面堆满了各色各样的书。”

“你对那些书也了解吗?”八哥问。

“怎么不了解呢?”这位渊博的学者说,“那是最没意思的了。它们既没有什么香气,也没有什么臭气,我咀嚼过好几本,也谈不上有什么味道,干巴巴的,连一点儿水分也没有。”

“可是人们老在里面待着,据说他们在里面探求知识的宝藏呢!”八哥又说。

“人们?你说他们干什么!”这位猪学者说,“他们确实是那样想的,想在书里找点什么东西。我常常看到许多人把那些书翻来翻去,结果什么也没有得到,仍然把书丢在架子上又走了。我保险他们在里面连糠渣菜叶都没有得到一点,还谈什么宝藏!我从不做那种蠢事。与其花时间去啃书本,还不如到垃圾堆翻几个烂萝卜啃啃。”

“算了吧,我的学者!”八哥说,“一个从垃圾堆里啃烂萝卜的嘴巴,来谈论书本上的事,是不大相宜的。还是去啃你的烂萝卜吧!”

(中国民间寓言故事)

丑小鸭(节选)

在夏日阴凉的树阴下,鸭妈妈孵着鸭宝宝。小鸭子一个个破壳而出,只有那只最大的蛋还没有动静。鸭妈妈耐心地等着,终于,小家伙钻出来了,他又大又丑,和别的小鸭子很不一样。大家一见到他就叫起来:“瞧,他多丑啊!”有一只鸭子马上扑过来,狠狠啄了他一下。

大家都不喜欢丑小鸭,连他的兄弟姐妹也说:“你这个丑八怪,真希望猫儿把你抓去才好!”

丑小鸭很难过,他真想躲到一个别人看不见的地方。这天天黑的时候,他悄悄地离开了家,晚上睡在一片沼泽地里。天亮时,突然传来“砰砰”的枪响,整群的大雁从芦苇里飞出来,原来有猎人在打猎。一只猎狗跑了过来,把鼻子顶到他身上,凶巴巴地露出牙齿,丑小鸭吓得缩成一团,可是猎狗嗅了嗅,又跑开了。

“啊,我丑得连猎狗也不咬我了!”丑小鸭悲伤地想。

他来到一家农舍。农舍里住着一只小猫和一只母鸡。母鸡问:“你会生蛋吗?”丑小鸭摇摇头。母鸡说:“这么重要的事你都不会做!”

小猫问:“你会拱背吗?会喵呜喵呜叫吗?”丑小鸭又摇摇头。“那你会什么呢?”小猫轻蔑地问。丑小鸭想了想,说:“我会在水里游泳。”

母鸡和小猫哈哈大笑,他们都看不起丑小鸭。不久,丑小鸭离开了他们。

(安徒生童话)

第三节 影视配音训练

【理论概述】

一、影视配音艺术的概念与类型

影视配音艺术是以发声器官作为物质媒介，以语言作为艺术媒介，服务于电影电视这类综合艺术的一种特殊的艺术门类。它兼具表情艺术、语言艺术的艺术特征，又专门服务于综合艺术。

影视配音艺术包含纪录片与电视栏目解说、商业语言配音和影视人物配音三种主要类型。

二、纪录片与电视栏目解说

解说是“解释说明”的意思，主要目的是将画面和镜头语言无法圆满表达的含义通过语言加以解释和说明。解说只是对画面和镜头语言的补充，不能喧宾夺主，因此它的语言风格通常比较凝练。

解说的分类大体上和文稿的体裁是对应的，我们可以将其分为议论型、抒情型、讲解型和陈述型四种表达样式。①

议论型主要用于解说政论片，总体风格严肃、庄重、大气，声音以实声为主，力度较强，吐字圆润集中，节奏凝重或高亢。

抒情型主要用于解说文艺片和一些风景、人文纪录片，总体风格是在说明中兼带抒情，吐字圆润，情感真挚饱满，节奏舒缓。

讲解型主要用于对某个存在的物体或概念进行说明，大多用于社教片或说明性质的纪录片，总体风格比较朴实，声音强度适中，节奏平缓。

陈述型主要用于对某个事件进行讲解，通常包括一些历史事件或者专题片中的典型事件，带有一定的演播性质，总体风格平实自然，状态松弛，节奏较缓。

三、商业语言配音

商业语言配音包含广告配音及所有用于商业目的的专题片、形象片配音，它们的共同特征是其语言含有强烈的商业诉求。

---

① 王明军，阎亮.影视配音艺术[M].北京：中国传媒大学出版社，2015：34-39.

商业语言配音具有商业性、标识性、特质性三大特征。[①]

商业性是指商业语言配音的表达目的特别明确，就是为了突出某种商品的特点或者展现某种企业文化。

标识性是指当我们在听到一个声音的时候，就能知道它所指代的对象。标识性是从配音技巧角度出发的，它包含了配音员针对产品和企业形象设计的特殊声音形态。

特质性是指资深的配音员会有一种独特的“语言气质”。对一个企业来说，这个语言的特质正是企业、品牌所寻找的，是恰如其分的，甚至是量身定做的。

四、影视人物配音

影视人物配音演员在创作构思阶段需要经过三个步骤：

理解角色设定。一个成功的戏剧角色必然具有鲜明或复杂的性格特征，这个特征是编剧塑造人物的核心理念，由演员继承并进行表达，再由配音演员还原或加以润色。配音演员需要通过精读剧本并和编剧、导演交流，充分理解角色的设定。

掌握环境情况。配音演员必须充分发挥想象，在自己的脑海中重新建立起角色所处的空间，以帮助自己准确地理解角色的语言特征。这些因素包括对话距离的远近、说话对象的反应等许多具体的问题。配音演员应通过细致地观看影片，揣摩角色所处的环境对其声音的影响。

对口型。扫读台词，然后迅速将注意力转到画面上，让自己的口型与角色的口型一致，在一句话快要说完时，立刻回到稿件，扫读下一句台词。

【实践训练】

一、纪录片与电视栏目配音训练

认真观看纪录片和电视栏目，明晰纪录片的表达类型：议论型以实声为主，力度较强，吐字圆润集中，有“宏大”感；抒情型吐字要圆润轻柔，情感充沛且真挚，富有美感；讲解型要热情、耐心，有权威感；陈述型要平实、含蓄，状态要松弛，语句起伏要小。电视栏目配音则要详细分析栏目的整体风格、文稿、音乐与镜头语言，理解它们的表达目的与表达方式。总体上说，就是要让自己的声音与影片的各个元

① 孙悦斌. 声音者：孙悦斌配音理论与实践技巧[M]. 北京：中国传媒大学出版社，2016：97-102.

素达成和谐一致。

（一）纪录片配音训练

1.议论型

当人们在这里怀着兴奋的心情，送走风云激荡的20世纪，在期待的目光中，迎来充满希望和挑战的21世纪，这座新建筑群——中华世纪坛，成了一个历史的见证。2002年7月1日，人们再次聚集到这里，庆祝中国共产党81岁生日时，看到的是共和国焕发出更加强烈的青春气息，展示出东方巨人的无限魅力。是啊，从南湖的红船，到天安门升起第一面五星红旗；从改变中国命运的党的十一届三中全会，到十几亿中国人生活总体上达到小康水平，中国共产党引领中华儿女成就的千秋功业，又是中国历史上哪个时期所能比拟的呢？

一个民族的团结和振兴，离不开精神的支撑。

一个政党的发展和壮大，离不开旗帜的指引。

旗帜就是方向，旗帜就是形象。而中国共产党高擎的马克思主义这面旗帜，又总是随着历史的脚步，不断增添着新的光辉。

（纪录片《走进新时代》）

2.抒情型

你见过什么样的中国？是960万平方公里的辽阔，还是300万平方公里的澎湃？是四季轮转的天地，还是冰与火演奏的乐章？像鸟儿一样离开地面、冲上云霄，结果超乎你的想象。前往平时无法到达的地方，看见专属于高空的奇观。俯瞰这片朝夕相处的大地，再熟悉的景象，也变了一副模样。从身边的世界到远方的家园，从自然、地理到人文、历史。五十分钟的空中旅程，前所未有的极致体验，从现在开始，和我们一起，天际遨游。

（纪录片《航拍中国》片头）

3.讲解型

1000年前，煤作为厨房燃料开始兴起。但从木柴时代起，中国的厨师就养成了珍惜热量的习惯。这就要求厨师将食材料理成恰当的形状，以配合不同的制作方法。

西餐的厨师，每个动作都有相应的刀具；中餐的厨师手中的一把刀，却能行出无数刀法。这道葵花大斩肉，运的是最常用的“平刀法”。葵花大斩肉就是俗称的“狮子头”。为了取得极致的松软口感，厨师将五花肉细细地切成石榴子大小的颗粒。肉粒正是由于大小适宜，很容易在厨师的双手中抱团、上劲儿。在事先吊好的鸡汤里，小火慢炖将近两个小时，依然保持完整的形状。这并不是结束。在融合了猪肉和鸡汤的鲜美滋味后，撇去浮油，放入另一锅鸡汤，一道清炖狮子头才算完成。

（纪录片《舌尖上的中国》）

4.陈述型

时间，走得很快，仅仅四五十年的光景，一些东西就已经变了太多，所以很多人喜欢拍照片，他们能够记录下周围的世界如何地变化着，以及变化之中的我们自己的生活。

70年代的时候，庄灵已经是一名摄影师，同时也成为台湾最早的一批电视台摄影师。

1973年的农历三月初三，他遵照父亲的嘱托，带上相机，一大早便出门，要去拍摄一个已经流传了千年的特别的仪式。

2008年，台湾近郊外双溪，这里相比30多年前，已经变了很多，但如果时间可以倒流，倒流回35年前4月5日的那个清晨，你就会看到，一场露天酒会，正在这溪水边举行。那天来的共有43人，他们之中有些人，已经不是第一次参加这样特别的聚会。70年代初的台湾，生活还比较清贫，但是所有人都穿上了自己最好的衣服。盛着温酒的木杯在溪水中漂流打转，人们在水边随手取用，一边饮酒，一边吟诗或谈天。那天的聚会，因为这样特别的形式，而有一个美丽的名字，曲水流觞。这些照片，正是庄灵拍摄的，而那天的组织者，就是他的父亲庄严，当时台北故宫的副院长。庄严在那天的日记中写道：盖从王羲之那次举行之后，逢到此日，便成为文人最多，也最有意义的一种文酒雅集的良辰。

（纪录片《台北故宫》）

（二）电视栏目配音训练

1.内置广告与节目串联

感谢手机合作伙伴，入口即化、融情于心的妙卡巧克力赞助播出。

本节目由拍视频能赚钱的神奇App火山小视频赞助播出。

本节目由18万入手家庭SUV必选1.4T全新JEEP指南者赞助播出。

老爸和宝贝们的贵州兴义之旅还在继续。一天之计在于晨，天刚蒙蒙亮。村长跟轩轩，神神秘秘地要去做什么呢？

（综艺真人秀节目《爸爸去哪儿》内置广告与节目串联）

2. 专题节目

对于一个将足球视为生命的男人来说，世界杯就像是他的初恋情人。1994年的这个夏天，当巴乔站在一个男人一生中最重要的时刻的时候，他与幸福擦肩而过。对于巴乔来说，失去了世界杯，就像是失去了他最深爱的恋人。这种忧伤，伴随一生！

所有的梦想和被梦想，都开始在遥远的1982年世界杯。那是中国第一代球迷开始接近世界杯的时候；那是15岁的巴乔开始梦想世界杯的时候；那时有普拉蒂尼、有马拉多纳、有济科；那时有属于意大利自己的第三座世界杯金杯；那是巴乔梦想开始的年代，1982年，15岁的巴乔在维琴察队开始了自己的职业生涯。

（专题节目《天下足球》插片）

3. 网络专题节目配音

终于，欧阳灰头土脸地活了下来。临别前热心的大哥给了他几句忠告："听啥也别听广播，要不是那几个碎嘴子，冰岛不至于这么点儿人。"

就这样，欧阳的旅程失败了。

独在异乡为异客，莫奈何兮莫奈何。

欧阳给大婷姐打了个电话，但话到嘴边却又一言难尽。

说什么呢？冰岛美，海水冷，鲨鱼狠，老头儿贱，广播欠，火山呛，我想你……

他什么都说了，除了"我想你"。

这时，欧阳收到了胡一针的短信：你自己回来和我去找你是两种炒法。

欧阳赶回了公司，然而只要是和他走得近的同事全都被炒了，大婷姐更是连工位都被人从楼里扔了出来。

（节选自电影解说节目《嘻咦啊看——你曾经订阅的杂志还在发行吗？》）

二、商业语言配音训练

分析广告的目标受众、整体风格、音乐与节奏，明确自己扮演的宣传角色，把握好广告商的诉求，分析自己的声音特点和广告诉求的共通之处，尽量通过声音展现广告诉求。卡好时间点，精准定位每一句广告词对应的画面，让自己的声音与广告的各个环节统一。

广告《卡姿兰轻雾感口红》

卡姿兰轻雾感口红，
能做到别人做不到的滋润，
你试试？
卡姿兰轻雾感口红，

给你润润的哑光唇。

嗯……好滋润。

卡姿兰。

广告《周生生》

据说，在这个世界上，
两个人从相遇相知到结婚，
只有二十八万五千分之一的机会，
二十八万五千个难得。
更难得的是，你是唯一一个，
能跨越障碍，来到对方面前，
把戒指为她戴上，约定一生。
结婚，是一件认真的事，周生生。

广告《林肯大陆》

这一刻，豪华迎来崭新诠释，
以你从未见过、感受过或体验过的方式，
颠覆平凡，
全新林肯大陆，Continental，
一种非凡，这就是林肯之道！

广告《乌镇》

纯粹，温柔的水，宁静的时光。
又回到梦里的乌镇。
亲切的微笑，绽放在我的心里，
人生，就是一路有不断的惊喜，
一个轻松的停留，就能尝到生活的滋味。
似水年华的美好回忆，照亮记忆的角落。
我不再只是过客，
来过，便不曾离开，乌镇。

广告《宜家》

生命的奇迹，在冬日上演，
这一刻，它有了呼吸，变得温暖，

开始不停生长。
也许它并不完美，却永远充满惊喜。
因为它不再只是房子，
而是温暖的家。

三、影视人物配音训练

分析作品的语言风格、人物的语言基调和性格特征，准确塑造人物的声音形象。仔细观看影片，揣摩角色的行为和心理特征，与角色达到“共情”。请自行梳理以下稿件中各个角色的语言特征并进行声音形象塑造，并完成“共情”训练，然后与原作的配音对比。

动画片《少年锦衣卫》节选

石尧山：哎，看到一个锦衣卫过来了吗？

花道常：那不是吗？

（袁晓棠跑进）

袁晓棠：哎，巡街的，你看到一个锦衣卫跑过来了吗？

石：（闻了闻袁身上的味道）嗬，太臭了！不是你，不是你。

石（对花）：哎，站住。你一个道士，不在道观里清修。这三更半夜的，跑到这烟花柳巷之地干什么呀？说！

花：哦，回官差大人的话。贫道云游四方，靠相面之术混口饭吃。

石：好啊，那就给本大爷我相相面呗。

花：贫道观这位官差大人，印堂发黑，中有直纹，肌肤松弛，面有菜色。想来是有点失眠多梦，神经衰弱，疑神疑鬼，个性偏激，逢赌必输！出行不利，运气不顺，五体不勤，积食难消，可能还偶尔伴随头晕、恶心，浑身乏力。你最近是不是食欲不振，还爱吃酸食？

石：嘿！你这臭道士！皮痒了是吧？敢戏弄老子？

（石推倒花，花漏出女人扮相）

花：小女子生活不易，不想冲撞了官差大人。

石：唉哟？女扮男装夜逛烟花巷，姑娘好雅兴啊！（铐住花）哈哈哈！千面狐花道常，赏金一千两，老子我今天走运，要发大财了。

袁：哦？原来你早就知道了？

石：脸可以变，身上的味道可变不了。

（花用迷香迷倒袁，但石捏住了鼻子）

花:三脚猫的功夫,也想跟道爷斗?

石:哈哈哈! 千面狐善用迷药,我又怎会不防呢? 传闻千面狐是个绝色女子,来来来,抬头让大爷看看你美不美啊。

花:你看看,我美不美啊?

(花以面具吓唬石,石不慎吸入迷药)

石:遭……了。

花:花道爷还能治不了你吗?

日剧《东京爱情故事》节选

三上:那家伙是真的爱上里美了。

莉香:恐怕不只是那家伙,三上你也真的爱?

三上:和永尾,我们是穿短裤时的朋友呢。

莉香:呵呵! 真是……难以相信。

三上:从小学到中学到高中,知心的朋友,就他一个。我知道他爱着里美,但是我还是……亲了她。

莉香:你是说这样做不道德? 你亲的姑娘难道仅仅是永尾一个人爱着的姑娘? 她不也是你自己爱着的吗?

三上:也许,永尾早就告诉你了。我和女人,永远没有正经交往过。

莉香:瞎说,你是在瞎说,故意惹永尾生气,好把里美让给他。

三上:你想得太多啦。

莉香:哦,是吗?

三上:你是爱上他了吧?

莉香:嗯,是的。

三上:可他能忘掉里美吗?

莉香:所以说嘛。

三上:呵,悬。有什么关系呢? 嗯? 男人和女人嘛。

莉香:嗯。

国产电影《如果·爱》节选(独白)

那个故事我记得,

是他一直想拍的。

故事发生在一个晴朗的夏天,

有一片绿绿的草原，
草原的尽头有一个盐湖。
他每次都会把地方弄错，
那个地方是青海，
青岛是没有盐湖的。
如果有一天一定要拍这个故事，
一定要在青海，
从夏天开始拍，到冬天结束，
那是我一直想要演的一部戏。

拓展阅读

一、著作类

1. 郭玉斌.朗诵艺术的技巧与赏析[M].北京：文化艺术出版社，2006.

2. 陆澄.诗歌朗诵艺术(第3版)[M].上海：上海人民出版社，2016.

3. 罗莉.文艺作品演播[M].北京：北京广播学院出版社，2003.

4. 罗莉，王明军.文艺作品演播选[M].北京：中国传媒大学出版社，2009.

5. 王海燕.朗诵实务教程[M].北京：中国传媒大学出版社，2017.

6. 王海燕.演播实务教程[M].北京：中国传媒大学出版社，2017.

7. 王群，陆澄.中华朗诵(一)：朗诵，是一种美好的沟通[M].上海：上海科学技术文献出版社，2014.

8. 张颂.诗歌朗诵[M].北京：中国传媒大学出版社，2008.

9. 邹俊.朗诵艺术通论[M].北京：中国广播电视出版社，2013.

二、节目类

	节目名称	播出平台
1	《中国著名爱情诗选珍藏版》	新媒体平台
2	《方明先生珍贵朗诵作品欣赏》	新媒体平台
3	《濮存昕朗诵合辑》	新媒体平台
4	《瞿弦和朗诵作品专集》	新媒体平台

续表

	节目名称	播出平台
5	《陈醇朗诵专集》	新媒体平台
6	《经典朗诵专集 西克朗诵》	新媒体平台
7	《朗读者—乔榛&丁建华》	新媒体平台
8	《声临其境》	新媒体平台
9	《创新中国》	央视网纪实频道
10	《舌尖上的中国》	央视网纪实频道
11	《走进新时代》	央视网纪实频道
12	《再说长江》	央视网纪实频道

第六章　新闻播音训练

新闻节目在各级广播电视台的节目中有着十分重要的地位，播报新闻是播音员、主持人重要的工作内容之一。新闻节目的规范性、重要性、严谨性也要求播音员、主持人要切实提高业务能力，提高播报水平，肩负起传递正确信息、宣传国家政策方针的重要责任。

第一节　时政新闻播音训练

【理论概述】

一、国内时政新闻的定义

国内时政新闻指的是我国政治生活中新近或正在发生的对新闻事实的报道，主要表现为政党、社会集团、社会势力在处理国家生活和国际关系方面的方针、政策和活动。国内时政新闻具有政治性、政策性、广泛性、信息性和时效性等特点。

二、国际时政新闻的定义

国际时政新闻主要是把本国以外发生的，或者本国发生同时又与其他国家有关联的，或者本国以外其他地方发生但与本国有着密切联系的事实，准确地传达给受众的新闻。换言之，国际时政新闻的事实客体包括：发生在国外的涉内新闻、发生在国内的涉外新闻和发生在国外的其他新闻事件等。

三、时政新闻常见的播报方式

（一）宣读式

宣读式的播报方式经常用于公告、命令、讣告、政策发布、法律法规的颁布修改、出席会议名单、电文等中。在播报时要注意字正腔圆、准确无误、严肃大气，要加强口腔和气息的控制，语速不宜过快。

（二）播报式

播报式也称播讲式，要求语言规范简练、流畅自如。既要做到宣读式的准确无误，还要有较为自然的客观陈述。

【实践训练】

一、国内时政新闻播音训练

请播读以下新闻，注意：充分了解新闻背景，理清每条新闻的结构，新闻事实交代清楚，处理好各部分之间的关系；找准各条新闻的重点，充分调动播讲欲望；根据新闻的内容，确定每条新闻的播报样态；语言准确无误，语气庄重，播报状态积极；找准新闻中的重音，重音选择本着"精准"原则，处理好主要重音、次要重音和非重音的关系。注意新闻中长句子的语意划分和停连处理。

中国共产党第十九次全国代表大会在京闭幕 习近平发表重要讲话（节选）

中国共产党第十九次全国代表大会在选举产生新一届中央委员会和中央纪律检查委员会，通过关于十八届中央委员会报告的决议、关于十八届中央纪律检查委员会工作报告的决议、关于《中国共产党章程（修正案）》的决议后，24日上午在人民大会堂胜利闭幕。

大会号召，全党全国各族人民要紧密团结在以习近平同志为核心的党中央周围，高举中国特色社会主义伟大旗帜，认真学习贯彻习近平新时代中国特色社会主义思想，锐意进取，埋头苦干，为实现推进现代化建设、完成祖国统一、维护世界和平与促进共同发展三大历史任务，为决胜全面建成小康社会、夺取新时代中国特色社会主义伟大胜利、实现中华民族伟大复兴的中国梦、实现人民对美好生活的向往继续奋斗。（新华社2017年10月24日）

沈跃跃：促进巾帼家政服务提质扩容高质量发展（节选）

全国妇联18日在济南举办全国巾帼家政服务提质扩容专题培训班。全国妇联主席沈跃跃出席并讲话，强调要深入学习贯彻习近平总书记关于家政服务的重要指示精神，发挥妇联组织优势，全面落实《关于促进家政服务业提质扩容的意见》，促进巾帼家政服务提质扩容，高质量发展。

沈跃跃指出，妇联组织要切实增强责任感和使命感，把做好巾帼家政服务作为满足家庭育儿养老现实需求、促进和扩大就业、精准脱贫的大事，作为服务大局、服务妇女、服务家庭的重要着力点，学好政策，用好政策，主动担当作为，在壮大家政服务员队伍、加大培训力度、提升巾帼家政诚信水平、做强巾帼家政品牌上下功夫，真抓实干，务求实效，把促进家政服务提质扩容这项惠及千家万户的民生工程抓实、抓紧、抓好。（新华网2019年9月18日）

国常会确定稳定生猪生产和猪肉保供稳价等措施

国务院总理李克强8月21日主持召开国务院常务会议，决定在自由贸易试验区开展“证照分离”改革全覆盖试点，部署扩大养老服务供给促进养老服务消费，确定稳定生猪生产和猪肉保供稳价措施。

会议指出，要按照党中央、国务院部署，深化“放管服”改革，推进“证照分离”，破解“准入不准营”，这有利于打造市场化法治化国际化营商环境，也是稳就业的有力措施。会议决定，从12月1日起，在全国自贸试验区开展“证照分离”改革全覆盖试点，对中央层面设定的全部523项涉企经营许可事项，推动照后减证和简化审批。一是取消对外贸易经营者备案登记等13项审批。二是将报关企业注册登记等8项审批改为备案。三是对人力资源服务许可等60项审批实行告知承诺制。四是对其余442项审批采取压减材料和时限、延长或取消有效期、网上办理、取消现场核验等优化服务措施。五是对上述涉企经营许可事项全部纳入清单管理，向社会公开并定期调整。（《人民日报》2019年8月22日）

2019全国扶贫开发工作成绩单亮相：1000余万人脱贫，340个县摘帽（节选）

预计2019年减少建档立卡贫困人口1000万以上，340个左右贫困县脱贫摘帽，异地扶贫搬迁建设任务基本完成，深度贫困地区脱贫攻坚取得重大进展。在19日召开的全国扶贫开发工作会议上，2019年全国扶贫开发工作成绩单亮相。国务院扶贫办党组书记、主任刘永富表示，2019年脱贫攻坚继续保持正确方向和良好态势，年度脱贫攻坚任务全面完成。（新华网2019年12月21日）

义务教育保障力度加大 辍学学生人数一年间由六十万减至六千多（节选）

义务教育有保障是脱贫攻坚的重要任务，事关脱贫攻坚的成效和全面小康的成色。教育部聚焦控辍保学核心任务、持续开展控辍保学专项行动、健全精准控辍长效机制，各地建立联控联保责任制，形成合力打好攻坚决战。截至6月14日，全国义务教育阶段辍学学生由2019年5月控辍保学台账建立时的60万人减少至6781人，下降了近99%；52个未摘帽贫困县辍学学生由8.2万人减少至433人，下降了99.5%。

52个未摘帽县是实现“义务教育有保障”目标的主战场，教育部以“三区三州”为决战地，以控辍保学为主攻点，从政策、资金、项目上继续加大倾斜支持，组织精锐力量梳理问题、分工包片、强力帮扶、挂牌督战。据介绍，教育部党组成员指导52个县一县一案完善控辍保学工作方案，指导大班额问题突出的贫困县制定消除大班额工作方案，组织开展教师公益培训项目等。同时，向贫困县定向传输数字教育资源，并组织东部发达地区中小学与贫困县学校建立对口帮扶关系、组织面向贫困县的特殊教育教师线上培训，参与直播人数1.5万多人次。（《人民日报》2020年6月20日）

二、国际时政新闻播音训练

播读以下国际新闻。除参照国内时政新闻训练的要求外，还要注意以下问题：充分了解国际新闻背景，做好案头工作。由于国外的社会背景、文化背景与我国不相同，所以在处理国际新闻时更需要花时间去了解新闻中所涉及的背景。针对国际上发生的战争、暴动、灾难等新闻，要注意播报时的态度拿捏，不可带有主观色彩。

普京：反对国际贸易中“无规则竞争”

俄罗斯总统普京当天在塔吉克斯坦首都杜尚别表示，俄罗斯坚决反对贸易战和国际贸易中的“无规则竞争”。普京当天在杜尚别举行的亚洲相互协作与信任措施会议第五次峰会上说，世界各地正在发生“真正的贸易战”，而各国之间恢复信任至关重要。

普京表示，一些国家正在进行无规则竞争，他们通过非市场手段恐吓和消灭竞争对手。关键是要“找到摆脱这种局面的方法”，并“建立起公平的经济合作规则”。

普京还表示，最起码社会和人道主义问题不应受到贸易和经济的限制，也就是必需品、药品和医疗设备。（央视新闻2019年9月16日）

联合国秘书长古特雷斯：世界无法承受海湾地区再次爆发战争（节选）

联合国秘书长古特雷斯3日通过发言人发表声明，对近期海湾地区局势升级深表关切。古特雷斯表示，当前各方领导人必须保持最大程度的克制，世界无法承受海湾地区再次爆发战争。

当地时间1月3日凌晨，伊朗伊斯兰革命卫队下属“圣城旅”指挥官卡西姆苏莱马尼在美国对伊拉克首都巴格达国际机场实施的一场火箭弹袭击中被炸身亡。同时被炸死的还有伊拉克什叶派民兵团体“人民动员组织”副指挥官阿布迈赫迪穆汉迪斯。

美国国防部发布声明称，苏莱马尼“正在积极制定计划，攻击在伊拉克及整个地区的美国外交官和军人”。声明还指责苏莱马尼批准了日前针对美国驻伊拉克大使馆的袭击。（环球网2020年1月4日）

委内瑞拉国防部长:愿与伊朗一起对抗“世界傲慢”

委内瑞拉国防部长洛佩斯1月9日就“圣城旅”指挥官被杀害一事向伊朗发去慰问,洛佩斯表示,杀害苏莱曼尼是“恐怖主义行为”,加拉加斯支持德黑兰打击“世界傲慢”的行为。

洛佩斯称,“委内瑞拉强烈谴责这一恐怖行为,我代表委内瑞拉的军队、人民向伊朗人民表示哀悼。”洛佩斯还称,“我们将与伊朗站在一起,打击‘世界傲慢’”。据了解,伊朗通常将美国形容为“撒旦”或者“世界傲慢”。另外,在每年11月3日至4日,伊朗都要举行“占领美国使馆444天”的庆祝活动。这个节日还被赋予了一个官方名称——“国家抗击世界傲慢日”。(观察者网2020年1月9日)

安理会敦促所有联合国会员国恪守《联合国宪章》

联合国安理会9日发表主席声明,敦促所有联合国会员国全面恪守《联合国宪章》,重申安理会致力于维护多边主义以及联合国在多边事务中的核心作用。

安理会在当天召开的“恪守《联合国宪章》,维护国际和平与安全”高级别公开辩论会上通过上述主席声明。声明说,安理会致力于维护《联合国宪章》及其宗旨和原则,致力于建立“以国际法为基础的”国际秩序,这是建立一个更加和平、繁荣和公正的世界并使各国和平共处的“不可或缺的基石”。

声明说,联合国各机构应根据《联合国宪章》开展活动,区域和次区域组织在维护国际和平与安全、促进国际社会维护《联合国宪章》等方面也应发挥作用。(新华社2020年1月10日)

第二节　民生新闻播音训练

【理论概述】

一、民生新闻的定义

民生新闻,是指关乎老百姓生活问题的新闻,其中包含了“民生”“民主”“民权”。民生新闻以“平民视角、民生内容、民生取向”见长,具有开放、互动、参与性强的特点。

二、民生新闻的播音方法

（一）语气亲切，讲述感强

播读民生新闻时，语气要亲切自然，不能给人居高临下的感觉；表达要平实朴素，以讲述为主，切勿拖腔甩调，要像潺潺流动的河水一样，娓娓道来。语调无大起大伏，多采用扬停，播音音调相较时政新闻更高。声音位置居中或适当靠前，声音色彩变化丰富，音色较明亮。

（二）表达灵活，增强个性

民生新闻播报经常采用夹叙夹议的表达方式，这就要求播音员除了陈述新闻事实，还要有恰当的评论。可采用播说结合、陈述式的播音样态。根据新闻内容来设定多变的语言走势，句子的起点和落点不宜相同。同时，主持人要有"个性化"的表达方式，要注意"个性化"不等于"个人化"，也不等于"情绪化"。任何"个性化"的表达都要建立在准确严谨的基础上。

【实践训练】

播读以下民生新闻，要注意：民生新闻画面感强，讲述性强，需要在练习时充分调动想象和联想，在脑海中形成连续不断的画面，以增强新闻的真实性和可视性。播音员要站在受众的角度，想受众之所想，把自己想象成受众的朋友，用亲切自然的播报方式，去引导受众思考。播报前要根据新闻的内容来设想受众的心理、年龄、性别、文化素养等。要明确播讲目的、播讲对象，做到心中有画面、语言贴近百姓生活，语势灵活多变，声音位置可适当靠前。要注意适当放慢语速，需要强调的部分可做大胆停顿、适当留白，以引发受众思考。

陕西西安今天可以刷脸坐地铁了

2020年1月21日，西安地铁刷脸乘车系统正式上线，乘客可通过下载智惠行App进行注册，开通刷脸乘车功能。西安地铁刷脸乘车系统采用目前最新的脸码互通过闸能力和技术，开通刷脸乘车功能的乘客在搭乘地铁时，只需面对闸机上方刷脸设备，即可方便过闸乘车，极大缩减过闸时间。地铁刷脸乘车系统将全面提升乘客搭乘地铁的科技体验感和通行速度感。据了解，目前西安地铁1、2、3、4号线已经全线网开通刷脸乘车系统。

而对于大家担心的个人隐私是否会遭到泄露的问题，刷脸系统负责人也作出了回应。

西安地铁刷脸支付系统技术负责人严军表示：第一，我们本身在注册的时候用户是完全实名的，第一步就是保证用户的身份是真实的；第二，我们这次也是跟金融机构来合作的，是国有的大型银行，在整个数据交易层面采用金融级的加密措施；第三，我们本身所有的数据都是保存在独立的专有机房，所有用户的数据仅用于地铁的支付系统，不会用到其他的任何场景，这点请用户放心；第四，对于没有在我们这里注册的用户，我们的刷脸Pad也不会采集用户的信息。（央视新闻2020年1月21日）

2019全国高职院校扩招超百万人 符合条件还能免修课程（节选）

2019年全国高职院校共扩招116万人，首次专门将退役军人、下岗失业人员、农民工和新型职业农民等纳入高职招生范围，招生52万人，接近扩招人数的一半，为职业教育面向人人、面向社会提供了多样化学习机会。

2019年高职共招生485万人，比2018年增长116万人，针对不同生源群体，实行分列招生计划、分类考核评价、分别选拔录取，尽最大可能让有学习愿望、有一技之长、有培养前途的人都有接受高等职业教育的机会。据了解，扩招后，未来三年每年将补充6.5万名教师，针对扩招生源，各职业院校采用了“半工半读”“送教上门”“旺工淡学”等新方式，实施最长不超过6年的弹性学习。

在评价方面，扩招生源已有工作经历、相关培训经历、技术技能达到一定水平及在相关领域获得一定级别奖项或荣誉称号的，经学校认定后可折算成相应学分或免修相应课程。（央视新闻2020年1月22日）

降雪影响春运返程 交通部门力保畅通（节选）

这两天，一场纷纷扬扬的大雪飘落北方，北京、天津、河北、河南、山东等多地银装素裹、积雪未消，对春运返程造成一定影响。

各地交通部门采取多项措施，力保交通安全通畅。

从2月5日开始，京津冀地区迎来持续降雪。为保障旅客乘降安全，北京铁路局及时清扫各通道积雪，并在进出站楼梯、站台、进站口铺设防滑垫，向管内各条高铁、普速线路的线路、道岔喷洒融雪剂，全力保障旅客列车的安全通行。（央视新闻2020年2月7日）

公安部交管局：开通网上申领临时号牌服务

为保障疫情防控期间必要驾车出行需求，公安交管部门在推行25项交管业务“足不出户”网上办的基础上，又开通了网上申领临时号牌服务。

记者从公安部交管局了解到，以下3种情形，车主可登录“交管12123”手机App向车辆所在地公安交管部门申领临时行驶车号牌，实行临时号牌网上申请、网上受理、后台审核、邮寄送达。一是对新购置的车辆，可以网上提交有关证明凭证影像资料，直接申领临时号牌。二是对新购置车辆原临时号牌超过有效期的，可以在网上再次申领临时号牌，无需再次提交相关证明。三是对车辆转出后未办理转入、原临时号牌超过有效期的，可以在网上再次申领临时号牌。

各地公安交管部门还将设置进城专用通道，保障持有“疫情防控应急物资及人员运输车辆通行证”的车辆顺畅通行，无需重复办理进城通行证。对需要办理通行证的车辆，提供网上办理、电话办理等服务，便利运输企业、车主快速办理进城通行证。(央视新闻2020年2月8日)

慈善组织红十字会要依法规范开展募捐(节选)

昨天，民政部发布了《慈善组织、红十字会依法规范开展疫情防控慈善募捐等活动指引》，要求慈善组织、红十字会要依法规范开展募捐等活动，开展募捐活动要坚持自愿原则，不得摊派或变相摊派。

民政部要求，慈善组织、红十字会应当在各地联防联控机制统一领导和部署下，根据疫情防控工作的实际需要，充分尊重和体现捐赠人的意愿，合理分配使用捐赠款物。除定向捐赠外，重点支持湖北省特别是武汉市等疫情严重的地区。(央视网2020年2月15日)

第三节　文体新闻播音训练

【理论概述】

一、文体新闻的概念

文体新闻包含了文娱和体育两个方面。文娱新闻是以文学、电影、戏剧、音乐、美术及其他艺术领域和娱乐活动等为主要报道对象的新闻；体育新闻是对体育运动中正在发生、新近或即将发生的事件进行的报道。

二、文体新闻播音的方法

1. 节奏明快，语速较快

播读文体新闻时，节奏要明快，要给受众轻松、欢快的感觉。语速可以适当加快，语势多扬，多连少停。尤其在播读体育新闻时，由于体育新闻运动感和现场感强，所以播音时要加快语速，增强唇舌力度，吐字清晰灵动，要体现体育赛事的现场感和紧张感。

2. 音调较高，发音可适当靠前

文体新闻的整体基调是偏欢快的，所以在播读时可通过提高音调来表现出基调的欢快，调值的范围可以读得更加饱满，调域拉开，发音时要感受声音和气息挂在嘴唇的感觉，同时嘴角可微微上扬，以增加声音的明亮度。

3. 积极调动情感，表达亲切、形象

播音员在播报文体新闻时，心理的活动状态应该是"与民同乐、共同参与"，有了这样的心理基础，才会充分调动情感，让文体新闻真正发挥出娱乐受众的功能。语言灵动亲切也符合文体新闻的特点，在播读时可以多采用具有画面感的形容词、动词，用亲切形象的语言来传递新闻信息，让受众听得轻松、听得愉快。

4. 适当增加副语言

播读文体新闻时要适当增加副语言的使用，眼神可更灵动，可适当增加手势的运用，但幅度不宜过大，服饰色彩也可较为鲜艳。

【实践训练】

在播报文体新闻时，首先要遵循新闻播音的基本方法，时效性、准确性、客观性是必不可少的。请播读以下的文体新闻，要求充分调动画面感，适当增加语言的跳跃性，利用声音的弹性来增强文体新闻的娱乐性。增强语言的韵律感，以饱满的情绪进行播读，播读时要注意力集中，时刻根据新闻内容来变化情绪，力求感染受众。在训练时，应该找到播中有说的感觉，把播新闻和说新闻结合起来，可以在正式播音之前，用自己的话对新闻内容进行复述，找到说新闻的感觉。

改革题材舞台剧的新突破　大型原创话剧《苏州河的儿女们》将公演（节选）

金秋时节，上海的演艺市场丰富多彩。据某网站发布的演出信息，目前至今年年底，将有140多部舞台剧先后上演，但现实题材作品凤毛麟角，而改革题材作品，更是付之阙如。不过这一尴尬局面将被打破，记者今日在上海成龙电影艺术馆举行的话剧《苏州河的儿女们》信息发布会上获悉，该剧正是一部以上海新时期改革转型为题材的主旋律作品，将于11月初在上海共舞台ET聚发布会上，著名导演雷国华率主创团队亮相。

上海市戏剧家协会驻会副主席、秘书长沈伟民，普陀区委宣传部副部长、区文化和旅游局局长王春明，上海科技金融产业集聚区管委办主任、长风生态商务区投资公

司董事长吴超等出席发布会。(消费日报网2019年9月24日)

第四届中国“新文娱·新消费”年度峰会在北京举行(节选)

12月17日至18日,由三声主办的第四届中国“新文娱·新消费”年度峰会在北京举行,众多文娱、消费领域从业者齐聚一堂,围绕新文娱和新消费行业进行深入讨论与交流。

两天的峰会围绕“新文娱、新消费”两大主题,展开16个主题演讲和10场圆桌讨论,涵盖电影、剧集、综艺、短视频和直播电商、偶像文化、互动叙事、5G、VR/AR、AI内容、潮流品牌、潮玩、会员电商、线下内容、垂直社区、国产美妆、女性市场、汉服、电竞、粉丝文化、文娱和消费投资等多个主题;并颁发26项文娱、消费领域年度奖项。(中国文艺网2019年12月19日)

服务不打烊 “云剧院”把剧院送到你身边(节选)

“万物静默如谜,戏剧和音乐为沉寂的心灵开出一条路。迟到的春天,若你无法抵达演出的现场,就让我们把剧院送到你身边。”3月2日,由北京保利剧院推出的“保利云剧院”正式上线。观众通过“保利票务”App,足不出户就可以免费观看海量的戏剧、戏曲、音乐会等资源,感受高雅艺术的魅力。

北京保利剧院管理有限公司总经理姚睿表示,本次保利剧院推出“云剧院”的服务形式,是为了满足广大观众的艺术文化需要,丰富大众的精神文化生活。

“保利云剧院”目前共推出了戏剧、戏曲、音乐会、大师课、文艺战‘疫’5大板块,囊括了极为丰富的艺术形式。话剧《新原野》为中国女性故事注入了现代视角,尽显张力与诗意;经典舞剧《大河之舞》叙述了爱尔兰祖先与大自然抗争的长篇血泪史;大型原创黄梅戏《太白醉》则塑造了一个文采风流、具有家国情怀的李白形象。(《人民日报海外版》2020年3月20日)

单板U型场地、钢架雪车齐创历史!中国冰雪再迎突破(节选)

冰雪赛场激战正酣,中国冰雪选手再次传出好消息。北京时间3月1日凌晨,蔡雪桐在美国公开赛单板滑雪U型场地比赛中夺得冠军,成为首位在美国公开赛上获得金牌的中国选手。

与此同时,在钢架雪车项目中,中国男女队选手双双迎来突破,男队闫文港在德国雪车世锦赛上获得第11名,创造了中国队历史最佳成绩,而女队林回央也成绩不俗、获得第13名,创造中国女子选手在世锦赛上的最好成绩。单板滑手都想赢的冠军,蔡雪桐做到了。继日前第6次获得世界杯总积分冠军之后,蔡雪桐继续创造着历史。

在北京时间3月1日凌晨结束的美国公开赛单板滑雪U型场地的比赛中，蔡雪桐以88.16分的高分获得金牌，这是中国运动员首次获得该赛事的金牌。（澎湃新闻2020年3月1日）

李宗伟力挺林丹：他即使无缘东京奥运，也已无憾（节选）

据马来西亚星洲日报报道，羽毛球名将李宗伟近日谈到昔日老对手林丹时力挺好友。他坦言，哪怕无缘东京奥运，林丹也没有什么可遗憾，因为他已赢得了所有大赛荣誉。

李宗伟在谈到林丹的奥运前景时表示："在中国队想要排名男单前两位确实很难，我知道他有多想实现参加5届奥运会的梦想。他希望打破这一纪录（成为中国首位参加5届奥运会的羽毛球选手）。这绝非易事，奥运会4年一次，如要5次参赛，这意味要在世界羽坛保持巅峰状态超过16年以上。"

尽管如此，李宗伟认为，即使林丹无缘再战奥运，也不用感到遗憾："他已赢得所有大赛荣誉，不需要再证明什么。"（中新网2020年3月26日）

2022卡塔尔世界杯11月21日揭幕 决赛12月18日举行（节选）

国际足联2022卡塔尔世界杯赛程15日出炉，比赛揭幕战将于当地时间2022年11月21日13时在可容纳6万人的海湾体育场打响，决赛则将在当地时间12月18日18时在可容纳8万人的卢塞尔体育场举行。

根据赛程，卡塔尔世界杯小组赛阶段将持续12天，每天进行4场比赛。国际足联介绍，这样既能保证球队在比赛期间得到充分调整，也让球迷有充裕时间进行观赛安排。小组赛阶段比赛分别在当地时间13时、16时、19时和22时开球。淘汰赛阶段比赛将在当地时间18时和22时开始。（新华网2020年7月15日）

巴赫宣布竞选连任国际奥委会主席（节选）

在17日举行的国际奥委会第136次全会上，国际奥委会主席巴赫宣布竞选连任国际奥委会主席。

受疫情影响，本次全会是史上首次线上全会。66岁的巴赫通过视频会议系统向国际奥委会委员说："过去几周，你们许多人跟我提起明年主席选举的事情，我对于你们对我的鼓励和信任非常感激，也深受触动。我再一次希望你们谅解，我当时并未马上告诉你们答案，因为我想在同一时间、用同样的话告诉你们所有人答案。如果你们——国际奥委会的委员们想，我已经做好准备，竞选连任国际奥委会主席，在另一个四年里，在我们所热爱的奥林匹克运动中，继续为你们服务。"

2013年9月，巴赫当选第九任国际奥委会主席，任期八年(2013–2021年)。国际奥委会主席由全会选举产生，任期为8年，连任每届任期4年。(新华网2020年7月17日)

浙江举办融合运动会　陪智力残疾人共度"全国特奥日"(节选)

7月20日是第十四个"全国特奥日"。当日，2022年第四届亚残运会组委会、杭州市精神文明建设委员会办公室、杭州市残疾人联合会、浙江省残疾人文化体育指导中心共同举办了以"喜迎亚残 参与特奥 促进健康"为主题的"牵着蜗牛迎亚残"暨第十四次全国特奥日融合运动会。

20日上午，在热闹的非洲鼓表演后，30名特奥运动员在家长的陪伴下，和30名健全青少年一起参加了主会场的特奥融合运动。旱地冰壶、迷你高尔夫球、平衡运球、回击球、齐心传球、步月登云、青蛙跳……特奥运动员在家长及志愿者的陪伴下，参与着每一个有趣的项目。(新华网2020年7月20日)

国象网络奥赛盛大开赛　中国队精英棋手出战(节选)

2020年国际棋联网络奥林匹克团体赛25日开赛，共有163支国家及地区代表队参与此次国际棋联成立以来最大规模的国际象棋网络赛事。丁立人、侯逸凡等精英棋手将代表中国队在此次奥赛中出征。

此次奥赛在Chess.com赛事平台上进行。163支队伍分为五个大组参赛，由低到高层层晋级，最终在预赛结束后决出12支队伍进入决赛阶段比赛。赛事将进行超过一个月时间，按照赛程，7月25日为首个比赛日，8月30日上演决赛争夺。(新华网2020年7月25日)

拓展阅读

一、著作类

1. 白龙.电视新闻播音技巧[M].北京:中国广播电视出版社,2004.
2. 仲梓源.电视新闻播音主持教程[M].北京:中国传媒大学出版社,2018.
3. 陆晔,赵民.当代广播电视概论(第二版)[M].上海:复旦大学出版社,2010.
4. 王秋硕.电视新闻播音主持创作艺术[M].浙江:浙江大学出版社,2016.
5. 李凌.新闻播音[M].北京:中国传媒大学出版社,2018.

二、节目类

	节目名称	播出平台
1	《新闻联播》	央视综合频道
2	《晚间新闻》	央视综合频道
3	《新闻直播间》	央视新闻频道
4	《朝闻天下》	央视新闻频道
5	《新闻眼》	江苏卫视
6	《看东方》	东方卫视
7	《说天下》	辽宁卫视
8	《特别关注》	北京卫视

第七章　评论播音训练

新闻评论作为电视媒体的灵魂和旗帜,在当今社会价值观导向方面具有重要作用。一方面它具有政论文鲜明的特点,即从政治思想的角度,以说理为主要手段,对一些重大事件和问题进行分析论证;另一方面,它又具有强烈的新闻性,对当下的热门新闻进行详细的解释说明。新闻评论的核心就是展现事物本质、揭示真理,给受众传递正确的价值观。

第一节　社论播音训练

【理论概述】

社论是新闻评论的一种,是最为重要的新闻评论和舆论工具,是报纸编辑部就重大问题发表的评论。社论集中反映并传播一定政党、社会集团、社会阶层对即时发生的新闻事实或现实问题的立场、观点、主张,是社会舆论的重要组成部分。

一、社论的备稿方法

(一)联系背景,统领全文

社论篇幅较长,在备稿时,要做到联系新闻背景,从全局入手、结合实际,对文章内容做整体的把握。社论文章是围绕党的方针、政策,同时联系实际情况进行议论说理的,联系背景不仅可以加深对文章精神实质的理解,而且可以明确播讲目的。

（二）划分层次，找准论点

社论以新闻事实为基础，评论为重点和核心，社论中有论点、论据、论证。中心论点决定整篇文章的基调，是褒奖还是批评、是支持还是反对，要了然于心。中心论点，是作者对所论述问题的最基本看法。分论点体现出社论的层次性，也应注意。

二、社论播音的要求

（一）态度鲜明，以理服人

态度鲜明是社论播音最根本的特点和最基本的要求。社论播音时，播音员首先要找准基调。基调是赞扬的，播音员不能过度谄媚、过分宣扬，而是应该由衷给予肯定；基调是批评的，播音员不能过度责怪、一棒子打死，而是应该立场坚定、义正词严但又不失大家风范。新闻评论的态度永远不是从上至下、高高在上，也不是嗲声嗲气、阿谀奉承，而是应该尊重新闻事实，态度鲜明、不卑不亢。播音员在进行二度创作时，可以设定“隐含的受众”，期待受众听完这篇评论文章后会有怎样的心理活动，从而不断地激发自身的创作内驱力。

（二）重点突出，逻辑严密

社论文章中的重音要比新闻消息的重音多，所以在播读时可以适当强调重音，突出社论的主旨。但也要懂得取舍，重音不可过多，否则会给人强势之感。重音的强调方法是多样的，在播读社论时，重音可以用加重声音、放慢语速等多种方法，结合语气、停连等技巧来体现，力求达到“直指人心”的播讲状态。同时还要处理好主要重音、次要重音和非重音的关系，重要的东西要言不烦、加强语气，不重要的东西一带而过。社论文章的逻辑是十分严密的，需要在播读时做好内容的划分和整理，理清内在思路，读出内在语。

（三）节奏稳健，稳中求变

社论文章内容多，播读时间长，播读时整体的节奏是稳健的，缓缓向前推进，想要吸引受众“有限的注意力”，在行进过程中就要“求变”。当基调高昂时，可适当加快语速，口腔状态积极、饱满，力度加强；当基调低沉时，语速可适当放慢。通过一快一慢、一强一弱的对比，来凸显节奏的变化。节奏的变化一方面可以激发播讲状态的保持，一方面也可以吸引受众。

【实践训练】

播读以下社论，要注意：社论的篇幅较长，在训练时要特别注意划分层次，社论有整体基调，在整体的基调下各部分又有着细微的差别，基调发生变化，相应的态度就要随之变化。注意把握文章中的重点语句、核心论点，通过重音的方式对其进行凸显。节奏要稳中求变，播读时语速不宜过快，注意彰显逻辑的严密。时刻调动播讲欲望，充分打开后声腔，使吐字饱满清晰。气息扎实，多用实声。

让五四精神在新时代放射新的光芒——纪念五四运动100周年（节选）

百年岁月沧桑，百年风雨兼程，百年风华正茂。今天是五四运动100周年，我们致敬100年前那段激情燃烧的岁月，期许当代青年不辜负党的期望、人民期待、民族重托，不辜负我们这个伟大时代。

习近平总书记在纪念五四运动100周年大会上的重要讲话中，高度评价了五四运动的历史意义，明确提出了新时代发扬五四精神的重要要求，深情寄语当代青年，极大鼓舞了广大青年积极拥抱新时代、奋进新时代的坚定信心，对于我们在新时代发扬伟大五四精神，激励全党全国各族人民特别是新时代中国青年为全面建成小康社会、加快建设社会主义现代化国家、实现中华民族伟大复兴的中国梦而奋斗，具有十分重大的意义。

青年兴则国家兴，青年强则国家强。五四运动以来的100年，是中国青年一代又一代接续奋斗、凯歌前行的100年，是中国青年用青春之我创造青春之中国、青春之民族的100年。在中国共产党领导下，一代又一代有志青年"以青春之我，创建青春之家庭，青春之国家，青春之民族，青春之人类，青春之地球，青春之宇宙"，汇聚起了中华民族穿越风雨、走向复兴的磅礴力量，谱写了一曲曲感天动地的青春乐章。历史深刻表明，青年是整个社会力量中最积极、最有生气的力量，国家的希望在青年，民族的未来在青年。正如习近平总书记所指出的："新时代中国青年运动的主题，新时代中国青年运动的方向，新时代中国青年的使命，就是坚持中国共产党领导，同人民一道，为实现'两个一百年'奋斗目标、实现中华民族伟大复兴的中国梦而奋斗。"广大青年要继续发扬五四精神，把树立远大理想和脚踏实地统一起来，把个人理想融入民族复兴伟大理想和中国特色社会主义思想，担负起时代赋予的光荣使命，奏响新时代的青春之歌。

在五四精神激励下，当代青年要激扬家国情怀，与祖国共奋进。爱国主义是五四精神的核心，是我们民族精神的核心，是中华民族团结奋斗、自强不息的精神纽带。

历史充分证明，爱国主义始终围绕着实现民族富强、人民幸福而发展，最终汇流于中国特色社会主义；祖国的命运和党的命运、社会主义的命运密不可分。正如习近平总书记所强调的："当代中国，爱国主义的本质就是坚持爱国和爱党、爱社会主义高度统一。"实现"两个一百年"奋斗目标、实现中华民族伟大复兴的中国梦，是当今中国最鲜明的时代主题。广大青年要树立与这个时代主题同心同向的理想信念，坚定"四个自信"，厚植爱国主义情怀，把爱国情、强国志、报国行自觉融入实现伟大梦想的奋斗之中，努力成为社会主义建设者和接班人，努力成为担当民族复兴大任的时代新人。

在五四精神激励下，当代青年要坚持知行合一，同人民齐奋斗。同人民一起奋斗，青春才能亮丽；同人民一起前进，青春才能昂扬；同人民一起梦想，青春才能无悔。今天，新时代中国青年处在中华民族发展的最好时期，既面临着难得的建功立业的人生际遇，也面临着"天将降大任于斯人"的时代使命。广大青年只有把自己的小我融入祖国的大我、人民的大我之中，与时代同步伐、与人民共命运，才能更好实现人生价值、升华人生境界，在祖国的万里长空放飞青春梦想。(《人民日报》2019年5月4日)

牢记初心使命 奋进复兴征程——热烈庆祝中国共产党成立九十八周年(节选)

为中国人民谋幸福，为中华民族谋复兴，是中国共产党人的初心和使命，是激励一代代中国共产党人前赴后继、英勇奋斗的根本动力。7月1日，我们迎来中国共产党成立98周年。"中国共产党立志于中华民族千秋伟业，百年恰是风华正茂！"决胜全面小康，走向民族复兴，千秋伟业呼唤每个共产党员坚守初心使命，书写下新时代的新荣光。

98年来，中国共产党紧紧依靠人民，跨过一道又一道沟坎，取得一个又一个胜利，创造了人类发展史上惊天动地的奇迹，让中华文明在现代化进程中焕发出新的蓬勃生机，让科学社会主义在21世纪焕发出新的蓬勃生机，使中华民族焕发出新的蓬勃生机。今年是中华人民共和国成立70周年，也是我们党在全国执政的第70个年头。70年披荆斩棘，70年砥砺奋进，我们党把中国共产党为什么"能"、马克思主义为什么"行"、中国特色社会主义为什么"好"的答案，书写于神州大地的沧桑巨变中，书写于亿万人民的美好生活中。特别是党的十八大以来，以习近平同志为核心的党中央迎难而上，开拓进取，以党和国家事业发展的历史性成就和变革，推动中国特色社会主义进入新时代，迎来中华民族从站起来、富起来到强起来的伟大飞跃，迎来实现中华民族伟大复兴的光明前景。今天，中国这个古老而又现代的东方大国朝气蓬勃、气象万千，中国特色社会主义道路、理论、制度、文化焕发出强大生机活力，奇迹正在中华大地上不断涌现。

今天，我们正处于近代以来最好的发展时期，也正面临世界百年未有之大变局。我们已走过千山万水，但仍需跋山涉水，摆在全党全国各族人民面前的使命更光荣、任务更艰巨、挑战更严峻、工作更伟大。方此之时，我们更需以初心砥砺前行的精神，以使命鼓舞奋发的斗志，以永不懈怠的精神状态和一往无前的奋斗姿态，勇于战胜各种艰难险阻、风险挑战，不断从胜利走向新胜利。正在全党开展的“不忘初心、牢记使命”主题教育，根本任务就是深入学习贯彻习近平新时代中国特色社会主义思想，锤炼忠诚干净担当的政治品格，团结带领全国各族人民为实现伟大梦想共同奋斗。

“两个一百年”奋斗目标是当代中国共产党人最重要最现实的使命担当，今天，我们正处在实现“两个一百年”奋斗目标的历史交汇期，第一个百年目标要实现，第二个百年目标要开篇。坚持思想建党、理论强党，在思想上来一次升华、在精神上来一次洗礼，我们就能更好牢记初心使命，奋进复兴征程。要用习近平新时代中国特色社会主义思想武装头脑，筑牢信仰之基、补足精神之钙、把稳思想之舵；要认真贯彻新时代党的建设总要求，努力把我们党建设得更加坚强有力；要自觉践行党的根本宗旨，筑牢党长期执政最可靠的阶级基础和群众根基；要发扬革命传统和优良作风，团结带领人民把党的十九大绘就的宏伟蓝图一步一步变为美好现实。只要我们开新局于伟大社会革命，强体魄于伟大自我革命，自觉同人民想在一起、干在一起，就没有什么能阻挡中华民族实现伟大梦想的步伐。（《人民日报》2019年7月1日）

共同谱写新时代人民共和国壮丽凯歌

一个有希望的民族不能没有英雄，一个有前途的国家不能没有先锋。

人民大会堂金色大厅掌声如潮，见证人民共和国褒奖英雄模范、尊崇英雄模范的重要时刻。在全国各族人民共同庆祝中华人民共和国成立70周年之际，国家勋章和国家荣誉称号颁授仪式在人民大会堂隆重举行，中共中央总书记、国家主席、中央军委主席习近平向国家勋章和国家荣誉称号获得者分别颁授“共和国勋章”“友谊勋章”和国家荣誉称号奖章。振奋人心的场景、前所未有的规格、格外隆重的仪式，是崇高的礼赞，是庄严的宣示，致敬英雄模范为国家建设和发展建立的卓越功勋，致敬为促进中外交流合作作出杰出贡献的国际友人，号召我们敬仰英雄、学习英雄，用实际行动为实现“两个一百年”奋斗目标、实现中华民族伟大复兴的中国梦贡献力量。

中华民族是崇尚英雄、成就英雄、英雄辈出的民族。新中国成立以来，在革命、建设、改革各个历史时期，各条战线各个领域涌现出一批批英雄模范人物。党和国家历来高度重视对英雄模范的表彰，中国特色社会主义进入新时代，以习近平同志为核心的党中央从完善和发展中国特色社会主义制度、推进国家治理体系和治理能力现代化的战略高度，对党和国家功勋荣誉表彰工作进行系统性设计、作出全方位部署。作为全面贯彻实施宪法的重要体现，作为新中国成立70周年系列庆祝活动的重要内容，党和国家以最高规格褒奖英雄模范，进一步激发了全党全军全国各族人民奋进新时代、共筑中国梦的壮志豪情，进一步凝聚起国际友人参与我国社会主义现代化建设、构建人类命运共同体的火热激情。

一切伟大成就都是接续奋斗的结果，一切伟大事业都需要在继往开来中推进。习近平总书记深刻指出，受表彰的国家勋章和国家荣誉称号获得者，是千千万万为党和人民事业作出贡献的杰出人士的代表。他们身上生动体现了中华民族精神和社会主义核心价值观，他们的事迹和贡献将永远写在共和国史册上！今天我们以最高规格褒奖英雄模范，就是要弘扬他们身上展现的忠诚、执着、朴实的鲜明品格。忠诚，就是对党和人民事业矢志不渝、百折不挠，坚守一心为民的理想信念，坚守为中国人民谋幸福、为中华民族谋复兴的初心使命。执着，就是在党和人民最需要的地方冲锋陷阵、顽强拼搏，几十年如一日埋头苦干，为国为民奉献的志向坚定不移，对事业的坚守无怨无悔，为民族复兴拼搏奋斗的赤子之心始终不改。朴实，就是在平凡的工作岗位上忘我工作、无私奉献，不计个人得失，舍小家顾大家，具有功成不必在我、功成必定有我的崇高精神。

崇尚英雄才会产生英雄，争做英雄才能英雄辈出。我们的事业是靠英雄模范、先进人物作为生力军和骨干来推进的。"共和国勋章"获得者黄旭华同志发言时说："我和我的同事们，此生属于祖国，此生无怨无悔。"真挚的话语，见证爱国情感藏于胸、人民利益举过顶的赤子情怀。英雄模范们用行动再次证明，伟大出自平凡，平凡造就伟大。一切平凡的人都可以获得不平凡的人生，一切平凡的工作都可以创造不平凡的成就。新时代必将是大有可为的时代。敬仰英雄、学习英雄，培养爱国之情、砥砺强国之志、实践报国之行，就是要把国家富强、民族振兴、人民幸福作为不懈追求，脚踏实地把每件平凡的事做好，为走好新时代的长征路贡献自己的聪明才智，汇聚起建设社会主义现代化强国的磅礴力量。

每一个伟大的时代，都在呼唤英雄人物的产生，也为他们准备好了最壮阔的舞台。新时代中国特色社会主义伟大事业需要千千万万个英雄模范群体、英雄模范人物。全党全国各族人民要像英雄模范那样坚守、像英雄模范那样奋斗，共同谱写新时代人民共和国的壮丽凯歌！(《人民日报》2019年9月30日)

第二节　评论员文章播音训练

【理论概述】

一、评论员文章的定义

评论员文章是新闻评论中常用的一种形式，是仅次于社论的重要评论，也是报刊、通讯社等媒体常用的中型重头评论，其规格介于社论与短评之间，是党报评论的重要组成部分，代表编辑部发表观点，因而政策性高，原则性强，其权威性仅次于社论。

二、评论员文章的播音方法

（一）找准基调，把握情感

评论员文章选取社会生活中一些具有全局性、代表性的事件、问题和现象，及时准确地加以剖析、阐释、引导，既讲明道理，又发表议论，解疑释惑。在播读评论员文章时，播音员要把说理和情感相融合，既有理性的思考，又有感性的抒发。播读时可利用声音色彩的变化、音高音强的变化来体现评论员文章的特点。

（二）注意表达技巧，增强情景再现

播读评论员文章时要善于抓住画面感强的话语，在脑海中形成情景再现，让受众听到即想到、想到即看到。只有在播读时将画面形成于脑海之中，才能充分调动情感。播读时语速相较社论文章可适当加快，适当增强声音弹性。

（三）做到心中有对象，加强交流感

不同的评论员文章有着不同的受众群体。在播读时心中的对象就要有所侧重，让受众听到心坎里去，做文章与受众之间的桥梁。加强与受众的交流感，有一种为受众而播的感觉，做到心中有数，要了解为谁而播、为什么要这么播、播了之后会有怎样的效果。只有这样，才能让受众接收到更多的有效信息。

【实践训练】

播读以下评论员文章，要注意：播读时要在脑海中形成连续不断的画面，语言要生动形象，突出语言的流畅之美，让受众听到即想到、想到即看到。注意语气的变化，不同的基调要有不同的语气，对于感情色彩强烈的语句，可适当加强语气；播读时要注意力集中，尽最大能力去引发受众自觉思考。注意评论员文章中理性与感性的融合，可通过声音的弹性来体现这一特点。明确受众群体，加强播音的针对性。

在年味中感受文化的魅力——新春之季话新风①

过年是有关时间的仪式感，也是和文化密不可分的精神依归。无论过去、现在还是未来，过年的盛情不减，过年的文化犹在，过年的味道只会历久弥香，纵然生活在变，环境在变，观念、思维也在变，但节日的仪式感没有变，萦绕在心中的真情没有变，流淌在血脉里的文化基因也没有变。

“共欢新故岁，迎送一宵中。”再过几天，就是农历春节。天真的孩童翘首以盼，忙碌的游子归心似箭，许久不见的亲朋喜气洋洋。春节是什么？不同的人对此有着不一样的理解。或许是冬日街头绵延不绝的大红灯笼，可能是贴满了万家门楣的吉祥对联，抑或是阖家欢乐的团圆饭桌。但毫无疑问，都少不了地地道道的年味儿。

年味儿是热闹非凡的烟火味儿，也是传承不息的文化味儿。对初来乍到的外国朋友来说，想在新春佳节迅速融入可并不容易。如果说耍狮子、舞龙灯、扭秧歌还能学得有模有样，那么祭祖、赶庙、守岁的习俗就着实有些难以把握了。更不用说，大红的春联有街门对、屋对门之分，精巧的窗花也有角花和团花之别。可以说，春节集祈福、庆贺、娱乐于一身。没有点儿中华传统文化的熏陶，是很难体会“从腊月初一就开始预热。一天比一天增温，一天比一天红火，发烧直到年根下”这种过年的感觉的。好在，文化的力量没有边界，越来越多的外国朋友正乐在其中。

走得再远，也要赶赴一年一度的团圆；平日再忙，春节一定要抽出时间走亲访友；逢人脱口而出“过年好”，是问候更是祝愿。从虔敬天地到善待万物，从感恩生活到辞旧迎新，过年是有关时间的仪式感，也是和文化密不可分的精神依归。福气、富贵、长寿、平安、好运、兴旺……说说欢欢喜喜的吉祥话，瞅瞅红红火火的民俗画，道尽了日常生活的情感、期望和生机，写满了中华文化的浓缩、淬炼和积淀。

过年是岁月更替，年味儿自然也会常过常新。曾经，它藏在妈妈忙前忙后做的一顿年夜饭中，藏在晚辈孝敬长辈的那一杯酒中，也藏在家家户户都贴上的喜庆对联中。如今，它藏在社交软件的红包里，藏在舒心的休闲活动里，也藏在不管认识不认识，见面都要寒暄说过年好的祝福里。在不少人的眼里，春节的表现形式在不断做减法，为此不免心生忧虑，传统文化的情感会不会失去载体？这年味儿还是不是那个味儿？

其实不必担心。无论过去、现在还是未来，过年的盛情不减，过年的文化犹在，过年的味道只会历久弥香。生活富足了，以饱餐为目的的一顿饭很难再激起热情，但以饱满为契机的年夜饭常常一桌难求；交通便利了，流动的中国不再山水迢迢，但不少人还有着山高水远的牵挂。当墙上倒挂的福字扫进“集五福”的镜头，当移动支付的红包装满“试试手气”的惊喜，当春晚与贺岁档影片同时闪亮荧屏，这些弥漫在春节里的欢声笑语，满是人与人之间的情感、祈福的依托、美好的心愿。纵然生活在变，环境在变，观念思维也在变，但节日的仪式感没有变，萦绕在心中的真情没有变，流淌在血脉里的文化基因也没有变。(《人民日报》2020年1月21日)

决定性成就　世界性意义——论学习贯彻习近平总书记在决战决胜脱贫攻坚座谈会上重要讲话

今年脱贫攻坚任务完成后，我国将有1亿左右贫困人口实现脱贫，提前10年实现联合国2030年可持续发展议程的减贫目标，世界上没有哪一个国家能在这么短的时间内帮助这么多人脱贫，这对中国和世界都具有重大意义。

在决战决胜脱贫攻坚座谈会上，习近平总书记充分肯定我国脱贫攻坚取得的决定性成就，强调脱贫攻坚工作艰苦卓绝，收官之年又遭遇疫情影响，各项工作任务更重、要求更高，号召我们要不忘初心、牢记使命，坚定信心、顽强奋斗，夺取脱贫攻坚战全面胜利，坚决完成这项对中华民族、对人类都具有重大意义的伟业！

党的十八大以来，在以习近平同志为核心的党中央坚强领导下，全党全国坚持以人民为中心的发展思想，按照党中央确定的到2020年我国现行标准下农村贫困人口实现脱贫、贫困县全部摘帽、解决区域性整体贫困的目标任务，集中力量攻坚克难，全面打响脱贫攻坚战。这些年，脱贫攻坚力度之大、规模之广、影响之深前所未有，成就举世瞩目。我们成功走出了一条中国特色扶贫开发道路，形成了中国特色脱贫攻坚制度体系，书写了人类历史上“最成功的脱贫故事”。目前看，脱贫攻坚目标任务接近完成，贫困群众收入水平大幅度提高，贫困地区基本生产生活条件明显改善，贫困地区经济社会发展明显加快，贫困治理能力明显提升，中国减贫方案和减贫成就得到国际社会普遍认可。我国在脱贫攻坚领域取得的前所未有的成就，彰显了中国共产党领导和我国社会主义制度的政治优势，凝聚了全党全国各族人民的智慧和心血，是广大干部群众扎扎实实干出来的。

消除贫困，自古以来就是人类梦寐以求的理想。作为世界上最大的发展中国家，中国一直是世界减贫事业的积极倡导者和有力推动者。改革开放40多年特别是党的十八大以来，我国开启了人类历史上最为波澜壮阔的减贫进程，谱写了人类反贫困历史的崭新篇章。我们在扶贫脱贫领域取得的成就和经验，为全球减贫事业贡献了中国智慧和中国方案，赢得了国际社会高度评价，很多国家和国际组织表示希望分享中国减贫经验。在发展中国家中，只有中国实现了快速发展和大规模减贫同步，1亿左右贫困人口共享改革发展成果，14亿人共同迈向全面小康。这是一个了不起的人间奇迹，是中国对人类发展事业的伟大贡献，值得全党全国各族人民为之骄傲和自豪！我国脱贫攻坚取得的成就理当载入人类社会发展史册！

“其作始也简，其将毕也必巨。”让我们更加紧密地团结在以习近平同志为核心的党中央周围，坚定信心、一鼓作气、尽锐出战、攻城拔寨，确保如期完成脱贫攻坚目标任务，确保全面建成小康社会，书写人类发展史上的伟大传奇！(《人民日报》2020年3月12日)

彰显蓬勃力量　绽放绚丽之花

“新时代的中国青年是好样的，是堪当大任的！”

3月15日，习近平总书记给北京大学援鄂医疗队全体“90后”党员回信，向他们和奋斗在疫情防控各条战线上的广大青年致以诚挚的问候。总书记充分肯定广大青年在这场严峻斗争中彰显了青春的蓬勃力量、交出了合格答卷，深情勉励他们让青春在党和人民最需要的地方绽放绚丽之花，鼓舞和激励广大青年不惧风雨、勇挑重担，为党和人民事业贡献青春力量。

面对这场来势凶猛的疫情，广大青年响应党的号召，挺身而出，冲锋在前，在火线上激扬青春力量，以行动书写青春篇章。在抗击疫情一线，4.2万多名驰援湖北的医护人员中，有1.2万多名是“90后”，其中相当一部分是“95后”甚至“00后”。不仅是医护人员，党员干部、公安民警、社区工作者、新闻工作者、志愿者以及方方面面的抗疫一线奋斗者中，也有很多是“90后”，他们成为这个战场上披坚执锐、英勇奋战的生力军。关键时刻、危难关头，“90后”青年不畏艰险繁难、不计生死得失，坚守各自岗位、认真履职尽责，为疫情防控斗争作出重要贡献。他们不愧为新时代的中国青年！不愧为最积极、最有生气的力量！

疾风知劲草，烈火见真金。在这场严峻斗争中，“90后”青年用实际行动证明了自己的责任、担当和价值，以拼搏奋斗展示了青年一代蓬勃向上的群像。“每个人都有责任，我也希望能出一份力”“非典时，大家保护我们‘90后’；17年后，我们‘90后’要保护大家”“我们是能担当的一代，是值得信赖的一代”，这些平实、质朴的话语，蕴含着震撼人心、打动人心的力量。与疫魔的较量，看不见硝烟，听不到枪炮声，但生与死的考验真真切切，有的医护人员倒在了抗疫一线，其中武汉市协和江北医院医生夏思思今年只有29岁。他们中的很多人火线入党，上海瑞金医院医生、武汉同济医院光谷院区

“插管小分队”的“90后”小伙缪晟昊就是其中一个。这些“90后”青年所表现出的勇敢与坚强、责任与担当，令人动容，也令人振奋。他们，是当代青年的缩影，从他们身上，我们能强烈感受到青年一代对祖国和人民的赤子之心。

一代青年有一代青年的历史机遇，艰辛与磨砺是成长最好的催化剂。对于“90后”青年来说，能够参与这场抗击疫情的严峻斗争，无疑是一次弥足珍贵的人生经历，他们付出很多，也一定收获很多。他们不仅经历了生死考验、身心磨砺，更见证了国家强大的综合实力、众志成城风雨同舟的民族精神、中国特色社会主义制度的显著优势。正如一位大学生志愿者感慨的那样：“抗击疫情是我们最好的成长礼。”也正如有人为他们点赞的那样：“昨天父母眼中的孩子，今天已然成为新时代共和国的脊梁，成为我们国家的骄傲和希望！”。

“青年一代有理想、有本领、有担当，国家就有前途，民族就有希望。”现在，青春是用来奋斗的；将来，青春是用来回忆的。只有经历了激情奋斗的青春，只有努力为人民服务的青春，只有在党和人民最需要的地方绽放绚丽之花的青春，才会留下充实、温暖、持久、无悔的青春记忆。历史也将见证，以抗疫一线“90后”为代表的这一代中国青年，必将成为能够担当民族复兴大任的时代新人！(《人民日报》2020年3月18日)

第三节　本台评论播音训练

【理论概述】

一、本台评论的定义

本台评论是配合新闻播出的一种评论方式，篇幅短于社论和评论员文章。本台评论体现了广播电视媒体对某一新闻事件、新闻人物或社会现象的基本判断，带有鲜明的导向。

二、本台评论播音的方法

1. 语气应亲切，语流呈现自然的曲线。

2. 增强语言的对象感和针对性。采用规范、客观的语言进行表达，同时要加强语言的逻辑性，读出文章的内在语，引发受众主动思考。

3.处理好事、情、理三者的关系。讲述事件时，语言要亲切自然，多连少停、客观真实；表达情感时，语言要丰富生动，情感要真挚、语气要柔和；讲明道理时，语速可适当放慢，吐字要坚实有力，声音庄重大气。整体语流有明显向前推进的趋势。

4.播音时要有的放矢，评论的核心观点要用重音重点拎起，明确核心论点的播音态度，找准基调，播音态度鲜明，加强语气的强弱对比。

5.增强新闻"可视化"表达，增强语言的生动性和讲述感，语言自如、畅达。

6.语言表达要由表及里、深入浅出，把广大受众的切实需求作为播讲动力。语言要追求亲切感与公信力的有机结合，可采用"谈话体""陈述式"的播音方式。

【实践训练】

本台评论文章内容综合性强，表达了对广大人民群众、新闻事件、新闻人物的关注和思考。播读以下本台评论，可适当运用声音的弹性以及情感的变化，让不同的本台评论呈现出不同的声音色彩和感情色彩，注意处理时要细腻准确。语气要亲切、自然，以增加艺术美感。

新时代是干出来的（节选）

今天，港珠澳大桥正式通车运营，这一史无前例的世纪工程为新时代粤港澳大湾区的发展注入了澎湃动力，是一国两制伟大实践下新的里程碑，更是中国力量、中国精神的生动诠释。

"干"字当头，以"实"为先，港珠澳大桥自筹建之始就面临着一个个超级难题，中国建设者们以"逢山开路，遇水搭桥"的奋斗精神攻坚克难，创造了一个个桥梁建设史上的奇迹。"实干"要想为、更要敢为、善为。这一创下多个世界之最的浩大工程，集成了世界上最先进的管理技术和经验，有力展示了中国的自主创新能力和争创一流的志气。社会主义是干出来的，新时代也是干出来的。习总书记在港珠澳大桥开通仪式上的深情寄语鼓舞人心，催人奋进，我们要以总书记重要讲话精神为强大动力，以港珠澳大桥的建设为榜样，大力弘扬实干精神，为新时代的创新发展凝聚起永创世界一流的民族志气。（央视新闻频道《新闻联播》2018年10月24日）

五星红旗永远在香港高高飘扬（节选）

继八月三号香港一些极端激进分子丢国旗入海后，八月五号晚间再有狂徒在尖沙咀扯下国旗扔到海中，这是近三天内的第二起侮辱国旗事件。香港社会各界强烈谴责这种疯狂暴行，坚决支持香港警方严厉追究肇事狂徒。愈演愈烈的暴力活动已无关修例争议，少数暴徒的狼子野心昭然若揭。这些跳梁小丑的险恶居心就是企图绑架全港市民瘫痪香港特区政府，进而公然挑战国家主权和中央政府权威，明目张胆地进行政治要挟。少数跳梁小丑蚍蜉撼树，不自量力，十四亿中国人民同心同德，坚如磐石。

就在四号当天，中央广播电视总台发起的话题“五星红旗有十四亿中国护旗手”冲上微博热搜，来自全球华人的护旗手纷纷前来报到，充分表达拳拳爱国之心，强烈谴责乱港恶行，在不到一天时间里参与话题的全球网民达到二十亿人次。“躲得过初一，躲不过十五。”少数乱港暴徒所欠的债迟早是要还的，我们坚决支持特区政府和警队捍卫法制，采取果断措施，以雷霆行动惩治暴徒，尽快恢复秩序。我们坚信，有伟大祖国作为坚强后盾，有十四亿中国人的鼎力支持，相信香港一定能恢复理性，回归安宁。企图撕裂香港，摧毁香港的邪恶图谋绝对不会得逞。鲜艳的五星红旗永远在香港高高飘扬。（央视中文国际频道《中国新闻》2019年8月6日）

最美奋斗者　中国女排五连冠群体：女排精神历久弥新（节选）

1981年中国女子排球队在世界杯、世界锦标赛和奥运会上五次蝉联世界冠军，成为世界排球史上连续五次夺冠的队伍。女排姑娘们在比赛中表现出来的顽强拼搏，为国争光的奋斗精神，给处在改革开放初期的中国人民以巨大的鼓舞，成为中华民族精神的象征，直到今天仍激励着中华儿女为实现梦想而奋力拼搏。

而在此前结束的2019年女排世界杯比赛中，中国女子排球队以十一连胜的骄人成绩卫冕世界杯冠军，第十次荣膺世界女排三大赛冠军，再一次为国人展现出女排精神的强大号召力。（央视新闻频道《新闻直播间》2019年10月27日）

拓展阅读

一、著作类

1. 马少华．新闻评论教程［M］．北京：高等教育出版社，2012.
2. 崔志刚，贺红梅．好好说话［M］．山西：山西教育出版社，2016.
3. 丁法章．当代新闻评论教程［M］．上海：复旦大学出版社，2012.
4. 易柯明．社会透视：中国民生新闻评论［M］．北京：东方出版社，2019.

二、节目类

序号	节目名称	播出平台
1	《新闻联播》	央视新闻频道
2	《新闻周刊》	央视新闻频道
3	《焦点访谈》	央视新闻频道
4	《东方时空》	央视新闻频道
5	《新闻直播间》	央视新闻频道

第八章　解说训练

解说是一种解释说明事物、事理的口语表达方式。它往往用言简意赅的语言，把事物的形状、性质、特征、成因、关系、功能等解释说明清楚。

第一节　体育解说训练

【理论概述】

一、体育解说的概念

"体育解说是体育播音员担负的一种特殊工作"[①]。体育解说就是对体育比赛进行阐述、分析的播音活动。"解"是解释、分析，"说"是陈述、述说。体育解说分为单人解说和双人解说。在单人解说中，解说员既要描述场面，也要解读与分析比赛。在双人解说中，解说员与解说顾问有不同分工，解说员以描述场面为主，解说顾问侧重对场面和技战术等方面进行解读与分析。

二、体育解说的前期准备工作

体育解说的前期准备工作大体可以分为熟悉规则、资料整合、播出准备三个部分。

① 张颂.中国播音学[M].北京:中国传媒大学出版社,2003:619.

（一）熟悉规则

是否掌握运动规则直接决定了解说员能否看懂比赛。一名合格的体育解说员要熟练掌握各类体育项目的规则，包括最新的规则变化，做到准确描述赛场上的各种场面。同时，解说员还肩负着向受众普及体育比赛规则的责任和义务。

（二）资料整合

体育解说员无法对即将到来的解说内容做具体的准备，但资料的搜集能够使解说员做到胸有成竹。资料的准备包括政治、人文、历史等大环境的准备，也包括比赛场地、天气情况、队员资料、历史战绩、积分（排名）情况等与比赛相关信息的准备，甚至包括球员八卦、奇闻逸事等场外话题的准备。

（三）播出准备

解说员一般要在比赛开始前1—2小时到达演播厅进行备播工作，如在现场解说则需要更早到达现场。到达工作岗位后，要先对相应设备进行检查，保证硬件的顺利运行。仔细检查输出设备，防止演播厅声音过早播出，引发播出事故。

解说员要在赛前做好身心准备。要提前调动情绪，以清醒的头脑和饱满的情绪迎接比赛。在双人解说时，解说员应与搭档提前沟通交流，如果搭档是非专业解说员，则要帮助搭档克服紧张情绪。

三、体育解说的类型

（一）足球解说

1. 足球解说的语言特点

（1）同步性

观看足球比赛时，声画是否对位在很大程度上影响着观赛体验。看到即讲，分秒不差；环环紧扣，有理有据。前八个字指的就是解说语言和场面的同步性。足球比赛场面瞬息万变，解说时要能够跟上比赛节奏，和比赛画面基本保持同一步调。但如果整场比赛都紧跟画面难免在部分场面上会显得枯燥和乏味，因此在部分比赛场面较为胶着的情况下，可以短时间不跟随比赛进程。

（2）准确性

一场足球比赛涵盖了多方面的信息。大量的精准数字、专业术语、简称、外来词语、国际通用词语均会在解说过程中有所体现，需要通过解说员的解读传递给观众。

由于观众对足球运动的了解程度参差不齐，解说员传递的内容成为大部分观众了解相关信息的重要甚至是唯一途径。这就要求解说员的语言一定要准确。

(3)综合性

在解说中，解说员要让解说话语被观众顺利接收，要根据场上情况在极短的时间内运用自己遣词造句的能力对要说的话进行组织，通过有声语言传递出想要表达的字面意思。在此基础上，解说员还要通过语气强弱、语速快慢、语调高低等方式传递出“言外之意”，让观众更准确、全面地理解解说内容。

2.足球解说的语言组织方式

(1)描述式

描述即描写、叙述。解说员在比赛的过程中将语言快速组织后把比赛情况生动、有条理地告诉观众，让观众了解比赛进程的语言组织方式就是描述式。

(2)简散式

在场面瞬息万变的情况下，运用完整的描述式表达往往会与比赛的快节奏脱节。因此在解说足球比赛过程中，还要多使用简散式的语言组织方式，多用动词、名词，少用看似华丽实则不符合实际的辞藻。简散就是简单、零散。简散式本质就是“零句”结构。这样的结构“最常见于对话以及说话和行动掺杂的场合”[①]，能够缩短表达时间，让解说话语和比赛进程更同步。

(3)复读式

在比赛的关键节点或胶着场面中，将准备好的相关资料如进球数、助攻数、出场数等数据进行复述，是复读式解说的具体操作方式。这类方式受比赛的临场性影响较小，只需要根据实际情况将准备好的数据进行点送即可。复读式解说的意义在于能够为解说和观众提供推断和分析的依据，也能体现出解说员一定的专业性。复读式解说应围绕具体场面和比赛语境进行，与比赛和画面有机结合。

(4)留白

留白就是在解说过程中留出一定的空白时间，仅仅通过画面和现场同期声向观众传递信息。当画面有足够的说服力的时候，解说员可以保持一段时间的无话语状态。在比赛最精彩的部分，或是球员得分之后应尽量留白，通过画面和现场同期声使观众感受现场的情况和氛围，等慢动作回放开始后再进行解读和分析。适时的留白会给比赛增色不少，但应适度，否则长时段空白会有引发播出事故的嫌疑。

---

① 赵元任.汉语口语语法[M].吕叔湘，译.北京：商务印书馆，1971:42.

3.足球解说的语言表达技巧

（1）表达深入浅出

足球解说要注意对足球运动规则的普及，让不了解这一运动的观众也能看懂比赛。解说员需要“化繁为简”，将专业术语和复杂的规则、场面说得通俗易懂。

要把复杂的足球比赛说简单，解说员不仅要了解足球运动，也要注意提高文学修养，在日常生活中养成良好的说话习惯，增加词汇量，提高遣词造句能力。

（2）状态内松外紧

主流足球赛事往往在中国时间的凌晨播出。状态太过放松地去解说一场在半夜进行的精彩比赛，会使观众昏昏欲睡；解说时用力过猛会导致观众疲惫和别扭。如果长时间让喉咙处于高度紧张的状态，也会对解说员的发声器官造成一定的损害。为了让解说听上去既有力又放松，解说员要做到心理和喉咙的双重放松，抓好丹田的气的支撑，加强口腔前部控制力，运用“提、打、挺、松”等方式来保证语言表达的状态。

（3）情绪收张有度

足球比赛中解说员的情绪往往是跟随着比赛进程而起伏的。因此解说员在解说过程中，情绪也要收放有度，不能假“嗨”，也不能沉闷。

部分观众在观看足球比赛时，往往根据解说员的情绪激动与否判断场面的发展，因此解说员的情绪把控也会影响观众的观赛感受。一般情况下，在场面比较精彩时，解说员的情绪应较为高亢，而在场面整体较为平和的情况下，情绪应回复正常。情绪高亢包括音调提高、语速加快等多种方式，但要注意适度原则。

（二）篮球解说

1.篮球解说的特点

（1）节奏快

篮球比赛参与人数更少、场地更小，攻防转换的速度和次数远高于足球比赛，得分数亦是如此。因此篮球比赛的解说要跟上比赛的快速攻防节奏。但要注意的是，节奏快不代表语速快，通过合理组织语言，以短小精悍、生动的语句描述和解释比赛画面，可以避免在解说语言过于冗长时还要兼顾贴合比赛画面而出现语速过快无法被受众有效接收的问题。

（2）规则复杂

篮球比赛中的换人、罚出场等规则均与足球比赛有区别，在不同的篮球赛事中，比赛规则也有差异，如比赛时长、三分线距离、场地面积、暂停时间等。解说员一定要提前做好准备，了解每场赛事的规则。

(3)信息量大

篮球比赛中快速的攻防节奏和稍纵即逝的场面，要求解说员在短时间内的解说中体现足够的信息量，还要提炼出短小精悍、通俗易懂且专业的内容。

2.篮球解说中的“度”的把握

面对不同的球星、球队、打法，解说员要把握一定的“度”，这个“度”涵盖多方面要求。

(1)把握好对不同身份的球员的关注度

篮球虽是团体运动，但对球星个人能力的依赖程度较高。在解说过程中，解说员也应把握好对不同身份球员的关注度，不能过度关注球星而忽略普通球员。

(2)把握好对主客队的关注度

几乎所有的篮球爱好者都有自己的主队倾向，篮球解说员也如此。但是，只要坐上解说席，篮球解说员就应体现出职业素养，对主客队的态度要尽量做到客观和公正。

(3)把握好对攻防的关注度

大部分球迷往往因行云流水的精彩进攻而忽略防守的作用。但在专业人士眼中，好的防守才是胜利的基础，在关键赛事、淘汰制赛事里更是如此。因此，在解说篮球比赛的过程中，解说员应把握好对进攻和防守的关注度，不能只关注进攻而忽略对防守的解读，否则无法体现出与普通球迷的区别。另外，解说员除了关注拿球队员之外，也要多关注无球的球员的跑动、位置，这往往是观众疏于关注的方面。

3.直播解说与集锦解说

所谓直播解说，是指事先不知道比赛进展如何，根据掌握的资料，跟随前方比赛情况边看边说的解说。由于无法预测情况发展，因此它的动态性较强，解说情绪起伏较大。集锦解说是指已经发生的比赛场景，经过剪辑和提炼，针对比赛精彩部分进行回顾的解说。由于事先已经知道比赛的发展和结果，因此解说形式更趋向于配音，如《CBA一周五佳球》等。在语言表达上，直播解说更考验解说员的语言能力、即时反应能力，集锦解说则偏向于有稿播音，往往能够对解说内容进行设计和润色。

四、其他体育项目解说

其他体育项目包括排球、网球、羽毛球、乒乓球、跳水、花样滑冰等。这些项目在国际范围内虽没有足球和篮球那样公认的影响力，但也有各自的受众群体。这些项目的解说，应根据每个项目的特点和不同的规则进行。

（一）排球解说

与足球不同的是，排球比赛中的数据往往直接体现出比赛双方的优劣势，能够解读比分变化的原因。因此在排球解说中，解说员除了对场面进行描述外，还要特别注意对数据进行分析和运用。排球运动对团队要求较高，解说员应当对排球技战术、业内通用手势等进行深入了解，在描述场面、分析局势的同时密切关注教练员和运动员的动作和表情细节并进行解读，以达到更好的解说效果。

（二）乒、羽、网球解说

乒乓球、羽毛球、网球的解说有部分相似之处，这几种球类都是以手持球拍进行比赛的。在解说时，解说员应针对运动员的打法特点、最高排名、身体状况、相互交锋战绩等方面进行深入了解，同时在比赛过程中对手腕运动带来的结果（如球的旋转、速度等）进行重点关注、深入分析和讲解，对双打项目中运动员之间的配合、站位和分工也要准确解读。此外，网球比赛中不同场地（草地、硬地、红土）对球运行带来的影响也应是解说员关注的重点。

（三）观赏类项目解说

观赏类项目是指跳水、花样滑冰、体操等观赏性较强的体育项目。在解说此类项目时，在运动员比赛期间，解说员要特别注重留白的运用，避免影响项目整体的观赏性。这类项目难度较高，对解说员的要求也高：既要对项目规则、技术动作、运动员情况有细致的了解，也要对裁判评分标准有足够的认知。

【实践训练】

一、足球解说训练

（一）足球赛事观摩分析训练

在观摩分析训练中，要建立正确的解说审美观念，认识到解说员的职责是服务观众，杜绝自我表现。观察足球解说语言中的同步性、准确性、综合性的具体体现，思考描述式、简散式、复读式的解说方式分别适合哪些场景。

1. 观看比赛，分析不同解说员是如何体现足球解说的语言特点的。

（1）1986 年世界杯四分之一决赛 阿根廷 2:1 英格兰 播出平台：CCTV5 解说：宋世雄

(2)1988年奥运会预选赛东亚区第二轮 日本0:2中国 播出平台:CCTV5 解说:韩乔生

(3)1999年女足世界杯半决赛 中国5:0挪威 播出平台:CCTV5 解说:黄健翔

(4)2000年欧洲杯C组小组赛第三轮 南斯拉夫3:4西班牙 播出平台:CCTV5 解说:刘建宏

(5)2006年世界杯四分之一决赛 巴西0:1法国 播出平台:CCTV5 解说:黄健翔

(6)2015/2016赛季欧洲冠军联赛决赛 皇家马德里1:1(点球5:3)马德里竞技 播出平台:CCTV5 解说:曾侃

(7)2017/2018赛季欧洲冠军联赛决赛 皇家马德里3:1利物浦 播出平台:CCTV5 解说:贺炜、徐阳

(8)2018年世界杯A组小组赛第一轮 俄罗斯5:0沙特阿拉伯 播出平台:CCTV5 解说:刘嘉远

(9)2018年世界杯三四名决赛 比利时2:0英格兰 播出平台:CCTV5 解说:洪钢

(10)2018年世界杯决赛 法国4:2克罗地亚 播出平台:CCTV5 解说:贺炜

2.观看比赛,分析足球解说中不同语言组织方式应用的场景

(1)1978年世界杯决赛 阿根廷3:1荷兰 播出平台:CCTV5 解说:宋世雄

(2)2002年世界杯决赛 巴西2:0德国 播出平台:CCTV5 解说:黄健翔、张路

(3)2006年世界杯四分之一决赛 英格兰0:0(点球1:3)葡萄牙 播出平台:CCTV5 解说:段暄

(4)2006年世界杯决赛 意大利1:1(点球5:3)法国 播出平台:CCTV5 解说:黄健翔、张路

(5)2004/2005赛季西甲联赛第31轮 皇家马德里4:2巴塞罗那 播出平台:CCTV5 解说:段暄

(6)2016年欧洲杯四分之一决赛 德国1:1(点球6:5)意大利 播出平台:CCTV5 解说:朱晓雨

(7)2016/2017赛季欧洲冠军联赛决赛 尤文图斯1:4皇家马德里 播出平台:PPTV聚力体育(PP体育) 解说:黄健翔、刘越

(8)2017/2018赛季欧洲冠军联赛四分之一决赛次回合 罗马3:0巴塞罗那 播出平台:CCTV5 解说:贺炜、董午志

(9)2018年世界杯四分之一决赛 乌拉圭0:2法国 播出平台:CCTV5 解说:朱晓雨

(10)2018中国平安中国足球协会超级联赛 上海上港5:4广州恒大 播出平台:CCTV5 解说:贺炜、徐阳

(二)经典赛事解说训练

观看经典赛事,进行片段解说练习。训练过程中,要按照熟悉规则——搜集资料——解说准备的流程进行。根据不同的场面合理组织语言、运用留白。另外,要注意直播解说和集锦解说的差异,可针对同一段录像分别进行训练。

1.1986年世界杯四分之一决赛 阿根廷2:1英格兰,解说第55分钟马拉多纳的进球。

2.2000年欧洲杯决赛 法国2:1意大利,解说第103分钟特雷泽盖的金球制胜。

3.2006年世界杯八分之一决赛 英格兰1:0厄瓜多尔,解说第60分钟贝克汉姆的进球。

4.2006年世界杯决赛 意大利1:1(点球5:3)法国,解说第7分钟齐达内的进球。

5.2008年欧洲杯四分之一决赛 土耳其1:1(点球3:1)克罗地亚,解说第119、122分钟克拉什尼奇、塞米赫的进球。

6.2010/2011赛季欧洲冠军联赛四分之一决赛 国际米兰2:5沙尔克04,解说第53分钟劳尔的进球。

7.2013/2014赛季欧洲冠军联赛决赛 皇家马德里4:1马德里竞技,解说第93分钟拉莫斯的进球。

8.2015/2016赛季德国足球甲级联赛第6轮 拜仁慕尼黑5:1沃尔夫斯堡,解说第51-60分钟莱万多夫斯基的进球。

9.2018年世界杯八分之一决赛 法国4:3阿根廷,解说帕瓦尔第57分钟的进球。

10.2019/2020赛季西班牙足球甲级联赛第26轮 皇家马德里2:0巴塞罗那,解说第71、91分钟维尼休斯、马里亚诺的进球。

(三)经典解说片段训练

观看经典解说片段并进行解说训练。可以通过模仿的方式对经典解说进行学习,但不同解说风格的塑造建立在长期、熟练完成直播解说任务的基础之上,盲目模仿只能应付固定的解说片段,而无法应对瞬息万变的直播解说。

1982年世界杯半决赛 联邦德国3:3(点球5:4)法国 解说:宋世雄

“西德队现在是由5号,把球递给5号福斯特尔,福斯特尔在禁区外边带球,把球递给7号利特巴尔斯基,利特巴尔斯基在底线的附近,利特巴尔斯基在传中,头球攻

门！球没有顶中，倒勾，进了！太漂亮了，这是西德足球队8号菲舍尔接到这传中球以后接着一个倒勾，进了。在加时赛里面法国足球队曾经以3比1领先，鲁梅尼格上来以后追成了3比2，接着由菲舍尔一个倒勾，把这个球进了，打成了3平。"

1988年奥运会预选赛东亚区第二轮 日本0:2中国 解说:韩乔生

"18号是段举，好球，攻门！进了！中国队头球攻门进了！柳海光立了一大功！柳海光好样的，柳海光好样的，关键时刻柳海光一个狮子摇头，令日本队的守门员森下申一和其他队员包括主教练石井易进只能望球兴叹。"

"好球，打门！进了！中国队再进一球！2比0！8号唐尧东，8号唐尧东，五星红旗在看台上挥舞起来了，2比0，9号柳海光和8号唐尧东在今天的比赛里边各建一功，祖国感谢你们，人民感谢你们！"

1990年丰田杯 AC米兰3:0奥林匹亚 解说:孙正平

"晃动，突到禁区，又是范巴斯滕，吊门！打在球门立柱上，头球攻门，漂亮！8号里杰卡尔德一个漂亮的鱼跃前冲，真像是小鲤鱼跃龙门一样。今天，意大利的AC米兰足球队真是风头出尽，里杰卡尔德二显神威，还是利用头球，一个鱼跃的前冲，像一个鱼雷潜艇一样。"

1996年欧洲杯小组赛 英格兰2:0苏格兰 解说:黄健翔

"麦卡利斯特是在英格兰的利兹联队效力，我想他和在阿森纳队效力的希曼多次正面交锋。加斯科因，加斯科因挑过亨得利，射门！球进啦！2:0！加斯科因终于闪了一次光！苏格兰队显然还在为刚才射失的那个点球而沮丧，英格兰队抓住了一个机会，加斯科因在下半时大段的沉默之后突然爆发了，巧妙地挑过亨得利然后凌空射门。这才是真正的加斯科因，这也是最好的加斯科因。"

2004年欧洲杯小组赛 葡萄牙1:0西班牙 解说:黄健翔

"主裁判弗里斯克吹响了全场比赛结束的哨声，东道主葡萄牙队凭借努诺·戈麦斯57分钟的进球1:0战胜了西班牙队，以小组第一的身份进入了本届欧洲杯的八强，西班牙队令人遗憾地被淘汰了。这样在本届欧洲杯的赛场上我们将继续看到菲戈，看到戈麦斯，看到小罗纳尔多，看到德科，但是我们只能说，再见华金，再见托雷斯，再见维森特，特别是再见，劳尔。"

2004/2005赛季西甲联赛 皇家马德里4:2巴塞罗那 解说:段暄

"裁判示意比赛继续进行，罗纳尔多拿球，但是皇马投入的兵力实在是太少了，罗纳尔多以一敌俩，他能够突破吗？没有机会，转身再交给贝克汉姆，贝克汉姆再转移，齐达内拿球，卡洛斯终于上来啦，看看卡洛斯的助攻，蹚了一下，试图靠速度过人，传到中路，机会，打门！球进啦！球进啦！在上半场比赛进入到伤停补时阶段的时候，伯纳乌球场再一次沸腾了，劳尔进球了！给他助攻的则是罗伯特·卡洛斯。”

2010年世界杯八分之一决赛 德国4:1英格兰 解说：贺炜

“我们祝贺德国人，他们在本场比赛中打得非常的出色，曾经一度形势比较危险，不过通过连续两次快速反击将胜局锁定，这场比赛德国队以3球的优势战胜了英格兰队。胜负既分，结局也已经确定了。英格兰同德国，他们永恒的对抗在世界杯历史上继续着延续下去。历史的篇章这一段已经写完。我们想想吧，此时此刻在柏林、在慕尼黑、在汉堡、在科隆大教堂，肯定有无数的德国球迷为之欢欣鼓舞，而在伦敦、在利物浦、在曼彻斯特、在泰晤士河边的小酒馆，肯定也有无数的英格兰球迷为之黯然神伤。不过，让我内心感到无比欣慰的是，在生命如此有意义的时间节点，在今天晚上，电视机前的亿万球迷们能够一起来经历，共同分享。这是我的幸福，也是大家的幸福。”

2010年世界杯四分之一决赛 乌拉圭1:1(点球4:2)加纳 解说：贺炜

“阿布鲁助跑，勺子点球！勺子点球！40年后乌拉圭人再一次进入了世界杯的四强，最后用如此轻巧的方式结束点球大战，如此残酷的时刻用如此轻巧的方式结束，这就是足球。让我们祝贺乌拉圭，两届世界杯冠军得主乌拉圭队，上一次世界杯夺冠是60年前，上次进入四强是40年前，他们早已被世界足坛的主流所遗忘，但是他们用一场点球大战宣告了自己的回归。谁说这个世界是冰冷而残酷的？像乌拉圭人一样，只要你胸怀坚定的信仰，做好充分的准备，保持高昂的斗志，这个世界说不定，说不定就会揭开它冰冷的面纱，向你露出灿烂的微笑。”

2012年欧洲杯半决赛 意大利2:1德国 解说：刘嘉远

“今天这场比赛要感谢意大利和德国。他们使得比赛在90分钟内打出非常精彩非常丰富的战术变化，这两个国家的足球都曾经品尝过现代足球的巅峰荣耀，也曾经遇到过各自前进路上的挫折和坎坷，德国足球正在从德意志森林哲学的这种严肃中向精巧和灵动变化，意大利足球则在从比较功利的比赛哲学里头努力恢复他们天生的地中海浪漫情怀，勒夫和普兰德利是各自深厚传统的勇敢的改革者，但是在改革的路上遭遇失败，就像蝴蝶飞不过沧海，没有谁忍心责怪！”

2018年世界杯小组赛 秘鲁0:1丹麦 解说：贺炜

“科技的介入，一定会让足球场上的错漏判减少，但是足球最大的魅力不正在于它的不可中断性吗？就像我们的人生一样，你的人生如果过得不如意，难道你可以按下暂停键吗？我们只是向大家提出这样一个思考，我们无法回答我刚才提出的这个问题,因为人生不可重来。”

二、篮球解说训练

(一)直播解说训练

观看以下赛事,进行片段解说练习。在训练中要模拟直播解说时的准备过程,尽量以熟悉相关资料、背景为主,不要在训练前观看比赛录像,抱着“不知道比赛中要发生什么”的心态进行练习。尽量寻找原声(无解说版)素材进行训练,以免受到已有解说的影响。

1.1997/1998 赛季 NBA 总决赛第六场 芝加哥公牛 87:86 犹他爵士,解说迈克尔·乔丹的绝杀球。

2.2000/2001 赛季 CBA 揭幕战 上海东方 101:96 八一双鹿,关注上海队员姚明和八一队员王治郅的对抗,并进行解说。

3.2001/2002 赛季 CBA 总决赛第四场 八一双鹿 122:123 上海东方,解说第四节比赛。

4.2004 年雅典奥运会男篮小组赛 中国 67:66 塞黑,解说第三节比赛。

5.2003/2004 赛季 NBA 总决赛第三场 洛杉矶湖人 68:88 底特律活塞,关注活塞队球员理查德·汉密尔顿的无球跑动,并进行解说。

6.2005/2006 赛季 NBA 常规赛 多伦多猛龙 104:122 洛杉矶湖人,解说下半场比赛。

7.2006 年男篮世锦赛 斯洛文尼亚 77:78 中国,解说王仕鹏的绝杀球。

8.2006/2007 赛季 CBA 揭幕战 广东宏远宝玛仕 104:98 八一双鹿,解说第四节比赛。

9.2008 年北京奥运会男篮小组赛 中国 59:55 德国,解说第四节比赛。

10.2018/2019 赛季 NBA 常规赛 明尼苏达森林狼 136:140 达拉斯独行侠,解说第四节比赛。

(二)集锦解说训练

观看经典赛事,将精彩镜头剪辑下来进行集锦解说,注意体现其与直播解说的区别。

1.2000/2001 赛季 NBA 总决赛第一场 费城 76 人 107:101 洛杉矶湖人

2.2006/2007 赛季 CBA 总决赛第五场 广东宏远宝玛仕 83:88 八一双鹿

3.2010/2011 赛季 NBA 总决赛第二场 达拉斯小牛 95:93 迈阿密热火

4.2018/2019赛季CBA总决赛第一场 广东宏远142:123新疆广汇

5.2018/2019赛季NBA总决赛第六场 多伦多猛龙114:110金州勇士

(三)经典解说片段训练

认真观看下列经典赛事后做模拟解说训练。

2008年北京奥运会男篮小组赛 中国70:101美国 解说:孙正平、张卫平

"这场比赛的主裁判来自芬兰,中国队今天穿的是一身红色运动服,美国队穿的是一身白色运动服。跳球的是易建联和霍华德。跳球以后美国队获得球,美国队出现了一次失误。科比来防孙悦,这是队友现在。有人说这场比赛的一个看点呢就是孙悦和科比,因为刚才张指导介绍了,他已经和洛杉矶湖人队签了一个协议。哇!漂亮!这场比赛没想到开局是中方2米26的姚明拉到三分线以外一个漂亮的远投,拉开了中国队得分的序幕。"

2008年北京奥运会男篮小组赛 中国75:85西班牙 解说:于嘉、张卫平

"看这次,顶防,硬打,吉梅内斯,断下来了!……中国队这个开局像和美国队一样,打得非常有斗志,好球!刚才这个球。你看今天的中国队,所以进攻都是从45度先攻姚明,而加索尔的防守呢他是在姚明身后防守。……鲁迪·费尔南德斯在外线躲过孙悦的防守,一个三分命中,西班牙队又把比分反超了。孙悦,吸引吉梅内斯出来,吉梅内斯是属于身体接触比较多的球员,孙悦撤步投篮,好球!也中!"

2008年北京奥运会男篮小组赛 中国59:55德国 解说:孙正平、张卫平

孙正平:"易建联,漂亮!关键时刻呀,易建联这球投进去了,3分,领先3分,这是一个2分球,你看德国队马上请求了暂停。现在还有28点1秒,张指导,是不是应该主防外线,宁可让对方打一个2分球也不让你随便搏3分。然后我们打控球。"

张卫平:"对,应当是这样,但是你比方说NBA的打法啊,他这个时候呢是延误你时间,让你得2分不让你得3分,因为得3分的可能性并不是非常大,我放你2分我还有1分然后你就要采取犯规战术,NBA往往是这么样打。但是在FIBA(国际篮联)的比赛中呢往往是不一样的,你比如说在世界锦标赛的时候,打平的时候,就上一次好像是阿根廷对西班牙的比赛,我要把球权拿回来我要打3分赢你,我硬赌犯一下规,让你罚球,人家两罚两中,结果他3分球没投中,输了1分,就是说FIBA的打法和NBA的打法是不一样的,NBA的打法在这个20多秒的时候呢他会让你得2分,而不会犯规,不让你得3分,待会儿看看中国队是怎么样打这个。"

2008年北京奥运会男篮决赛 西班牙107:118美国 解说:孙正平、张卫平

"好,美国队断球,这是他的拿手好戏。击地传球,35岁的基德,勒布朗·詹姆斯冲起来,反断球,中间拉开,好球!漂亮!你看看神奇小丑卢比奥一个击地传球声东击西,传得真好。这是美国队一个快攻失误,他没有分散开,所以呢西班牙队打了一个反反击,这反反击多打少,真漂亮,卢比奥这球传得。挡拆,传,哦,犯规,传得慢了。"

2016年里约奥运会男篮小组赛 中国62:119美国 解说:于嘉、王非

"杜兰特!这是今天双方的第一个运动战得分。杜兰特在过去的赛季当中他的中距离投射命中率百分之五十。……这边是易建联单打打成,4平。中国队这次经历了去年亚锦赛,很顺利,重新夺回亚洲霸主地位之后,对于这群年轻人来说,易建联、郭艾伦这是参加过奥运会的,包括周鹏,其他的九个人第一次来奥运会,那么他们要经历的很多的过程是此前根本没有经历过的,因为这群运动员也没有参加过2014年世界杯,他们跟世界最高水平的球队已经就是……哦嚯,这边考辛斯,很好的一次直传进来,直接劈扣。"

三、其他项目解说训练

(一)经典解说片段赏析

观看经典解说片段并进行赏析,体会不同项目的解说特点。

1984年洛杉矶奥运会女排决赛 中国3:0美国 解说:宋世雄

"现在中国队传到4号位,4号位扣球,美国队后排把球接起来,美国队现在把球传到4号位,美国队4号位是海曼,海曼再扣球,中国队后排防守很严,把球打过来。美国队现在还是快速进攻,由8号玛杰斯把这个球打中了,美国队先得一分,现在是1比0。"

2000年悉尼奥运会乒乓球女单决赛 王楠3:2李菊 解说:蔡猛

"(李菊得分)李菊的反手弹拨是女子选手中最出色的技术。她的反手敲击球速度非常快,力量很大。(王楠得分)我们看到王楠从打法上来看她这个中近结合,所以呢有的时候稍微离台远一点儿,能够缓解一下,这样回旋的余地比较大。(王楠连续得分)现在李菊在打球过程中节奏变化几乎不明显,但是王楠的节奏变化比较明显,现在9比5。"

2008年北京奥运会羽毛球男单决赛 林丹2:0李宗伟 解说:洪钢

"现在双方比赛马上就要开始了,首先是林丹发球。双方一上来两个人都是比赛经验非常的丰富,不紧不慢,打起了多拍。林丹刚才头顶一个点杀斜线没有能够打

死，双方的球质量都保持得比较高。拉开，劈对角，好球！在经过多拍之后林丹在后场起跳，正手劈杀对角得分。”

2014年澳大利亚网球公开赛男单半决赛 纳达尔3:0费德勒 解说：童可欣 许旸

许旸：“（纳达尔得分）反拍位置，费德勒的反手抽球并没有加力，出现了挂网。费德勒也谈到呢，这支球拍对他的反拍的这种改善使他可以用更快的节奏完成击球。”

童可欣：“（纳达尔得分）纳达尔同样也是靠三个非常高质量的发球完成了40比0的领先，这个开场呢得分节奏有一点点像费德勒。”

许旸：“你看一区他是两次找了费德勒的这个反拍位置。”

2018年平昌冬季奥运会男子花样滑冰决赛 羽生结弦 解说：陈滢

“容颜如玉，身姿如松，翩若惊鸿，婉若游龙。索契奥运会冠军在平昌周期面对着四周跳小将们的挑战，他让我想起了一句话——命运，对勇士低语：你无法抵御风暴。勇士低声回应：我就是风暴。羽生结弦，一位‘不待扬鞭自奋蹄’的选手。他取得今天的成就，值得现场观众对他给予的全体起立鼓掌的这样一种回馈。”

（二）经典赛事解说训练

观看经典赛事，进行片段解说练习，注意把握不同项目的解说特点。

1.2016年里约奥运会女排决赛 中国3:1塞尔维亚

2.1999年第45届世界乒乓球锦标赛男单决赛 刘国梁3:2马琳

3.2008年北京奥运会羽毛球男单决赛 林丹2:0李宗伟

4.2017年澳大利亚网球公开赛男单决赛 费德勒3:2纳达尔

5.2017年世界花样滑冰团体锦标赛表演场次 甫根尼娅·梅德韦杰娃

第二节　电子竞技解说训练

【理论概述】

一、赛前分析

通常来说，一场电竞比赛包含2~3名解说员，主解说负责流程解说，副解说承担专家解说的任务。

两位解说员首先讲解比赛的日期和进程，然后分析赛事积分情况，再介绍本日参赛的各支队伍所处的局面，并分析它们的胜负关系。在完成背景分析后，两位解说员讨论队伍的首发选手和BP环节。主解说介绍首发选手，并指出两支队伍首发阵容中比较特殊的位置变化。随后，主解说介绍双方的BP选择，副解说则从专业的角度解释做出这种选择的原因。

赛前分析的语言节奏通常比较稳定，氛围比较休闲。解说员可在赛前分析阶段适当加入一些娱乐成分。

二、场面解说

开场时，两名解说的介绍信息包括选手名称、所属战队、相互之间的胜负关系及比赛的初始情况，之后，两名解说简单介绍双方所采取的基本开场战术。这部分解说节奏可以相对舒缓，内容可以充分娱乐化。激烈的团战阶段，两名解说应保持高度兴奋，加快语速，以交替解说的方式呈现快速变化的战场局势。在一人解说语速快要跟不上形势变化时，另一人迅速插入，继续解说，保证完整描述整个场面。一人解说时另一人附带表达惊讶的语气，渲染激烈的比赛氛围。

三、赛后点评

赛后的点评内容包括比赛的结果、比赛胜负的宏观判断和比赛中的亮眼表现。首先由其中一人总结今天的整体赛况，然后大致总结比赛的进程，再由两人分别评价今天比赛中比较精彩的片段。

【实践训练】

一、流程解说训练

（一）赛前分析训练

观摩下面的解说片段并分析两位解说的职责，找出相关解说内容：比赛的日期和进程、赛事积分情况、各支队伍的胜负关系、首发选手、BP博弈。

1.赛事背景解说

记得：各位亲爱的召唤师，下午好！欢迎收看2020年《英雄联盟》LPL春季职业联赛第四周第六个比赛日的常规比赛，大家好，我是记得。

PYL：大家好，我是PYL。

记得：好！我们今天进入到周六的比赛了。我觉得时间过得很快，总共打7周，到今天整个春季赛事已经是赛程过半了。

PYL：对，到目前为止能进季后赛的队伍已经比较明显了。

记得：是的，我觉得前半段排名中的前三支队伍是比较稳的，他们的败场都比较少，但是处于中游的这部分队伍排名可能会比较混乱。

PYL：4到3分的这些队伍差距很小。

记得：对，5、4、3分的这部分队伍目前的情况可能会比较混乱，他们都还有很多的拉扯空间。我们看到VG最近的状态不错，虽然有胜有败但是也拿到了3分，而今天第一场的BO3我们看到的是LGD和V5，这两支队伍目前看可能比较不乐观。

PYL：对，他们进季后赛确实会比较困难。

…………

（英雄联盟LPL春季职业联赛常规赛2020年3月28日LGD VS V5）

2.赛前分析

记得：好的，我们来看一下今天LGD的首发：LIES、PEANUT、YUUKI、KRAMER和……我们看到今天是再度换上了打辅助的KILLUA。KILLUA之前在年后的第一场比赛打ESTAR的比赛中上过场。

PYL：打了两场比赛后被换下来，比较可惜。

记得：好的，那么我们进入到BP环节。我们来看一下LGD的BAN位，直接给了妖姬和刀妹，这个让我比较讶异……

PYL：其实他们就是想直接封锁掉小东北（MOLE）的英雄，直接针对中单。因为MOLE确实是他们这几场比赛发挥最好的。

记得：哦，原来是这样，我们也看到V5的队列慢慢回到了去年首发的队列。

PYL：对，这是比较正常的选手配置。这样MOLE就不需要再去打辅助。

记得：找其他人去打辅助位。来看一下LGD第一抢直接拿到了塞纳。

PYL：V5感觉是为了拿腕豪放掉了塞纳。

记得：看这一把腕豪怎么样，昨天的比赛有腕豪出场感觉是不错的。

PYL：腕豪最近蛮火的，很好用，又可以打上单又可以打辅助。

记得：所以这样的英雄在红色方的一选价值比蓝色方大。

…………

（《英雄联盟》LPL春季职业联赛常规赛3月28日LGD VS V5 BP环节）

（二）场面解说训练

观摩下面的解说片段，结合游戏场景分析解说的节奏和提供的信息，包括：选手名称、所属战队、相互之间的胜负关系、比赛的初始情况、两位解说语言交替的节奏。

1.开场介绍

黄旭东：dear对cure的比赛已经开始了。其实cure一直是比较怕dear的。

孙一峰：其实现在整个世界的TVP人族都很难打。

黄旭东：对，包括功夫杯好几个人族都被干掉了。

孙一峰：maru能不能站出来这个很关键。

黄旭东：最后的人族……我们来看出生点位：蓝色的神族选手是dear，来自kaizi战队，出生在了1点钟位置；红色的人族是来自dragon phoenix战队的cure，出生在7点钟的位置。

……

孙一峰：我们看到这场比赛好像cure有什么想法，应该是野VS投火车，这不是“全太阳”的战术吗？一般来说神族玩家不会去找人族玩家。在野外有什么东西，我们看到dear野了一个VC。

黄旭东：两个人都是有点拼。到比赛都开始放战术了，平时都挺老实地走流程。

孙一峰：一波了，这是要打一波的节奏……神族探到了。

黄旭东：dear今天探路没出问题啊……

孙一峰：cure这是要转大和？他要跳大和？

黄旭东：估计这是被侦查到了，他换了个位置然后换战术了。

（《星际争霸2》GSL2020超级赛3月27日dear VS cure）

2.团战

…………

ALAN：找到对面禅雅塔，对面被隔离，直接逼出对面的“圣”，非常漂亮！这个时候金木在对面“圣”之前先秒掉了ADORA，再找到对面的禅雅塔，直接深入敌后……没有办法吃到血包，这边有人数优势，金木倒地，另一边ELSA又击杀掉对面BEBE。

小鬼：但是这时候限制不住对面GODSB，GODSB交出回溯，两边的猎空都在场上，看一下残局里面白刃战到底谁能打出来。

ALAN：GODSB还在疯狂输出，想要充满这个脉冲炸弹，因为他是最关键的因素，但是这个点位还是由成都猎人队取得了巨大的人数优势，已经进入overcome阶段，破坏球把自己的炸弹撒在这个角度,妨碍进场的猎空。

小鬼:但是这时候GODSB还是炸掉了锤妹,这一波GODSB关键的炸弹起到了作用,取得了人数优势。ADORA交刀但是满地都是地雷。

ALAN:但是他还是弹子弹,以一个微妙的角度砍爆了机甲,ADORA微妙的走位控制!

小鬼:这个水上漂功夫练得好啊。

ALAN:漂亮!

小鬼:现在闪电队还有足够的成员,成员都避开了地雷禁区。这样再一次化险为夷。

…………

(OWL《守望先锋》联赛2020年3月28日成都猎人vs杭州闪电第一场)

(三)赛后点评训练

观摩下面的解说片段,分析两位解说员赛后点评的内容,包括:比赛的结果、比赛胜负的宏观判断和比赛中的亮眼表现。

…………

ALAN:好的,今天的比赛全部结束,杭州闪电队让二追三,最终取得了胜利。

小鬼:战况异常激烈,这个战况对他们双方来说都是瞬息万变,随时都有可能减员,随时都要去判断自己大招的使用时机,很混乱的一个局面。

ALAN:我们看到,杭州闪电队在丢掉两局之后,回到对于自己地面阵容比较有利的地图的时候,杭州闪电队依然能够比较准确地把握住这些优势。

小鬼:我们前面几张地图在谈SASIN的发挥,但是后面我们看到GODSB和BAZZI的发挥让人印象深刻。他们没有因为前面的失误而影响到后面的判断,刚才最后把AMENG冻住的那一波很关键。

ALAN:让我惊讶的是SASIN和BAZZI在第五盘,他们做的那个动作非常完美。他们对于猎空的防守,对于对面源氏拔刀推进的一系列动作,都导致了对面的两个DPS很难发挥出他们应有的作用。

小鬼:SASIN最后一波走那么前面,其实是看到能量的百分比,他想让成都猎人队有“死亡断层”,后面没那么好打。

ALAN:最后的这一局比赛让我们所有的观众都感觉值回了票价。

(OWL《守望先锋》联赛3月28日成都猎人vs杭州闪电)

二、分类型解说训练

（一）MOBA类游戏解说训练

观看下面的比赛并进行模拟解说，注意对全场局势的把控与对战斗细节的捕捉要相互结合。在完成模拟解说后，请观摩解说员DC和单车对本场比赛的解说，并与自己的解说进行对比。

《DOTA2》Ti6总决赛Wings vs DC。本场比赛由首次参加Ti6的中国《DOTA2》战队Wings对阵北美战队DC。经过4局战斗，Wings战队3:1战胜了DC战队，赢得了总冠军。

（二）FPS类游戏解说训练

观看下面的比赛并进行模拟解说，注意对纷乱的第一人称战斗画面的快速解析和转述。在完成模拟解说后，请观摩解说员Roy、时光和小霜对本场比赛的解说，并与自己的解说进行对比。

2020年OWL《守望先锋》联赛亚洲锦标赛5月24日决赛，首尔王朝对阵上海龙之队。经过7局战斗，上海龙之队让三追四，4:3艰难地战争了首尔王朝队，赢得了亚洲锦标赛总冠军。

（三）RTS类游戏解说训练

观看下面的比赛并进行模拟解说，注意在杂乱的战场上帮助观众分析战场核心元素。在完成模拟解说后，请观摩解说员Ted对本场比赛的解说，并与自己的解说进行对比。

2020年网易黄金联赛《魔兽争霸3》项目总决赛，ELL战队对阵RW战队，最终ELL让二追三夺冠。这场比赛因裁判问题出现了一些意料之外的插曲。

（四）卡牌类游戏解说训练

观看下面的比赛并进行模拟解说，注意对选手的思维要进行正确细致的解读。在完成模拟解说后，请观摩解说员瓦莉拉的小伙伴对本场比赛的解说，并与自己的解说进行对比。

2015年炉石传说中美对抗赛，朝神对阵Tarei，最终朝神使用奴隶战通过精确的计算斩杀对手的手牌术。

三、综合训练

观看下面的比赛并进行模拟解说，要求解说中要用到之前训练中所有涉及的元素。

（一）《英雄联盟》

1.2014年《英雄联盟》S4小组赛，OMGvsFNC。

2.2015年《英雄联盟》S5春季总决赛，EDGvsLGD。

3.2017年《英雄联盟》S7世界总决赛，SSGvsSKT。

4.2018年《英雄联盟》洲际赛决赛，RWvsKZ。

5.2018年《英雄联盟》S8MSI季中赛，RNGvsKZ。

（二）《守望先锋》

1.2018年《守望先锋》联赛常规赛，洛杉矶英勇队vs洛杉矶角斗士队。

2.2018年《守望先锋》联赛常规赛，纽约九霄天擎队vs波士顿崛起队。

3.2018年《守望先锋》联赛常规赛，波士顿崛起队vs费城融合队。

4.2019年《守望先锋》总决赛，旧金山震动队vs温哥华泰坦队。

5.2019年《守望先锋》季后赛，杭州闪电队vs亚特兰大君临队。

（三）《星际争霸1》&《星际争霸2》

1.2009年WCG成都总决赛韩国区预选赛1/4决赛，Bisu vs Flash。

2.2010年Hana MSL决赛，Flash vs Jaedong。

3.2010年OSL上海东方明珠总决赛，Flash vs Jaedong。

4.2016年暴雪嘉年华WCS世界总决赛，ByuN vs Dark。

5.2019年WESG全球总决赛，Maru vs Scarlett。

（四）《炉石传说》

1.2015年《炉石传说》中美对抗赛，朝神 vs Tarei。

2.2016年《炉石传说》中欧对抗赛决赛，弱鸡 vs Kolento。

3.2017年《炉石传说》中欧对抗赛决赛，XHope vs Dogggg。

4.2017年联盟电竞超级明星赛——《炉石传说》决赛，wtybill vs Odemian。

5.2017年《炉石传说》双人现开赛“冰封王座篇”决赛，星风作浪vs咖喱鸡。

第三节　文旅项目解说训练

【理论概述】

文旅项目解说可以使用固定稿件,也可以是腹稿。解说风格应亲切、朴实,尽量口语化。稿件结构一般应包括总说、分述以及前言、后语几部分。

一、总说

总说部分是对游览对象的总括性介绍。主要解说以下几方面内容:游览地的概况和旅游价值、将要游览的内容等。总说部分的作用在于使旅游者对游览地有个全面的认识,从而引发游览者游览的兴趣,并为将要进行的游览做好精神、物质准备。总说部分的语言风格比较随意,解说员可在总说中适当插入一些娱乐段子,或与游客聊天拉家常,以求拉近和游客的距离。

二、分述

分述部分是解说的主体。它是对游客所要观赏的旅游地的具体解说。

在这一部分,解说员一般是按照游览路线的先后顺序,对各个景观一一报名解说。在对各个景观进行解释说明时,不能平均使用笔墨,而应详略得当、突出重点。

在讲解完名称后,要紧紧围绕这个景观作进一步的解说,如介绍其产生、发展的历史、妙处以及其他有关知识。我国各地的名胜古迹等往往有一些共同之处,因而解说时要着重介绍其个性特色,解说出其独特韵味,应避免雷同,"千景一面",否则会使游客扫兴。

分述部分的语言风格以明朗、朴实为主,解说时应注意灵活运用声音要素的对比(明暗、长短、虚实等)凸显景观的重点要素。

三、前言和结尾

有的旅游解说还有前言和结尾。前言,是指在游览前对游客表示欢迎或提醒应注意事项的话。结尾,是指游览结束后总结性的话,其内容不固定,或是总结游览的景观,或是请游客留下宝贵意见,或是说些告别与祝福的话,或是介绍与游览有关的其他活动。总之,这部分解说词应体现出现场的交流性,解说员内心要把服务游客作为第一要务。

【实践训练】

一、总说训练

用下面的解说片段进行练习，要做到节奏均匀、条理清晰、语言朴实，对重要的景点需要适当加强语气进行强调。

成都青羊宫导游解说（片段）

青羊宫位于四川省成都市西南郊，是成都市最古老、规模最大的道教宫观，1983年被国务院列为全国道教重点宫观之一。青羊宫创建于唐代，历经沧桑。唐朝末年黄巢起义，唐僖宗逃奔蜀中，曾以此作为行宫。他重返长安后，下诏改青羊观为青羊宫。

青羊宫中轴线上的主要建筑有山门（灵祖楼）、混元殿、八卦亭、三清殿、斗姥殿、皇楼殿、唐王殿等，两侧还有三真殿、三宫殿、三法殿、七真楼、斋堂、云水堂、客堂、祖堂等配殿、配房。院内松竹苍翠，绿树成荫，十分幽静秀丽。

重庆金刀峡导游解说（片段）

金刀峡地势雄伟，以峡著险，以林见秀，以岩称奇，以水显幽。

金刀峡长约9公里，分上下两段，上段由于喀斯特地质作用，地面切割痕迹明显，金刀神功般形成了独特的峡谷幽壑。石壁如削，两山咬合，垂直高度超过百米，上有古藤倒挂，下有潺潺流水。下段由于流水侵蚀的作用，有洞穴群相连，飞泉瀑布层层叠叠，古钟乳、石笋、石柱更是千姿百态，堪称全国最长的峡谷。十里仿古栈道，让人惊叹不已，凭栈探幽，可以感悟那蕴藏于大自然山水中的天地灵气。已开发的七公里风景线以雄、险、奇、幽著称，集瀑、泉、洞、峡于一体。主要景点有藏刀洞、中峡天然浴场、悬天飞瀑、神鹰峡、弥勒佛等四十多个景点可供游客探险、攀登和水上游乐，是人们度假避暑、踏青、回归自然的旅游佳境。

二、分述训练

用下面的解说片段进行讲解练习，要注意节奏的变化，用语速的快慢区分出各个不同区域所包含的景点，要通过情景再现技巧提示游客景物的方位，解说时可以结合稿件模拟与游客的即兴互动。

金鞭溪导游解说（片段）

请大家注意看左边这些奇特的植物，它就是国家一级保护植物——珙桐。珙桐是多年生木本花卉，通常在春末夏初的时节开花，花呈白色，柱头上略带一点紫红，很像鸽子的头和嘴，花身有两片又大又长的苞片，像是一对翅膀。整个花朵的形状就像一只放飞的鸽子，这是我国特有的珍贵树种，因而外国人亲切地称它为“中国鸽子花”。

大家请往右前方看，前面这座高耸入云的石柱就是闻名遐迩的金鞭岩了，而金鞭溪就是因为长年流经此岩而得名的。它高378米，方方正正，上细下粗，棱角分明，如同一支高举的钢鞭，直指云霄，令人望而生畏。加上其岩石结构为红色石英砂岩和石灰岩，在阳光照射下，金光闪闪，故名金鞭岩。金鞭岩是整个张家界景区最高、最陡、最壮观的石峰。

更为奇特的还有呢，再请大家看紧紧依偎着神鞭左边的巨峰，它好像一只雄鹰，鹰头高昂，凌空展翅。一只翅膀还有力地半抱金鞭岩，气势雄伟，所以叫作“神鹰护鞭”，这也是金鞭溪的王牌景点之一。

南京中山陵解说（片段）

大家此刻所在的即是中山陵前的半月形广场。请朝南看，广场正南是一座八角形石台。台上那尊双耳三足的紫铜宝鼎，重5000公斤，高4.25米，腹径1.23米，是中山陵纪念性装饰之一。由广场踏阶而上，迎面是一座四楹三阙门的冲天式石牌坊。这座牌坊建于1931—1933年，高12米，宽17.3米。建坊用的都是大块福建花岗岩，但采用的却是中国传统木结构形式。大家抬头能够望见坊额正中金光闪闪的博爱两字。这两个字是孙先生的手迹，原出自唐韩愈《原道》“博爱之为仁”一语。据说孙先生生前最爱题这两字送人。孙先生毕生以伟大的博爱精神致力于资产阶级民主革命，为民族的独立自由奋斗不息，可以说博爱二字正是对他一生的高度概括和最好写照。

由博爱坊向前走，是一段长480米，宽数十米的墓道。中山陵的整体设计，突出中国的传统风格，庄严肃穆，独具特色。为了体现孙先生的崇高伟大，中山陵沿用了古代依山为陵的惯例，将墓室筑于海拔约160米的全陵最高处。此外，整个陵区的建筑讲求中轴对称，给人以法度庄严之感。请大家向前看，朝北顺坡而上，依次有陵门、碑亭、祭堂和祭堂后的墓室等建筑。

墓道尽头是平台。根据吕彦直的设计，整个陵墓平面为木铎形。铎，就是平常我们说的大铃铛。在古代，它是用来宣布政教法令的。铎的声音洪亮，而且传得很远，有使天下皆达道的寓意。陵墓选用这样一个图式，让人不禁想起孙先生“革命尚未成功，同志仍需努力”的名言，其用意也正在警示后人。那里的平台广场就是当年吕彦直设计的自由之钟的下缘。这座宏伟的三拱门，是陵区的正式开端。它高16米，宽27

米，进深8.8米，也是用福建花岗岩筑成的。中门横额上是孙中山手书的“天下为公”四字，出自《礼记·礼运》中的“大道之行也，天下为公”，意思是说天下不是哪一家的天下，而是天下人的天下，老百姓的天下。这是孙先生毕生奋斗的理想，也是他所倡导的三民主义的极好注解。

三、前言训练

用下面的解说片段进行解说练习，注意保持亲切、朴实而又通俗、幽默的叙述方式，也可以结合副语言让表达更加生动，迅速拉近和游客的心理距离。

欢迎来到西安解说词（片段）

您知道中国旅游的十大“看头”是什么吗？到了北京看的是“城头”，到了上海看的是人头，到了苏州看的是“桥头”，到了天津看的是“码头”，到了桂林看的是“山头”，到了河南看的是“光头”，到了海南看的是“浪头”，到了南京看的是“石头”，到了杭州看的是“丫头”。到了我们陕西，您猜看的什么？看的是“坟头”。

四、结尾训练

用下面的解说片段进行解说练习，要用重音强调注意事项，还要提醒游客注意重要的时间点。可以通过情景再现描述场馆内的方位，也可以通过想象穿插一些与现场游客的互动。

西安兵马俑坑解说词（片段）

给大家说一下，就在我的身后，就是壮观的一号兵马俑坑，一号坑道是博物馆里最壮观、最大的，但为了缓解游客的压力，设计的入口只有一个，而它的出口有七个。所以不要擅自行动，走错一个出口，我们就只能在博物馆门口见了。

前方吊牌下面是最中心的位置，这里拍的全景照是最对称的。

好了，游客朋友们，景点的讲解就到这里，接下来的时间大家可以自由参观，拍照留念。但游玩时，大家一定要注意自身和财物的安全。最关键的是大家一定要牢记集合时间，一小时后咱们在这儿集合，不见不散！（西安导游训练手册，有改动）

五、综合训练

结合下面的解说词，按照总说、分述、前言、结尾的顺序进行解说，要求内容丰富、语言生动。解说时注意：对于重要的旅游内容，不可轻易修改解说词，但前言和结尾可根据自己的知识结构或想象的情境进行即兴讲解。

成都武侯祠导游解说词(片段)

中国文明史有五千多年,而三国时代是其中很短却又很精彩的一段。历史学家认为,三国时代仅有45年,从曹魏取代汉朝到司马氏取代魏建立晋朝,即公元220—265年。一般人则认为应从汉末黄巾农民起义至三家归晋(公元184—280年),前后近百年。

武侯祠是纪念三国时蜀国丞相诸葛亮的祠堂。诸葛亮生前封武乡侯,死后谥号忠武侯,后人便尊称他为武侯。

武侯祠始建于何时,已经没有资料可考了。但从杜甫《蜀相》诗的描写“丞相祠堂何处寻,锦官城外柏森森”来推断,早在唐代以前,就已经建有武侯祠了。在唐、宋时代,这里分别有武侯祠和刘备庙;明代初年,祠庙合并为一;明末,祠庙毁于战乱。今天我们看到的武侯祠,是清康熙十一年(公元1672年)在旧址上重建的。这里也是全国唯一的君臣合祀祠。

武侯祠坐北向南,布列在一条中轴线上,有大门、二门、刘备殿、过厅、诸葛亮殿五重,西侧为刘备陵园。今天我们要游览的也就是这五重大殿和西侧的刘备墓,游览时间约一小时。

…………

大家请看诸葛亮殿的门楣楹柱上挂满了前人留下的匾联。其中最有名的是悬挂在诸葛亮殿正中的一联,即“能攻心则反侧自消,从古知兵非好战;不审势即宽严皆误,后来治蜀要深思”,我们把它简称为“攻心联”。

联文为清末云南剑川人赵藩所撰书。上联说,诸葛亮在打仗中能用“攻心”战术,如南征时对孟获七擒七纵,使其心悦诚服,以此称赞诸葛亮是真正懂得用兵打仗,而不是好战的军事家。

下联的审势是说要对当时形势做一个正确的考察判断,否则不论制定的政策是宽是严都会有偏差,收不到好的效果,提醒后来治理四川的人要从中吸取教训。这副对联对诸葛亮的用兵和施政做出了客观评价,称颂诸葛亮能审时度势,当宽则宽当严则严,赏罚分明。这副对联提出“攻心”和“审势”两个很有启发性的问题,是武侯祠匾联中的上品,也是我国的十大名联,就连1958年毛主席游览武侯祠时也驻足一看再看。上联的攻心是对人，下联的审势是对事，这副对联总结起来就是：攻心待人，审势待事。“攻心”和“审势”不仅可以用在治国上，对企业和家庭也是很实用的。

…………

好了，我们的游览到这里就全部结束了。今天很高兴能和各位一起同游武侯祠，大家可以顺时针绕刘备墓走一圈，然后从左边的走廊出去。

拓展阅读

一、著作类

1. 黄健翔. 歪批足球[M]. 武汉：长江文艺出版社，2000.

2. 黄健翔. 像男人那样去战斗——我就是那个“说球的”[M]. 北京：朝华出版社，2006.

3. 刘建宏. 上半场[M]. 北京：人民文学出版社，2016.

4. 明庆忠，陈亚颦. 旅游解说系统的理论与实践[M]. 昆明：云南大学出版社，2007.

5. 王群，徐力. 电视体育解说[M]. 北京：北京广播学院出版社，2005.

6. 魏伟. 体育解说教程[M]. 北京：人民体育出版社，2012.

7. 魏伟. 体育解说论[M]. 北京：中国广播电视出版社，2013.

8. BBKinG. 中国电竞幕后史[M]. 武汉：长江文艺出版社，2015.

二、节目类

(一)体育解说

	节目名称	播出平台
1	《直播周末》	央视体育频道
2	《足球之夜》	央视体育频道
3	《天下足球》	央视体育频道
4	《篮球公园》	央视体育频道
5	《NBA最前线》	央视体育频道

（二）电子竞技解说

	竞技项目	解说赛事
1	《英雄联盟》	腾讯《英雄联盟》职业联赛
2	《星际争霸2》	GSL（全球《星际争霸2》联赛）
3	《DOTA2》	《DOTA2》Ti邀请赛
4	《守望先锋》	《守望先锋》职业联赛
5	《炉石传说》	《炉石传说》黄金超级联赛

（三）文旅项目解说

	解说项目	导游或讲解员
1	《陕西旅游》	冰蛋
2	《杭州旅游》	沈国峰
3	《成都武侯祠》	李志
4	《国家博物馆》	袁硕

第九章　新闻节目主持训练

新闻节目是以播发消息为主，旨在迅速及时反映客观实际的重要发展变化，借以满足公众信息需求，引导社会舆论的节目类型[①]。因此，新闻节目主持人不应该是只会读稿件的发声机器，更需要传递思想和价值。新闻节目的主持艺术包括新闻采访、现场报道、新闻评论等。

第一节　现场报道训练

【理论概述】

现场报道是提升新闻节目纪实性和时效性的重要手段，既扩大了节目的信息量，也丰富了节目的形式。现场报道既要将新闻现场的实时情况第一时间传递给受众，还要兼顾链接新闻背景与适当点评新闻事件。

一、现场报道概述

（一）现场报道的概念

现场报道，是指记者在新闻事件现场，通过口头报道向受众介绍正在发生的新闻事实的报道形式。由于不同媒介的特性，电视新闻现场报道和广播新闻现场报道对记者提出了不同的能力诉求。

1. 电视新闻现场报道是指报道者置身于新闻现场，面对摄像机镜头，以目击者、参

①王振业．广播新闻与电视新闻[M]．武汉：武汉大学出版社，2001：359.

与者、体验者的身份，向观众描述新闻现场，叙述新闻信息，采访新闻人物，点评新闻事件，并同时伴以图像报道的一种方式。由于报道者的介入和新闻现场的展现，与一般的电视新闻相比，电视新闻现场报道更具有参与感和纪实性。①

2.广播新闻现场报道，是指记者在新闻事件现场，以目击者、采访者或参与者的身份用口头方式报道新闻的一种体裁。广义的广播新闻现场报道包括记者借助电子新闻采集和传输设备，在新闻现场进行的报道，如现场直播、现场采访、现场口头播报等；狭义的新闻现场报道专指记者在新闻现场根据自己的观察，当场口述自己的见闻，直接将新闻事实报道给听众。②

（二）现场报道的类型

1.按照播出时间和传播方式划分

按照播出时间和传播方式，现场报道可分为直播和录播两种方式。直播现场报道最大的特点是“共时性”，即记者与受众共同经历正在发生的新闻事件。录播现场报道与新闻事件的发生时间不是同步的，所以录播现场报道的时效性较弱，一般用于已经有结果或定论的新闻事件。

2.按照事件类型划分

按照事件类型，现场报道可以分为预见性事件现场报道和突发性事件现场报道。在预见性事件现场报道中，出镜记者提前知道时间、地点、事件等信息，其优点是有充足的准备时间，对报道内容及方式可以提前进行设计、安排。预见性现场报道多用于一些大型活动中，例如，奥运会开闭幕式、新闻发布会、阅兵式等。突发性事件是在毫无预兆和心理准备的情况下发生的，出镜记者在突发事件现场对突发内容做出及时的报道。突发性事件分为社会性突发事件和自然性突发事件。

二、现场报道的方法与技巧

虽然现场报道对记者的现场反应能力有很高的要求，但现场报道的方法是有章可循的。③

① 中国传媒大学播音与主持艺术学院.电视节目播音主持[M].北京：中国传媒大学出版社，2015:85.

② 中国传媒大学播音与主持艺术学院.广播节目播音主持[M].北京：中国传媒大学出版社，2015:134.

③ 宋晓阳.出镜记者现场报道指南[M].北京：中国广播电视出版社，2008:73-77.

（一）清楚明确地说出所在位置

在出镜报道时，明确地说出自己所处位置的目的是证明“我在新闻现场”。介绍“位置”时要注意以下两点：一是要说出地理位置，二是要具体描述周围的环境。记者在新闻现场进行出镜报道，清楚的地理“位置”是人在新闻现场的暗示。

（二）选择典型环境作为出镜背景

出镜背景是记者现场活动的画面标识，信息含量丰富的新闻背景现场会起到衬托、强化的作用，更为重要的是可以向受众展示实时变化的现场画面，成为传达“映像信息”的载体。出镜背景可以是固定画面，通常使用在静态报道中。而动态报道则要求出镜记者在现场要有一定的活动区域，出镜背景应由单一画面转变为多元画面。

（三）运用丰富多样的出镜形式

千篇一律的出镜形式势必带来审美疲劳，而鲜活、生动的出镜形式无疑会在第一时间吸引观众的注意力。虽然出镜记者的核心任务是在新闻现场传达新闻信息，但是，多样的出镜形式不仅可以丰富受众的视觉环境，同时可以为多点面信息的报道提供画面支持。

（四）调动众多感官机能，弥补和丰富有声语言

出镜记者在现场利用自身的触觉、嗅觉、味觉将现场信息予以细化，将其他感官信息与新闻画面、有声语言三者相结合。面对现场、实物，出镜记者可以用摸、问、敲打、闻、尝等方法，来弥补声画手段在传播新闻信息上的先天不足，使观众通过出镜记者的感官体验，感受到新闻的现场感。

（五）与演播室播音员、节目主持人交流

一次成功的现场报道，不仅仅需要出镜记者在新闻现场做好诸多准备工作，还需要出镜记者来推进现场报道进程，与在演播室里有可能不断提出各种问题的播音员、节目主持人进行实时交流。

（六）出镜记者仪态应与现场环境吻合

出镜记者的仪态，包括服饰、神情、眼神等。出镜记者的仪态需要与所报道的新闻事件的环境相吻合。在时政新闻报道中，出镜记者需要着正装，表情自然，语言表达上要大气、庄重。在灾害新闻报道中，出镜记者则不能穿得太正式，甚至可以穿戴

一些特殊装备，例如，救生衣、口罩、手套等。这不仅可渲染现场气氛，同时还可保证报道过程中的人身安全。

三、现场报道的有声语言表达

（一）注意叙事的顺序

现场出镜报道要根据新闻现场的情况采用不同的叙事顺序，如顺叙、插叙、倒叙等。顺叙是指按照时间发展脉络从头说起；插叙是指从时间发展过程中的某一时间点开始叙述；倒叙是指从事件结束后开始叙述。需要注意的是，为了体现现场报道的时效性和现场感，所有的叙事都应以“现在时”来告诉受众正在发生的事情。

（二）语言表达口语化

现场报道语言最大的特点是“口语化”，以简单句为主、表述灵活、停顿自由，不要用倒装句和复杂句式增加受众理解的难度，对专有名词和专业术语的解释说明要通俗易懂。要注意，记者在进行现场报道时使用的语言应该是经过选择和提炼的规范化口语，要做到清晰、准确、简洁、明了。

（三）即兴口语的现场生成

现场报道更强调“现场感”，提前写好的文稿虽然可以保证信息完整、表达流畅，但束缚了出镜记者有声语言的表达，现场报道最根本的依据是新闻现场本身，因此报道时更应该注重对新闻现场的捕捉，通过所见所感传递最新消息。

【实践训练】

一、预见性事件现场报道训练

根据下列新闻背景，模拟进行现场报道。报道前可以搜集相关资料，根据新闻背景确定报道的地点、时间、切入点等。语言要流畅，现场感要强。时间为3~5分钟。

1.第十三届全国人民代表大会第二次会议5日上午在人民大会堂开幕。近3000名全国人大代表肩负人民重托出席盛会，认真履行宪法和法律赋予的神圣职责。（新华网2019年3月5日）

2.10月1日将在天安门广场举行庆祝中华人民共和国成立70周年大会，并举行盛大的阅兵式和群众游行、首都国庆联欢活动。中央宣传部常务副部长王晓晖介绍，群

众游行将有10万多名各界群众参加，联欢活动将有6万多名首都各界群众参与。（央视网2019年8月29日）

3.为庆祝中华人民共和国成立70周年、八大山人纪念馆建馆60周年，故宫博物院和南昌市人民政府共同主办的《回望传承——八大山人纪念馆建馆60周年故宫典藏特展》，将于2019年9月23日上午在八大山人纪念馆开幕，展期持续至12月13日。（《南昌日报》2019年9月3日）

4.今天（6月7日），2019年全国统一高考正式开考。本届高考总报名人数，不含高职扩招补报名人数，就达到了1031万，比去年增加56万人，这是继2009年的1020万人之后，高考报名人数第二次破千万。（央视网2019年6月7日）

5.中华龙舟大赛是国内赛事级别最高、竞技水平最高、奖金总额最高的顶级龙舟赛事。北京时间6月29日，2019年中华龙舟大赛成都简阳站第一比赛日，在青少年男子100米直道赛晋级赛中，东北电力大学获得第一；职业男子100米直道赛预赛中，顺德乐从罗浮宫获得第一。（央视网2019年6月29日）

6.电影《我和我的祖国》9月30日上午9点正式登陆全国院线，10月1日开启海外同步上映。电影集结了陈凯歌、张一白、管虎、薛晓路、徐峥、宁浩、文牧野7位导演及50余位优秀演员，以回溯70年里难以忘怀的7个历史瞬间，唤起全民回忆。（《北京晚报》2019年9月24日）

7.记者从成都大熊猫繁育研究基地了解到，2019年10月11日下午，基地的大熊猫“小丫头”顺利产下一对“迟到”的双胞胎“兄弟”，这也是成都大熊猫基地近10年来在当年最晚生产的大熊猫。（新华社成都2019年10月12日）

8.吉林查干湖第十八届冰雪渔猎文化旅游节28日正式启幕。在当天举行的传统拍卖环节，备受关注的“头鱼”拍出2966666元的天价。查干湖是中国十大淡水湖之一，位于吉林省西北部的松原市前郭县境内。查干湖冬捕始于辽金时期，历经千年迄今依然保留着人工凿冰窟、人工布网、马拉绞盘形成动力牵引并拉拽渔网的原始捕鱼方式。（中国新闻网吉林松原2019年12月28日）

9.今年春晚延续主会场+分会场的舞台设置，北京主会场联动河南郑州分会场、粤港澳大湾区分会场共同呈现一场“盛世大联欢”。据悉，粤港澳大湾区分会场将取景港珠澳大桥白海豚岛，融合大湾区人文精神和文化特色，展示大湾区发展成果，呈现流光溢彩的湾区城市群像，描绘出粤港澳三地共迎新春、大湾区同创未来的盛世图景，充分彰显粤港澳大湾区加快建设富有活力和国际竞争力的一流湾区和世界级城市群的美好前景。（新华社北京2020年1月16日）

10.在第42个植树节来临之际，冬奥延庆赛区脚下的冬奥森林公园建设正式复工，工人们戴着口罩、安全帽，撸起袖子加油干。预计在今年10月，公园一期就将建设完毕、开园迎客。正在建设中的冬奥森林公园距离冬奥延庆赛区直线距离10公里，位于延庆区张山营镇政府西侧，于2019年4月动工，分两期进行建设。公园一期占地面积480亩，沿着佛峪口河两岸而建，规划有门户花园、奥运之窗、奥运康体园、迁地植物园和奥运之家5个展区。（《北京日报》2020年3月13日）

二、突发性事件现场报道训练

根据下列新闻背景，模拟进行现场报道。看完题目后直接进行现场报道，提升言语快速生成的能力。要多捕捉现场的细节，突出记者在现场的“所见、所闻、所感”。现场报道时间为3~5分钟。

1.2019年2月初，青海省玉树藏族自治州多次遭遇大范围的降雪，全州1市5县遭受不同程度的雪灾。目前，当地正在全力以赴抗灾救灾，各项救灾工作有序进行。玉树称多县清水河镇是这次雪灾的重灾区，全镇七个村中，有四个村的道路中断，四百多户牧民被困。有关部门加紧组织人力、机械疏通道路。（央视《新闻联播》2019年2月18日）

2.据民政部网站消息，6月12日以来，江南北部及福建东北部等地出现暴雨或大暴雨，福建宁德和浙江绍兴等地局地累计雨量超过200毫米，导致浙江、安徽、福建、江西、湖北、湖南等省遭受洪涝灾害。截至6月14日9时统计，上述6省20市（自治州）49个县（市、区）32.2万人受灾，1人死亡，6500余人紧急转移安置，近2000人需紧急生活救助；农作物受灾面积21.7千公顷，其中绝收1.5千公顷；200余间房屋倒塌，1700余间不同程度损坏；直接经济损失3.5亿元。（中国新闻网2019年6月14日）

3.7月23日21时20分许，贵州六盘水市水城县鸡场镇坪地村岔沟组发生一起特大山体滑坡灾害，造成21栋房屋被埋。截至目前，已造成11人死亡，仍有42人失联。（新华社北京2019年7月24日）

4.今年第9号台风“利奇马”已于8月7日下午加强为强台风级，晚上加强为超强台风级。中央气象台预计，“利奇马”将于10日白天登陆我国浙江中北部沿海，登陆时强度将为台风或强台风级(13—15级),但也有可能沿浙江近岸海面北上。……据气象专家介绍,台风“利奇马”具有登陆强度强、风雨强度大、持续时间长、影响范围广等特点。(中新网2019年8月8日)

5.2019年10月12日,广西玉林,市民到户外躲避地震。中国地震台网正式测定:10月12日22时55分在广西玉林市北流市(北纬22.18度,东经110.51度)发生5.2级地震,震源深度10千米。(央视网2019年10月13日)

6.9日,福建省泉州市鲤城区欣佳酒店楼体坍塌事故现场依然在紧张救援中。13时49分,消防搜救人员搜救出一名遇难者,系该事故中发现的第50名被困人员,救出时已无生命体征。(中国新闻网泉州2020年3月9日)

7.受连日降雨影响,京广线马田墟至栖凤渡站下行区间发生线路塌方,T179次(济南至广州)列车运行至该区段时,火车司机发现后立即采取紧急制动措施,列车撞上塌方体,导致机后第一节发电车起火,第二至六节车厢脱线倾覆。郴州消防救援支队接警后,立即出动28车、147名消防员到场紧急救援。湖南消防总队调派衡阳支队15台车91人,长沙支队6条搜救犬赶赴现场增援,13点50分,发电车的火势被扑灭。(央视网2020年3月30日)

8.28日19时30分,木里县乔瓦镇锄头湾村与项脚蒙古族乡项脚村交界处发生森林火灾。目前,灭火工作仍在进行。据了解,火场林相以云南松、杂灌为主,目测过火面积约15公顷。由于地形复杂、风大、气温高,29日15时许,前指决定,扑救人员撤离至附近安全区域休整,并留守足够人员观察火情。16时许,火烧迹地飞火引燃火场东北线、北线外约2公里处,火场被突破。(新华社成都2020年3月30日)

9.3月27日22时10分,贵州贵阳观山湖区贵州商品混凝土有限公司厂区内发生滑坡,初步确定受困人员为12人。据贵阳市观山湖区委宣传部的消息,截至今天(29日)8时,已搜救出9名被困人员,其中5人送医救治,生命体征平稳,另外4人已无生命体征。目前尚有3人失联,搜救工作仍在进行中。(央视网2020年3月29日)

10.记者13日从应急管理部获悉,截至当日20时30分,浙江温岭槽罐车爆炸已致10人死亡、117人受伤,倒塌房屋内有人员被困失联。应急管理部已派工作组赶赴现场指导处置。应急管理部有关负责人介绍,6月13日16时46分许,沈海高速浙江台州温岭出口处,一辆由宁波开往温州的槽罐车发生爆炸。目前,当地消防救援队伍正在现场处置,人员搜救工作仍在紧张进行中。(新华网2020年6月13日)

第二节 新闻评论节目主持训练

【理论概述】

一、新闻评论节目的类型

(一)按照分析性信息和叙述性信息比例划分

按照分析性信息和叙述性信息比例,新闻评论节目可分为主评型节目和述评结合型节目。在主评型新闻评论节目中,主持人的分析性语言高于叙述性语言。在述评结合型新闻评论节目中,主持人的分析性信息语言和叙述性信息语言间的比例一般较为均衡。

(二)按照内容和性质划分

按照内容和性质可划分为:弘扬主旋律、释疑评述、重大新闻事件深度报道、批评舆论、警示思考型等等。[①]

二、新闻评论节目主持人的综合素质

(一)政治素质

新闻评论节目政治性、政策性强。新闻评论节目主持人首先要牢固树立喉舌意识和导向意识,坚持马克思主义新闻观和正确的舆论导向。

(二)新闻素质

新闻评论节目主持人作为新闻工作者,要对新闻事件有敏锐的洞察力。主持人要熟练掌握新闻采访、报道、编辑等新闻采编的各个环节,做到对节目胸有成竹,从而彰显新闻评论节目的功能和优势。

(三)文化修养

新闻评论节目主持人应具备多层次、多领域的知识,在新闻评论时才能深入浅出,把握好新闻评论的角度和深度。

(四)语言能力

新闻评论节目主持人既是新闻工作者,也是有声语言艺术工作者。其语言能力

① 陆锡初.中国主持人节目学[M].北京:中国广播电视出版社,2014:128.

不仅体现在流畅的语言表达上,更体现在语言的精准度上。这就要求新闻评论节目主持人不仅要提升语言表达能力,也要不断强化思维能力。

三、新闻评论节目主持人的语言特点

(一)通俗易懂,形象生动

新闻评论节目的选题多是现实生活中老百姓所关心的问题,具有贴近生活实际、贴近群众脉搏、贴近政策举措的特点。所以,新闻评论节目主持人的语言应该是大众化、通俗易懂、生动传神,让受众易懂、易记、易理解的。因此,新闻评论节目主持人要多使用口语化词语,避免使用复杂句式和生僻词语。

(二)朴素精练,观点鲜明

新闻评论节目应该坚持朴素精练的风格。朴素强调语言质朴,不哗众取宠,不装腔作势。精炼则是要用恰当的语言表达丰富生动的内容。讲观点直截了当,讲道理实实在在,内容要精辟,语言要简洁,有深刻思想内容的评论,不需要用华丽的辞藻来粉饰,也不需要冗长烦琐的论述。

(三)逻辑严谨,论证充分

新闻评论节目主持人要充分发挥主持人与受众平等交流的优势,将硬道理进行"软化",切忌生硬说教、以势压人。新闻评论的最佳效果是通过节目让受众自觉地思考。注意说理不要简单化、机械化、教条化,要善于通过寓理于事、事理结合的方式以理服人、以理感人,达到令人信服的效果。

四、新闻评论节目主持的串联和编后话

(一)串联

串联是新闻节目或新闻评论节目中常见的一种主持方式。在一档新闻消息类节目中,主持人需要通过简单的过渡性语言将几条新闻或新闻片串联起来。串联时要注意消息之间的关联性,表达出观点和态度,体现新闻评论的特色和功能。语言上要言简意赅,适当点评,切不可长篇大论,影响节目的进程。

(二)编后话

编后话是在新闻报道之后主持人总结式的评论,在民生新闻节目中比较常见,既可以表达对新闻事件的观点和态度,还具有承上启下的作用。要求做到逻辑严谨、角

度准确、语言简洁，可以采用叙事、议论、抒情等方式。

【实践训练】

一、新闻消息串联训练

任选下列3~4条新闻进行串联，根据新闻内容综合考虑消息编排顺序，适当点评，语言要简练，条理要清晰，可反复组合训练。

1.记者31日从教育部获悉，经党中央、国务院同意，2020年全国普通高等学校招生统一考试延期一个月举行，考试时间为7月7日至8日。（新华社北京2020年3月31日）

2.3月30日11时40分许，从济南开往广州的T179次客运列车行经京广线湖南省永兴县路段时，因突发山体滑坡，导致列车撞上塌方体脱轨。事故造成1死127伤，京广线部分区段一度运行受阻。（新华社长沙2020年4月1日）

3.4月1日，“中国网事·感动2020”一季度网络感动人物评选正式启动，将从来自全国各地的20位（组）“感动人物”候选人中评选产生10位（组）季度当选者。在这次评选活动的候选人中，好些人是奋战在抗“疫”一线的英雄。他们中有主动请战、奋勇向前的医护人员，也有逆行而上、奔走在城市大街小巷的志愿者，有便民为民、坚守社区防控一线的基层干部，也有多次向疫区捐赠蔬菜的菜农……他们的勇敢、善良以及对生命的尊重和敬畏凸显了人性最美的光辉。（新华社北京2020年3月31日）

4.自然资源部、生态环境部、交通运输部和中国海警局联合发文，决定自4月1日至11月30日开展“碧海2020”海洋生态环境保护专项执法行动。（新华社北京2020年4月1日）

5.记者1日从公安部交管局获悉，重庆、四川、广东深圳三地自3月1日起试点接受教育减免交通违法记分以来，已有15.8万人次通过互联网学法减分系统申请网上学习，其中有12万人次完成了学习考试，减免了交通违法记分。（新华社北京2020年4月1日）

6.记者1日从中国人民银行获悉，新修订的《中国人民银行行政许可实施办法》已于近期发布，该办法完善并细化了行政许可的受理、审批流程，将自2020年6月1日起施行。（新华社北京2020年4月1日）

7.疫情结束后，很多外贸企业将采取外贸和内销“两条腿”走路的方式。自救的同时，他们在加大自主品牌建设的力度，并搭上电商平台的“快车”，以加快“新国货”品

牌崛起的速度，促进国内消费升级。(《中国青年报》2020年3月31日)

8. 证券公司外资股比限制取消，资本市场对外开放的脚步更大了；地铁内进食、乞讨等不文明行为被禁止，公共出行更舒心了；收费公路通行费增值税可开具电子发票了……4月伴随着和煦的春风悄然而至，一批惠民新规开始施行。(新华社北京2020年3月30日)

9. 随着天气逐渐转暖，“天象剧场”也日渐升温，“佳片”云集，“好片”不断。天文专家介绍，金星合昴星团、年度最大满月、三星伴月、天琴座流星雨、年度最亮金星等多部“大片”，将在4月的“天象剧场”轮番上映。(新华社天津2020年3月29日)

10. 国家发展改革委基础设施发展司一级巡视员任虹29日介绍，湖北鄂州机场是我国第一个以货运功能为主的机场，按照2030年完成货邮吞吐量330万吨进行规划设计。2019年下半年鄂州机场已顺利开工建设，虽因疫情有一些耽搁，但现在已经复工，预计在2021年年底或2022年年初能够投入运行。(新华社北京2020年3月29日)

11. 记者从黑龙江省住建厅了解到，今年以来，黑龙江省加快推进住房和城乡建设领域线上就业服务和技能培训，5月18日正式开通黑龙江省建设职业培训与就业服务平台，进一步丰富就业服务模式。(新华网2020年5月19日)

12. 因疫情影响，本市中考推迟至7月17日至19日举行。昨天，北京教育考试院公布了今年中考日程和具体政策。今年中考满分仍为580分，实行考后知分填报志愿，每名考生最多可填报24个志愿。(《北京日报》2020年5月21日)

13. 今年全国两会期间，习近平总书记在参加湖北代表团审议时强调，抓紧出台和落实各项刺激消费的措施，千方百计把疫情造成的损失降到最低。今年的《政府工作报告》也提出，要多措并举扩消费，适应群众多元化需求。当前，一些城市因地制宜，允许临街店铺临时越门经营、设置流动商贩摊位等，活跃了城市消费，在疫情防控常态化前提下，提供了有益的借鉴。(《人民日报》2020年6月1日)

14. 监测显示，昨天四川盆地西部和南部、贵州西部、湖南南部、江西南部、福建、广东、广西等地部分地区出现大雨或暴雨，贵州安顺和黔西南、江西赣州、福建福州和莆田、广西桂林等局地大暴雨；黑龙江、吉林中东部、河北北部和东南部、北京东北部、天津中北部、山东中北部等地出现中到大雨，山东滨州、东营和青岛等局地暴雨。(中国天气网2020年6月2日)

15. 今年高考，本市设17个考区、132个考点校。每个考场考生人数从30人减至20人；每个考点校增设1名防疫副主考，专门负责疫情防控常规工作和突发情况处置。市教委新闻发言人李奕介绍，目前，全市高考考场布置已经完成。各考点进行环境消杀，模拟流程演练以及压力测试，每一个细节、每一个公共空间和每一个考场等都严格按照防疫标准和消杀标准进行消毒。(《北京日报》2020年7月4日)

二、新闻编后话训练

根据下列新闻内容完成编后话练习。可采用叙事、议论、抒情等方式，语言要精练，点评要切题。

1.2019年5月2日晚，沈阳市公安局110报警服务中心的电话铃声响起，接起电话之前，当值的接警员秦萱没有想到，这会是一通长达95分钟，关乎一个年轻女孩生死的对话。直到出警民警找到女孩，秦萱和女孩的联系都没有中断。最终，女孩转危为安。(央视网2019年5月9日)

2. 在28日举行的国务院联防联控机制新闻发布会上，国家税务总局政策法规司副司长王世宇说，一段时间以来，我国部署出台了包括延长亏损结转年限、小规模纳税人减免增值税等四批税费优惠政策，支持“小店经济”发展。(新华社北京2020年3月28日)

3. 山西省太原市小店区人民法院日前开庭审理一起疫情防控期间虚假销售口罩案，被告人郭某某在网上多次骗取他人钱财600余万元，一审获刑13年6个月。(新华社太原2020年3月28日)

4. 近日，青海湖景区发出公告，自今年恢复开放之日起至年底向全国医护工作者免费开放。根据公告，青海湖景区自恢复开放之日起至2020年12月31日，全国(含港澳台地区)持有医护相关证件的医护工作者可免门票进入青海湖二郎剑景区、青海湖仙女湾景区。(《工人日报》2020年3月29日)

5. 打开手机里的外卖平台App，搜索想找的书店，把想买的书加进“购物车”结算，几十分钟后，外卖小哥就会把书送到顾客手里。疫情之下，实体书店面临着众多困难，但改变正在发生。近日，在北京、上海、成都等城市，部分实体书店进驻外卖平台，外卖小哥的配送箱里，除了饭菜、生鲜、药品，还增加了“精神食粮”。(《工人日报》2020年3月30日)

6. 新冠肺炎疫情一度让人们的许多线下生活按下“暂停键”，却也让数字生活按下了“快进键”：数字政务、生鲜电商、在线问诊、在线教育等新业态新模式，在提供线上服务的同时，也累积了促“六稳”、抓“六保”的重要力量，成为中国经济回暖中的一个亮点。[《人民日报》(海外版)2020年6月8日]

7. 消费升级趋势明显，直播带货销量可观，新技术提供新体验……火热的“618”，既为消费市场加速复苏注入动能，也助推中国零售业加快转型升级。超100个品牌成交额超亿元、3000个单品成交额破百万元、200款商品成交额破千万元。截至6月18日下午两点，京东超市的这份销量成绩单，不仅反映出今年“618”期间各平台成交的火爆态势，也折射出中国消费市场的巨大潜力。线上线下共同参与的“618”，为消费市场加速复苏注入强大动力。(《人民日报》2020年6月19日)

8. 今年6月以来，我国江南、华南、西南暴雨明显增多，多地发生洪涝地质灾害：城市街区内涝，农田作物受灾，部分江河水位偏高，危及人民群众的生命和财产安全。根据应急管理部数据，截至6月23日，今年以来洪涝灾害造成26省(区、市)1122万人次受灾，57.1万人次紧急转移安置，农作物受灾面积861千公顷。(央视网2020年6月29日)

9. 6月27日，滴滴自动驾驶网约车服务在上海正式上线。乘客只要人在上海，拿出手机，打开滴滴出行App，在新增的“未来出行”板块选择行程起点和终点，就可以申请体验自动驾驶网约车。乘客语音对汽车发出指令，汽车就开始自动驾驶。这一消息很快引发了公众关注。焦点主要有两点：一是自动驾驶的安全性，二是如果应用普及是否会冲击网约车司机的岗位。(《工人日报》2020年6月30日)

10. 最近，杭州95后“快递小哥”李庆恒获评杭州市高层次人才。根据相关政策，除了在杭州购买首套房可获得100万元补贴外，他还能在医疗保健、子女就学、车辆上牌等方面享受照顾。李庆恒是安徽阜阳人，2015年开始在杭州从事快递业，如今是申通快递浙江省公司质控部组长。李庆恒坦言，评上杭州市高层次人才，是因为自己参加了浙江省第三届快递职业技能竞赛暨第二届全国邮政行业职业技能竞赛浙江省初赛，并获得快递员项目的第一名。(《中国青年报》2020年7月3日)

三、新闻评论节目主持训练

根据下列节目导视内容或新闻事件，主持一档新闻评论节目。要求节目完整，主题鲜明，逻辑严谨，条理清晰，点评到位。

1. 截至12月23日，全国ETC客户累计达到1.97亿，比去年同期净增了1.2亿，增长了157%。在ETC发行过程中，部分地区发生了一些不规范行为，如有的提前占用车牌信息、有的不安装ETC就无法通行高速公路等。对于这些不规范行为，交通运输部高度重视，迅速采取措施，督促各地整改落实。(《新京报》2019年12月28日)

2. 日前，中国长江特有珍稀物种长江白鲟可能灭绝的消息引发关注。不曾想，当

“长江白鲟”这个名字终于为大众所熟知时,竟然是一场告别,它没有等到今年开始实施的长江10年禁渔计划。禁渔令迟到了,但绝不能再缺席,因为长江中还有许许多多的鱼类需要保护。或许有公众不解:禁渔10年是不是太夸张了,需要那么长时间吗?其实,长江主要经济鱼类性成熟时间是3至4年,10年禁渔,将为多数鱼类争取2至3个世代繁衍,缓解当下长江鱼少之困,也为长江江豚在内的许多旗舰物种的保护带来希望。对于长江生态系统的恢复来说,10年时间果真长吗?(《新京报》2020年1月7日)

3.刚下过的一场冬雨,给江苏省南京市江宁区黄龙岘村蒙上了一层淡淡的轻雾。村子位于群山深处,碧水环绕,风景秀丽。见到黄龙岘村环保志愿小组组长吴纪全时,他正在整理工作总结。过去一年,他最满意的,要数夏天举办的趣味运动会。“村里推行垃圾分类,但很多村民不了解怎么做。运动会上,我们增设垃圾分类项目,周边20个自然村都选了代表参加。”(《人民日报》2020年1月9日)

4.日前,中共中央、国务院印发《关于全面加强新时代大中小学劳动教育的意见》(以下简称《意见》),就全面贯彻党的教育方针,加强大中小学劳动教育进行了系统设计和全面部署。(央视网2020年3月28日)

5.清明小长假,八达岭长城景区迎来重新开园后的客流小高峰,仅4月5日一天,就接待游客12000余人次。随着景区游客量逐步回升,一些不文明行为也有所反弹。日前,记者从八达岭特区办事处了解到,针对破坏文物的违法和不文明行为,八达岭长城景区依据相关法律法规出台了《八达岭长城景区破坏文物行为惩戒办法》对于破坏文物和造成严重社会影响的不文明旅游行为,将被纳入“黑名单”限制购票参观,《惩戒办法》自4月6日起正式实施。(央视新闻客户端2020年3月28日)

6.地铁不文明行为不时发生,既影响乘客出行体验,也干扰地铁正常运行秩序。4月1日起,交通运输部印发的《城市轨道交通客运组织与服务管理办法》(以下简称《办法》)正式施行。《办法》在乘客行为规范方面明确了“在车站、列车内吸烟,点燃明火”等影响运营安全的10类禁止性行为,以及“使用电子设备时外放声音”“在列车内进食”等影响运营秩序的7类约束性行为。[《人民日报》(海外版)2020年4月27日]

7.疫情防控期间,公园、博物馆添了不少新规矩,比如“实名预约”。游客们对此挺理解,但一预约才发现,各园各馆,各有预约通道,预约方式也是五花八门,想多逛几个公园、博物馆,就得关注一大堆微信公众号,这可让上了岁数的游客犯了难。市民期待，各个公园、博物馆，也能有个统一的预约平台，实现“一网约”，打通预约参观的“最后一公里”。(《北京日报》2020年5月15日)

8.拥有一辆车后，找一个车位却很难。面对城市提档升级，越来越多的地方政府对停车问题更加关注。近期，山东青岛市发布的《关于进一步加强停车设施规划建设管理工作的实施意见》提出工作目标，到2022年，全市经营性停车场基本纳入智能停车一体化平台，联网管理泊位达到31万个；统筹规划设置道路泊位，实施智能化改造，实现规范有序管理；打造综合治理示范区，老旧小区、医院、学校等重点区域停车难进一步缓解。(《经济参考报》2020年5月21日)

9.身兼数职，在十年前或许为凤毛麟角的能者所专有，而现在的年轻人对此已司空见惯。中国青年报社会调查中心对1988名18—35岁青年进行的一项调查显示，52.3%的受访青年确认身边有“斜杠青年”。清研智库等机构发布的《2019年两栖青年金融需求调查研究》中显示，全国年轻群体中有主业的兼职者、创业者这类“两栖”“斜杠”青年已超8000万人，以80后至95前人群为主，高学历人群占据“两栖”青年的主流。(《光明日报》2020年6月28日)

10.这个特别的毕业季逐渐接近尾声，很多应届毕业生通过“云签约”定下了工作。随着就业市场的变化，青年的职业选择也呈现出新的特点。一些工作表面看着光鲜，可发展空间不大，一些工作看似不那么“高大上”，但能锻炼人、发展空间大，这类工作正受到年轻人越来越多的关注。前不久，中国青年报社社会调查中心联合问卷网(wenjuan. com)，对1920名18~35周岁青年进行的一项调查显示，71.0%的受访青年找工作更看重“里子”。求职注重“里子”，64.0%的受访青年认为是对未来有更明确定位。(《中国青年报》2020年7月2日)

第三节　新闻谈话节目主持训练

【理论概述】

谈话节目多围绕当下热点的社会性事件或焦点话题展开，通过主持人与嘉宾的交流探讨，加深受众对节目话题的认识。谈话节目可以分为新闻时政类、社会生活服务类、综艺娱乐类和专业话题类。

一、谈话节目的主持艺术

谈话节目突出“谈话”这一节目形式，以两人或多人在现场交流的方式为主，实现信息共享、认知共识、愉悦共鸣。在谈话节目中，主持人应努力做到以下几点。

(一)营造轻松愉悦的交流空间

谈话节目主持人要具备一种平等意识，要设法营造愉悦的交流氛围，以朋友的身份与嘉宾和现场受众进行交流。要善于引导嘉宾，通过深入询问、有效沟通，打开嘉宾的“话匣子”，从而提升节目的信息量，从容地驾驭整个节目。

(二)具备对谈话场的掌控艺术

谈话节目的表现形式相对单一，多是通过主持人的现场掌控能力及节目内容吸引受众。因此，主持人在节目录制之前要熟悉节目流程、了解谈话背景，录制时要根据嘉宾的现场反应及受众的反馈等适时调整节目节奏，确保节目顺利进行。

(三)语言表达要风趣幽默

幽默语言是一种艺术加工语言，是主持人语言智慧的体现。主持人幽默的语言既可以营造轻松的谈话环境，调动录制现场的气氛，也能化解尴尬。幽默不等于“贫嘴”，主持人在幽默语言的使用过程中要兼顾合作原则和礼貌原则。

(四)注重副语言表达

谈话节目主持人在节目中要恰当地使用伴随语。适当运用“对”“好”“噢”等伴随语，可以传达出对嘉宾的尊重，表明自己对嘉宾的话题十分感兴趣，从而调动嘉宾说话的积极性。

二、新闻谈话节目主持的注意事项

(一)提问要有针对性

提问是新闻谈话节目主持的核心，提问的针对性和有效性直接决定了新闻谈话节目的质量，这也是新闻谈话节目主持人新闻素养的重要体现。提问时要注意：目的明确、思路清晰、以小见大、直入主题，避免“绕弯子”。常见的提问方式有：设问、追问、反问。提问要坚持“三度”原则，即温度、广度、深度。

(二)主持时要善于倾听

倾听对新闻访谈节目主持人具有重要意义，主持人应摒弃过强的自我表现意识，善于倾听。很多新闻谈话节目主持人都缺乏耐心,急于抛出自己精心准备的问题,导致自己的提问与嘉宾的回答出现"两层皮"。新闻谈话节目应该在边听、边想、边问、边答中进行。一个不善于倾听的主持人,是无法从嘉宾的言谈中提取、总结有价值的信息的,节目的效果也会大打折扣。

(三)注重语言的即兴表达

新闻谈话节目主持人向受访者提出的问题是提前准备好的,但并不意味着整个节目会按照事先的策划按部就班地进行。新闻谈话节目具有不确定性,所以新闻谈话节目主持人的语言应该是动态的,根据节目的进程适时调整。新闻谈话节目主持人要掌控节目进程,不拘泥于事先准备的文案,避免节目陷入机械化。

【实践训练】

一、谈话节目提问训练

按照下列要求进行谈话节目提问训练。提问要简洁明了、切中题旨、随机应变,既要体现媒介立场,也要兼顾受众需求,解决受众关心的问题。要充分考虑问题之间的关联性与层次性。可以根据谈话内容的侧重点设计几组不同的问题。

1.假设你是一档谈话节目主持人,本期访谈嘉宾为终极格斗冠军赛(UFC)历史上首位来自中国,成功卫冕女子草量级世界冠军的张伟丽。你将如何介绍她并拟定10个问题?

2.假设你是疫情期间的报道记者,现在要对刚从武汉回来的钟南山院士进行专访。请合理设计,拟定10个问题。

3.五一假期即将来临,面对疫情的影响,如何保证出行和出游的顺利及安全一直是大众关注的焦点。今天节目组邀请到了张文宏医生。请搜集相关素材,拟定10个问题。

4.从3月底开始,包括《人民日报》、新华社、央视在内的主流媒体纷纷为荆楚味道带货。一时间,湖北带货、拼单、助农成为全国媒体的公益关键词,这在媒体行业相对罕见,今天节目组邀请了"带货一哥"李佳琦。你将如何介绍他并设计10个问题?

5.2020年5月6号,电影金像奖所有获奖名单出炉,周冬雨凭《少年的你》夺得最佳女主角奖,她也由此成为首位90后金马金像双料影后。节目组邀请周冬雨做客演播室,请拟定10个问题。

6.疫情对于生活方式以及就业形势等都产生了极大的影响,尤其是疫情之下的实体经济大受打击，各大企业如何转“危”为“机”？本期节目邀请到了著名企业家雷军，请搜集相关素材，针对疫情下的复工复产设计10个问题。

7.“新冠肺炎”疫情期间，24岁的四川女孩刘仙免费为医护人员做饭、送饭39天，因为她当时没有防护服，常穿一件雨衣，所以大家亲切地叫她“雨衣妹妹”。请搜集相关素材，拟定10个问题，对“雨衣妹妹”进行一次采访。

8.作为贵州省支援湖北医疗队的一员，排雷英雄杜富国的妹妹，27岁的杜富佳在武汉抗疫一线连续战斗了多天。时隔34天后，杜富佳终于从武汉安全返回贵阳。请搜集相关素材，拟定10个问题，对杜富佳进行一次采访。

9.疫情期间，一位阴差阳错误入武汉的大连小伙蒋文强在网上走红，为了找个“包吃包住”的工作，他报名到医院做了一名志愿者。如今，武汉逐步解封，这个被人们惯称为“大连”的小伙也要回家了，他的经历被网友戏称为现实版的“汉囧”。请搜集相关素材，拟定10个问题，对蒋文强进行一次采访。

10.五四青年节的前一个晚上(5月3日)，B站(哔哩哔哩弹幕网)献给新一代的青年宣言片《后浪》在央视一套播出，并登陆《新闻联播》前黄金时段。视频一经播出便引发社会热议。节目组今天请到了《后浪》的制片团队，请搜集相关素材，拟定10个问题，针对最近社会各界对《后浪》的争议进行相关采访。

二、新闻谈话节目主持训练

以小组为单位，根据题目要求进行策划并主持。每个小组成员可以轮流担任主持人和谈话嘉宾。注意话题选择应不偏不倚，谈话氛围舒适，提问简洁精准，对话交流平等，控场圆滑幽默。节目时长为20分钟。

1.以小组为单位选择话题设计文案，制作一档新闻谈话节目。文案包括：话题选择的缘由、话题的目的、话题的核心、话题的展开和推进层次；嘉宾选择、嘉宾特点；节目板块、广播电视运用手段、节奏安排等。从话题选择、选题论证到话题所反映出的现象，话题的本质、意义、社会反响、争论焦点等，尽可能全面地掌握情况，把握正确导向。可制作叙事性话题、讨论性话题、辩论性话题等。

2.多人一组，自行分配任务，自拟具有时效性的社会热点话题，进行新闻谈话节目训练。

3.以组为单位(3~4人)，自行进行人员分配，设计节目框架，针对近期相关热门话题展开讨论，策划并主持一档新闻谈话节目。

4.以组为单位(3~4人)，自行进行人员分配，嘉宾由组员确认并邀请，策划并主持一档新闻谈话节目。

5.2020年4月1日，在崂山区疾控中心，人们排队等待检测核酸，三名外籍人士强行插队。遭到正常排队市民质疑后，一名外籍人士将居民手中单据扔在地上，并说："中国人出去。"多人一组，就此现象进行互动式谈话。

6.2020年4月1日晚，薇娅直播间上架了有史以来最大只的土特产——来自湖北的"快舟一号"运载火箭发射服务！原价4500万的"快舟一号"运载火箭发射服务，薇娅直播间直接优惠500万，也就是4000万！以此事件展开讨论，策划并主持一档完整的新闻谈话节目。

7.请以"疫情之后"为主题，双人搭档主持一档新闻谈话节目。

8.请以"虚拟社交"为话题，策划并主持一档新闻谈话节目，节目名称及形式自拟。

9.请以"知识焦虑"为话题，几个人为一组展开设计，完成一档新闻谈话节目，节目名称及形式自拟。

10.请以"断网式孤独"为话题，几个人为一组展开设计，完成一档新闻谈话节目，节目名称及形式自拟。

11.请以"知识付费"为话题，几个人为一组展开设计，完成一档新闻谈话节目，节目名称及形式自拟。

12.请以"家乡饮食文化"为话题，几个人为一组展开设计，完成一档新闻谈话节目，节目名称及形式自拟。

13.请以"流行与经典"为话题，结合当下时代发展的特征，几个人为一组展开设计，完成一档新闻谈话节目，节目名称及形式自拟。

14.请以"佛系青年"为话题，几个人为一组展开设计，完成一档新闻谈话节目，节目名称及形式自拟。

15.请以"失眠，缺觉时代怎么破？"为话题，几个人为一组展开设计，完成一档新闻谈话节目，节目名称及形式自拟。

拓展阅读

一、著作类

1.崔林.电视新闻直播报道：现场的叙事[M].北京：中国传媒大学出版社，2012.

2.林晖.新闻报道新教程：视角·范式与案例解析[M].上海：复旦大学出版社，2005.

3. 鲁健. 电视访谈节目主持艺术[M]. 北京：中国传媒大学出版社，2014.
4. 吴郁. 节目主持能力训练路径[M]. 北京：中国广播电视出版社，2004.
5. 熊征宇. 电视访谈节目主持人传播能力解析. 北京：中国广播影视出版社，2015.

二、节目类

	节目名称	播出平台
1	《新闻周刊》	央视新闻频道
2	《新闻 1+1》	央视新闻频道
3	《面对面》	央视新闻频道
4	《今日关注》	央视中文国际频道
5	《中国舆论场》	央视中文国际频道

第十章　综艺娱乐节目主持训练

综艺娱乐节目可以分为综艺晚会、娱乐资讯、娱乐谈话、益智博彩、游戏节目、“真人秀”节目等类型。本章主要针对娱乐资讯节目主持、综艺晚会主持、脱口秀节目主持进行训练。

第一节　娱乐资讯节目主持训练

【理论概述】

一、娱乐资讯节目的特性①

娱乐资讯节目主要提供娱乐信息。这类节目兼有娱乐和新闻的特性，它既强调事实，也突出报道理念的娱乐性。对主持人而言，要想主持好一档节目，除了对内容、进程、受众等进行了解之外，还需要准确把握节目的特性。娱乐资讯节目的特性如下。

（一）节目理念的娱乐性

任何一档娱乐资讯节目都不只是提供一些有关娱乐的信息，还包括用娱乐的形式承载娱乐消息，使观众在娱乐的氛围中收看有关娱乐的信息，达到娱乐大众的目的。

---

① 中国传媒大学播音主持艺术学院.电视节目播音主持[M].北京：中国传媒大学出版社，2015：190-191.

(二)节目内容的时效性

时效性是所有资讯类节目的共同属性。无论是严肃的新闻节目,还是娱乐资讯节目,它们都具有时效性。当新闻成为旧闻的时候,资讯节目也就失去了它存在的价值和意义。

(三)节目形式的多样性

从主持形式上看,娱乐资讯节目有单人主持、双人主持,有坐着主持、站着主持。无论是主持人的语言、动作,还是摄影技巧、灯光效果、场景布置等,无一不带给观众鲜活、新颖、时尚、灵动的感受。

(四)表达语境的独特性

娱乐资讯节目需要在一种轻松快乐的氛围中传递娱乐信息,其语境与严肃的新闻节目语境大不相同。因此,娱乐资讯节目的编导、主持人、摄影师、灯光师、美工师等都渴望在轻松、随意、自然的语境中营造娱乐的氛围。于是,快乐、风趣、幽默构成了娱乐资讯节目的独特语境。

二、娱乐资讯节目主持特点

娱乐资讯节目主持同新闻节目、社教节目、少儿节目、体育节目等有明显的区别,要做到幽默而不低俗、跳跃而不油滑、机智而不木讷,这样才能更好地调动受众的情绪。

(一)自然轻松、亲切平等

首先,娱乐资讯节目主持人情绪要自然轻松,保持真诚、朴实、平和的心态,做到不矫揉、不造作;其次,要亲切,保持向真、向善、向美、向上的积极状态;最后,要树立娱乐为民、与民同乐的主持理念,以平等的视角与受众对话。只有当主持人做到自然轻松、亲切平等的主持状态,才能产生亲和力,节目的可视性才会增强。随着审美水平的提升,受众观看娱乐资讯节目不再仅仅是为了获取资讯,更希望从节目中获得情感价值的升华。因此,娱乐资讯节目主持人要不断提升自己的艺术修养和审美水平。

(二)愉悦活泼、风趣幽默

愉悦活泼的主持状态是一种无负担、不紧张的状态。风趣幽默是主持人语言智慧的一种表现,主持人可以通过赋予生活中的人和事以新意,增强语言的幽默感。娱乐资讯节目主持人可以通过活泼、风趣、幽默的语言调动现场气氛,让节目焕发出生机与活力。需要注意的是，风趣幽默要把握好分寸，不得在节目中拿残障人士开玩笑，坚决杜绝语言的“低俗化”。

（三）个性鲜明、富于变化

娱乐资讯节目主持人要具有鲜明的个性化特征，用能彰显个性的表达方式追求节目轻松娱乐的效果。娱乐节目主持还要具备良好的现场控制能力，把握好现场气氛和观众情绪。要充分了解受众爱看什么，不爱看什么，用什么方式说最能让人接受。

【实践训练】

一、娱乐资讯节目主持状态训练

用以下内容模拟娱乐资讯节目主持，要求主持状态轻松积极。娱乐资讯节目的主持语言比较注重描述性和叙述性，语句结构、字词搭配相对简单。娱乐资讯节目主持人需要在准确表达消息内容的基础上提升语言的感染力。在语气和节奏上要注意根据消息内容具体把握，充满个性。

浙江卫视《娱乐梦工厂》

娱乐梦工厂，快乐心飞扬。大家好，我是长庚。虽然说这一年一度的上海电视节已经结束了，不过，在咱们梦工厂的节目里，大家还是可以看到不少经典的电视剧桥段。为什么这么说呢？因为今天我们就要来总结一下，那些大大小小的电视剧总会出现的异曲同工。……欢迎回到《娱乐梦工厂》，再次提醒各位，扫描我们屏幕下方的二维码，关注《娱乐梦工厂》的官方微信，就有机会赢得好声音定制耳机和定制的小熊公仔，赶紧行动起来吧！好了，今天的节目内容就是这些，明天同一时间，我们不见不散！（浙江卫视《娱乐梦工厂》2016年6月12日）

东方卫视《文娱新天地》

欢迎收看正在为您播出的《新娱乐在线》，我是伊琳，一起来看今天的头条。8月21日当天正在热映的国产动画大作《哪吒之魔童降世》累计票房突破了42.44亿，正式打败了《复仇者联盟4》位列中国影史票房总榜第三名，如今《哪吒之魔童降世》不仅将公映密钥延期至了9月26日，还将出口到北美、澳大利亚和新西兰上映。此外，本周末《中国达人秀》将迎来更多让人惊艳的才艺表演，而新晋梦想观察员岳云鹏上周也跟观众朋友们见面了，听说这周的节目当中，台上台下也会因为他的到来欢乐不少。（东方卫视《文娱新天地》2019年8月23日）

东方卫视《文娱新天地》

各位好，我是贝倩妮，欢迎来到《文娱新天地》。4月17日《妈妈咪呀》第七季将再度回归东方卫视，除了默契十足的固定拍档程雷、黄舒骏，每一次女观察员的变化也会带来不一样的惊喜，不知道这次一向敢说敢做的宁静又会带来怎样的女性视角呢？

通常爽快的人，人缘不会太差，这不，才录制短短两期节目，三位观察员就已经打成一片，而作为一档聚焦妈妈的节目，宁静本人也颇有感悟。当你刚要期待宁静的辛辣点评时，她自己却说，面对同为母亲的选手们时，自己不常被人看到的柔软的一面，也不自觉地显露出来。

几年时间，《妈妈咪呀》已经走到了第七季，舞台更加多元与包容，来自世界各地性格迥然不同的妈妈来到这里分享自己的故事，秀出自己的才能，也展现美好生活的各种可能，而现在这样的可能还在上演。（东方卫视《文娱新天地》2020年4月17日）

中央广播电视总台央视电影频道《中国电影报道》

这个春天我们以诗歌相见，4月8日武汉解除离汉的通道管控，4月15日武汉雷神山医院正式休仓，随着这两个疫情防控阶段性胜利时间节点的到来，电影频道融媒体直播《青春诗会》《春天里的中国》两部开启，凝聚起了中国电影人的青春与诗意，传递了春天的温暖与希望。截止到昨天，《青春诗会》第一期全网直播观看量达6823.08万次，第二季全网直播观看量达4020.94万次。开播两期微博主话题，《青春诗会》阅读量破10亿次，相关微博话题阅读总量达28亿次，而在微博等新媒体平台上，青年电影人还集体在这个意义非凡的人间四月天，收获了一个新的身份：青春读诗人。接下来的几周《青春诗会》将继续携手中国电影人，以青春之诗咏青春之志，敬请期待。（央视电影频道《中国电影报道》2020年4月18日）

中央广播电视总台央视电影频道《中国电影报道》

观众朋友，大家好，欢迎收看今天的《中国电影报道》。致电影，爱生活，欢迎关注电影频道移动客户端。更多热点资讯和海量大片持续与你相约，下面来看我们本期的主要内容。

观影视风云，查行业乾坤。先进入到我们独家推出的“行业新观察”板块，先来了解一下，今天要讨论的热点话题。之前热播的《我是余欢水》，播出一半时收获了8.5分的豆瓣高评分，然而出人意料的是大结局上线后，情况直转而下，目前该剧评分已经下降到了7.4。原因就是大结局当中的一个片段，绑匪的这句台词引发了一场网络争论，有人觉得这是在讽刺唯女权主义，也有部分网友认为，这是不尊重女性，是对女性的污名化。于是，大批网友去豆瓣给《我是余欢水》打一星低分，就有了评分暴低的现象。

（小片）

时节如流，光影永存，继续为您带来致敬中国电影诞生115周年系列节目。今天我们来赏析1956年的电影《新局长到来之前》。影片由吕班指导，李景波、浦克、陈光廷、苏剑峰等人主演，是新中国讽刺喜剧的典范之作。电影频道精心准备了多部类型丰富，充满正能量的优秀国产影片，让全国观众每天都有光影相伴。今晚即将为您播出的是《血狼犬》和《赤子威龙》两部影片。（央视电影频道《中国电影报道》2020年4月21日）

二、娱乐资讯节目主持训练

任选下列3~4条娱乐新闻进行娱乐资讯节目主持串联练习，可反复组合。根据新闻内容进行编排，并适当加入点评。语言要大方得体，不要过于零碎和烦琐。主持状态要积极，要符合娱乐资讯节目的整体要求。

1.2019年内地电影票房突破600亿元，比去年来得更早了一些。来自灯塔专业版的数据显示，截至2019年12月6日20点37分29秒，2019年中国内地电影票房累计达到600亿元，耗时340天，比去年提前了24天！2019年，影视行业产业结构调整加速加剧，资本出现退潮，大盘交出的"年终答卷"极大地提振了行业信心，为行业及所有从业人员注入一针强心剂。（人民网2019年12月7日）

2.2020年1月10日—11日，南沙第四届生态旅游文化嘉年华在榄核镇星海文化广场举行。在嘉年华期间，市民喝蔗汁，赏兰花，逛香云纱文创集市，还能在现场听到榄核的红色历史故事，感受冼星海著名作品《黄河大合唱》的激昂。（《广州日报》2020年1月13日）

3.跨国追逃经侦题材剧集《猎狐》今日发布定档预告、定档海报以及全阵容海报，自4月14日起登陆东方卫视、北京卫视黄金档播出，并同步上线优酷、爱奇艺及腾讯视频。该剧赵冬苓担任总编剧，刘新导演，李京任总制片人，张翼芸任制片人，王凯、王鸥、胡军、刘奕君领衔主演，邓家佳、傅晶、王同辉、乔大韦、陈楚翰及章涛主演。该剧讲述了以夏远、吴稼琪为代表的经侦警察侦破国内特大经济案件，历时数年跨国缉捕在逃经济犯罪嫌疑人的跌宕故事，刻画出了一批果敢睿智的新时代经侦警察形象。同时还通过塑造多线人物的命运起落，探讨了经济高速发展浪潮下的人性挣扎。（国际在线2020年4月13日）

4.对于年代戏而言，如何把握与当下时代的距离十分考验创作者的功力。网剧

《鬓边不是海棠红》选取了民国时代很有代表性的一类人物作为主角。虽然背景是充满创伤的时代，但《鬓边不是海棠红》没有压得观众无法喘息，而是试图将观众带回那个年代，去感受这些有血有肉的人们在逆境之中，如何怀揣希望、实现自我成长的过程。(人民网北京2020年4月14日)

5.近日，国家广电总局发布了《广播电视行业统计管理规定》，其中强调任何机构和个人不得干扰、破坏广播电视主管部门依法开展的收视收听率(点击率)统计工作，不得制造虚假的收视收听率(点击率)。(《北京青年报》2020年4月15日)

6.国家广播电视总局15日发布通知，2017—2019年度中国广播影视大奖·第32届中国电视剧"飞天奖"评奖工作即将开始。评选范围为：2017年10月1日至2019年12月31日期间，在中央电视台或各地卫视频道播出的电视剧，包括在全国性重点视频网站首播的电视剧。该奖由国家广播电视总局主办、中国电视艺术委员会承办，这是该奖项首次将网剧纳入评选范围。(中国新闻网2020年4月16日)

7.又逢艾香时，端午道安康。端午佳节，中央广播电视总台为您送上精心准备的端午节目大礼包，给您的假期加点料，陪您共度端午佳节。端午节凝聚着中华民族深深的家国情怀，也是我国首个入选世界非遗的传统节日。今年的端午节，总台央视新闻新媒体产品《粽香传习语，家国情绵长》、央广网微视频《习声回响——端午节，听习总书记谈民族精神》、环球资讯广播融媒体产品《春风习习——端午节，听习近平讲文化课》等邀您一起跟随习近平总书记深刻领会中华优秀传统文化的历史内涵和当代价值。(央视新闻2020年6月25日)

8.2020年是全面建成小康社会和打赢脱贫攻坚战的收官之年，围绕这一主题进行创作的扶贫剧也在不断涌现。其中，《我的金山银山》《遍地书香》《花繁叶茂》等扶贫剧在保证内容质量与剧集立意的同时，以轻喜剧的风格跳脱以往扶贫剧严肃、正经的叙事风格以及"卖惨哭穷"的叙事套路，让剧集不仅好看、好笑，而且真实、接地气。(《光明日报》2020年7月27日)

9.8月7日晚，由国家广播电视总局、中央广播电视总台和上海市人民政府主办的第二十六届上海电视节，以一台"白玉兰绽放"的颁奖典礼落下帷幕。本届上海电视节围绕决战脱贫攻坚、决胜全面建成小康社会，和迎接建党百年两大内容主题，从中央广播电视总台各频道、频率、网站、新媒体，到上海广播电视台等主流媒体全面开足马力，一大批反映决战脱贫攻坚、决胜全面建成小康社会和迎接建党百年的电视剧、纪录片、综艺、专题节目、广播剧等等，正在抓紧策划制作和陆续播映播出。(央视新闻

2020年8月8日）

10. 中国儿童艺术剧院新剧《听见梦想》日前建组。这部戏将于国庆节在中国儿艺假日经典小剧场首演。据了解，此剧剧本创作了10个月，经历7次修改，主创团队曾赴青岛市盲校采风、采访视障钢琴调律师等。“我们在创作过程中不断尝试接近视障人群的内心世界，同时被他们深深打动，力争创作一部可以听的儿童剧，把真善美、勇气和力量传递给大家。”导演赵宇说。（新华社北京2020年8月9日）

第二节　综艺晚会主持训练

综艺晚会具有专题和娱乐属性，主持人既要具备专题节目主持人的端庄、大气，还要有娱乐主持人的风趣幽默。从站上舞台的那一刻，主持人就要进入最佳状态。大型晚会的类型多种多样，主持人需要根据晚会主题及形式调整主持状态。

【理论概述】

一、晚会的概念及电视综艺晚会的分类

（一）晚会的概念

晚会，是以文艺晚会为演出形式，通过现代技术手段，将各种不同艺术形态的文艺节目进行编排和创作，经过节目主持人的组织和串联，将文艺与娱乐融为一体，从而传播给观众的节目样态。最具有代表性的就是从1983年开始播出的《春节联欢晚会》。

（二）电视综艺晚会的分类

电视综艺晚会一般可分为三类：①

1. 节庆纪念性电视综艺晚会

节庆纪念性电视综艺晚会由节庆性电视综艺晚会和纪念性电视综艺晚会组成。节庆性电视综艺晚会是指为庆祝国际、国内法定节日和我国民族传统节日而举办的

① 中国传媒大学播音主持艺术学院. 电视节目播音主持[M]. 北京：中国传媒大学出版社，2015：186.

电视综艺晚会。纪念性电视综艺晚会则是指为纪念在历史上或刚刚过去的时间里产生过重要影响的事件、人物而举办的电视综艺晚会。

2.行业专题性电视综艺晚会

行业专题性电视综艺晚会是指具有某种行业特点的,围绕宣传行业、促进行业发展和扩大行业的社会影响而举办的电视综艺晚会。它包括行业庆典和评选颁奖等多种类型。

3.应时性电视综艺晚会

应时性电视综艺晚会,通常是为配合国际、国内某一特定时期的宣传任务而举办的有特定主题的电视综艺晚会。它既包括宣传和鼓动大众积极参与社会公益活动的电视综艺晚会,也包括因特殊需要而专门举办的非公益宣传活动的电视综艺晚会等。其中,公益宣传类电视综艺晚会的产生与发展,对于净化社会风气、促进和谐生活、推进中华文明等都将产生积极的影响。

二、综艺晚会主持人的语言特点

综艺晚会是多工种默契合作的集体艺术,主持人在其中扮演着重要角色,语言是综艺晚会主持人表情达意的主要工具,其主要特点如下。

(一)规范化的口语

规范化的口语,是介于书面语和口语之间的一种语体,既有书面语的准确规范、逻辑严谨,还兼顾口语的简洁、通俗等特点。媒介语境和节目语境决定了综艺晚会主持人既要串联节目、传递信息,也要发挥自身语言的美育和教化功能。信息传递要求主持人的语言准确规范、通俗易懂,美育和教化功能要求主持人的语言悦耳动听,富有节奏感。

(二)语言表达个性化

综艺晚会主持人的语言表达要注重个性化,切忌千篇一律,在符合主持场合、晚会主题、整体风格的前提下,或娓娓道来,或激情四射,或风趣幽默,或庄重严肃。需要注意的是,语言表达在追求个性化的同时要遵循语言表达的规范,要言之有物。在有限的条件下最大程度地进行个性化表达是综艺晚会主持人所追求的,也是节目和受众对综艺晚会主持人的必然要求。

(三)预设语言为主,即兴语言为辅

预设语言是指晚会录制前撰写好的稿件,主持人应对开始语、串词、结束语进行

二度创作。预设语言经过主持人的二度创作后，规范性更强，更具有条理，在表情达意上也更贴切。即兴语言是指主持人根据晚会录制需要临时组织的语言。即兴语言的传播效果与主持人的文化积淀、语言功底密不可分。要想成功掌控大型晚会的舞台，前期准备工作是必不可少的。如遇突发情况，主持人要冷静，切不可自乱阵脚，要运用语言智慧与语言幽默即兴控场。

【实践训练】

一、《春节联欢晚会》主持训练

以组为单位完成《春节联欢晚会》的开场白和结束语训练。《春节联欢晚会》是我国对外宣传的窗口，彰显了一个大国的文化气魄、审美意识。主持人在舞台上的一言一行、一张一弛都必须要符合整场晚会的基调和节奏，符合一个大国的要求。要根据不同节目、不同情景、不同篇章灵活调整有声语言和副语言的表达。主持状态要积极，营造过年喜庆的氛围。《春节联欢晚会》是多人主持，要注意搭档间的配合及气口的衔接。

中央广播电视总台央视《2019年春节联欢晚会》开场白

任鲁豫：全世界的观众、听众朋友们！

李思思：这里是中国中央广播电视总台！

康辉：又一个己亥猪年，春节如期相见，

朱迅：2019年春节联欢晚会陪您过年。

尼格买提：今晚是农历戊戌狗年的最后一个夜晚，

任鲁豫：是中国人一年中最期盼的团圆。

李思思：在这个中华民族悠久的传统佳节。

尼格买提：在中华儿女阖家团圆的除夕之夜。

朱迅：我们要向全国各族人民，

康辉：向港澳台同胞，

任鲁豫：向海外华人华侨，

李思思：深情地说一声，

全体合：过年好！

中央广播电视总台《2020年春节联欢晚会》开场白

任鲁豫：全世界的观众、听众朋友们，这里是中国北京，各位正在收看收听的是中央广播电视总台《2020年春节联欢晚会》。

尹颂：我们的晚会正通过央视综合频道、综艺频道、中文国际频道、国防军事频道、少儿频道、农业农村频道、4K超高清频道，以及央广音乐之声、经典音乐广播、文艺之声、中国交通广播以及央广国广各频道频率向全球同步直播。

尼格买提：与此同时，央视频、央视新闻新媒体、央视网、央广网、国际在线等新媒体频道同步播出。总台英、西、法、阿、俄、中文国际频道和43种外语新媒体也将在全球170多个国家和地区的560多个平台播出。

张舒越：又一个庚子鼠年如约而至，在这个华夏儿女阖家团圆的除夕之夜，在中华民族将迎来决胜全面小康，决战脱贫攻坚的历史时刻。

佟丽娅：我们向全国各族人民，向港澳台同胞，向海外华侨、华人说一声。

合：过年好！

中央广播电视总台《2019年春节联欢晚会》结束语训练

任鲁豫：寒辞去冬雪，暖带入春风。

李思思：共庆新故岁，迎送欢笑中。

尼格买提：在欢乐吉祥中，我们辞别了旧岁。

朱迅：在喜气洋洋中，我们迎来了新春。

康辉：珍惜往日荣光，化作新时代的力量。

任鲁豫：踏上新征程，奔向中国梦的前方。

李思思：朋友们，新的一年，我们报到。

尼格买提：我们都在努力奔跑，我们都是追梦人！

朱迅：祈福迎新，满目春花烂漫。

康辉：不负时光，自有千山万水。

尼格买提：难忘今宵，今宵难忘。

朱迅：新中国新天地喜迎70华诞。

李思思：再奋进再出发奔向全面小康。

任鲁豫：朋友们，让我们在以习近平同志为核心的党中央坚强领导下，脚踏实地、苦干实干，创造无愧于伟大新时代的新辉煌！

合：祝福中国！祝福世界！

任鲁豫：亲爱的观众朋友们，2019年的《春节联欢晚会》到这里就全部结束了，再次祝大家春节快乐,咱们明年春晚再见!

（中央广播电视总台《2019年春节联欢晚会》）

中央广播电视总台《2020年春节联欢晚会》结束语训练

任鲁豫:绿回春晖渐,万象始更新。

张舒越:2020庚子鼠年,我们来了。

尼格买提:历史的航船,载着千年梦想。

佟丽娅:驶入21世纪第三个十年。

尹颂:2020庚子鼠年,我们来了。

任鲁豫:决胜全面小康的最后冲刺。

张舒越:将书写又一个春天的传奇。

尼格买提:2020庚子鼠年,我们来了。

佟丽娅:及时当勉励,岁月不待人。

尹颂:关山万千重,山高人为峰。

尼格买提:只争朝夕,不负韶华。

任鲁豫:朋友们,让我们更加紧密地团结在以习近平同志为核心的党中央周围,坚定信心,保持定力,锐意进取,开拓创新,为实现两个一百年的奋斗目标,为实现中华民族伟大复兴的中国梦而努力奋斗。

任鲁豫:亲爱的朋友们,中央广播电视总台2020年的《春节联欢晚会》到这里要跟大家说声再见了,再次给大家拜年,明年的春晚再见!

二、《中秋晚会》主持训练

以组为单位完成《中秋晚会》主持训练。注意搭档间的配合,语言表达要娓娓道来,给人以节目的温暖。

中央广播电视总台《2018年中秋晚会》开场白

孟盛楠:各位现场和电视机前的观众朋友们!

鲁健:全世界的华侨华人朋友们,大家

合:晚上好!

任鲁豫:亲爱的观众朋友们,这里是2018年中央广播电视总台中秋晚会的直播现场。

陈昊:欢迎您通过中央电视台综合频道、综艺频道、中文国际频道、央视网和中央人民广播电台、中国国际广播电台收看收听我们正在为您并机直播的节目。

李毅：我们在山东济宁曲阜的孔子诞生地尼山向您问好。

任鲁豫：我是中央广播电视总台央视主持人任鲁豫。

孟盛楠：我是央视主持人孟盛楠。

鲁健：大家好，我是央视主持人鲁健。

陈旻：大家好，我是中央广播电视总台央广主持人陈旻。

李毅：大家好，我是山东广播电视台节目主持人李毅。

孟盛楠：在这里我们共同祝愿大家

合：中秋节快乐！

任鲁豫：又是一年团圆时，月到中秋分外明！此时此刻的中华大地上，千家万户的人们已经把团圆的美酒高高地举起。

孟盛楠：每年的这一天，中国人最爱说的就是“花好月圆”，月亮的圆满寄托着亲情和思念，哪怕身在他乡，也会对着同一轮满月许下心愿。

鲁健：为了今晚的团圆和遥远的思念，2018年中秋晚会首次在主会场以外设立了两个海外分会场。

李毅：是的，他们分别位于东南亚马来西亚的吉隆坡以及南半球澳大利亚的悉尼。

陈旻：南北半球共享一轮明月，古诗当中千里共婵娟的美好景象马上有了即视感。

任鲁豫：没错，那种透着唐诗宋词般浪漫的祝福已经到达。

孟盛楠：那我们还等什么呀？

鲁健：对啊，那我们还等什么呀？

李毅：我们马上就去两个分会场

陈旻：去感受那里的欢乐吧！

中央广播电视总台《2019年中秋晚会》开场白

孟盛楠：各位现场还有电视机前的观众朋友们

鲁健：全世界的华侨华人朋友们，大家

合：晚上好！

任鲁豫：岁岁金秋，今又逢秋。当欢乐的歌声唱圆了农历己亥年中秋这轮明月的时候，2019年中央广播电视总台中秋晚会，漂漂亮亮地开始了。

张扬：我们在国家历史文化名城江苏淮安，美丽古老的大运河畔向您问好！

孟盛楠：欢迎您通过央视综合频道、综艺频道、中文国际频道、央广音乐之声、国广华语环球广播、央视网、央视娱乐收看收听我们正在为您并机直播的节目。我是中央广播电视总台央视主持人孟盛楠。

鲁健：大家好，我是中央广播电视总台央视主持人鲁健。

任鲁豫：大家好，我是中央广播电视总台央视主持人任鲁豫。

张扬：大家好，我是江苏广播电视总台江苏卫视主持人张扬。

孟盛楠：在这里，我们共同祝愿大家

合：中秋节快乐！

鲁健：今晚好花正开，微风不燥，月圆人圆，所以你们看中华传统的中秋佳节，确实是包含了中华传统文化当中很多美好的情愫在里面。

任鲁豫：所以每年农历的八月十五，自然而然地就成为全世界华人望月抒怀的亲情时刻。

张扬：是的，此时此刻月光明了，而我们的心情也跟着温暖、明亮了起来。

孟盛楠：经过了冬藏、春播、夏耕的人民，终于可以在今晚用一场丰收的团聚来犒劳家人了。

鲁健：古人常说，月到中秋分外明，今晚这一轮明月不仅照在淮河之上，还照在全世界每一位中华儿女的心上。

任鲁豫：亲爱的朋友们，接下来让我们把视线聚焦到珠江三角洲。请导播把镜头切换到我们的分会场，粤港澳大湾区腹地的广东佛山。

张扬：一起去佛山看一看设立在那里的南海影视城2019年中秋晚会分会场是怎样的一番景象。

三、《感动中国》主持训练

以组为单位完成《感动中国》主持训练。《感动中国》是中央广播电视总台央视综合频道打造的一个精品栏目，主持时要注意分寸感的把握，叙事感要强，感情要丰富。

《感动中国》2018年度人物颁奖典礼开场白

白岩松：现场和电视机前的观众朋友们，大家好。这里是中央广播电视总台，2018《感动中国》年度人物颁奖典礼的现场，感谢您如约而至。

敬一丹：回望2018年，有哪些面孔曾经让我们凝视，有哪些声音让我们倾听，有哪些瞬间让我们心动？风雨兼程这一年，我们也许有很多遇到，也许有很多错过，然而我们回望来路的时候，我们不愿意错过，那一次又一次的感动。

白岩松：感动是一种特别让人期待的情感。因为哪里有感动，哪里就会有勇气，就会有信守承诺，更有情也有爱。

敬一丹：一年又一年的《感动中国》，就像一次又一次地播下种子。面对种子我们会想到什么呢？想到生机，想到生活，想到生命。然而，在世界屋脊，当一位中国的科学家面对种子的时候，他是怎样的视野，他心中是怎样的格局，他脚下又是怎样的路呢？

四、《3·15晚会》主持训练

以组为单位完成下面主持稿件的训练。《3·15晚会》是由中央广播电视总台联合国家政府部门为维护消费者权益共同主办并现场直播的一台大型公益晚会，如今已成为中央电视台的品牌节目。训练前可查阅相关资料，了解背景，确定基调。

2019年《3·15晚会》开场白

陈伟鸿：各位现场以及电视机前的观众朋友们，大家晚上好！这里是中央广播电视总台正在为您现场直播的2019年3·15晚会。3·15晚会到今年已经是第29届了，每年的这个时候，无数人的目光都会汇聚到我们的这个舞台之上，因为我们在这里揭露的黑幕跟每一个人都息息相关，因为我们每一个人都是消费者。

谢颖颖：在创造美好生活的新时代，人们的消费行为变得更加的活跃，人们的消费品质得到了进一步的提升，而在刚刚过去的2018年，消费对经济增长的贡献率达到了76%，已经成为中国经济最强大的拉动力。

王端端：在创造美好生活的新时代，对消费者权益的保护力度也在不断地加大。习近平总书记也因此多次做出重要批示，比如，在百姓普遍关注的食品安全问题上，他特别强调，要用最严谨的标准、最严格的监管、最严厉的处罚、最严肃的问责，严把每一道防线。

高博：就在去年，党中央国务院还专门出台文件，明确提出要加大消费者合法权益保护力度，实现消费者自由选择、自主消费，提升消费者的获得感、幸福感、安全感。

陈伟鸿：今年我们3·15晚会的主题是“共治共享，放心消费”。制定了这样的主题，就意味着我们希望能够汇聚到更多的合力，就像是今年政府工作报告当中所强调的那样，我们要用公正的监管来促进公平竞争，依法打击那些制造和销售假冒伪劣商品的违法行为，让这些违法者付出他们付不起的代价，我们要用公正的监管来管出公平，管出效率，管出活力。

谢颖颖：说到放心消费这四个字，说起来很简单，但它却是一份沉甸甸的承诺。它离不开市场监管的加强，社会信用环境的改善，消费者维权机制的健全，以及优质产品的生产和服务品质的提升。

高博：不错，这些都需要我们拿出敢于亮剑的勇气、改革创新的胆识，让十四亿人都能幸福地生活，让中国经济不断积聚健康持续发展的能量。

王端端：今天与我们共同主办3·15晚会的还有最高人民法院、最高人民检察院等政府部门和机构，今天大家都有一个共同的身份，那就是消费者权益的守护者，谢谢你们。

谢颖颖：我们今天的3·15晚会，还在央视网、央视新闻、央视财经客户端同步直播。在晚会结束之后的“3·15在行动”，会同步追踪曝光案例最新的执法情况。如果您了解行业内幕，如果您的权益受到了侵害，您可以下载央视财经客户端进入到3·15的投诉专区进行举报，与3·15一起守护您的权益。

陈伟鸿：悠悠民生，健康为大。确保健康，确保安全是我们每一个消费者在消费过程中的基本诉求，也是理应得到的合法权益。因此，国家对一些关乎百姓的身体健康和环境安全的医疗废弃物，就有着非常严格的监管。在这个方面，国家推行的是集中无害化的处置，任何单位、任何个人都严禁转让和买卖医疗废弃物，但是就在这个领域，却有一条黑色的产业链悄然存在着，我们一起来看。

第三节　脱口秀节目主持训练

【理论概述】

一、脱口秀节目的定义及分类

（一）脱口秀节目的定义

“脱口秀”是从英语Talk Show音译过来的，是西方常见的电视节目。广义上讲，脱口秀节目中“人”是主体，以人的话语活动为主要内容的节目，均可以称为脱口秀节目。狭义上讲，脱口秀节目是在演播室录制，以主持人、嘉宾、观众为谈话主体，围绕特定话题展开讨论的节目。

（二）脱口秀节目的分类

节目内容分类

内容，脱口秀节目可以分为新闻时事类和文化娱乐类。新闻时事类脱

的社会热点事件为话题，通过叙述与评论的方式解读相关话题。文

化娱乐类脱口秀选题较为广泛，主要以满足受众休闲、娱乐生活为主要目的，话题设置贴近生活。

2.从节目形式分类

按照节目形式，脱口秀节目可以分为聊天式、辩论式、独白式。聊天式以主持人和嘉宾对话为主，可以是主持人对一位嘉宾或多位嘉宾，围绕固定话题展开议论。辩论式脱口秀主要围绕具有争议性的话题进行讨论，现场嘉宾持不同观点，在主持人的主持下展开辩论。独白式是由一人完成所有的话语表达，对主持人的个人能力有较高的要求。

二、脱口秀节目主持人的语言特点

脱口秀节目具有“鲜活性”特点，而这一特点需要通过主持人的语言魅力得以展现，主持人是脱口秀节目的灵魂。因此，脱口秀节目对主持人的语言有十分高的要求，在流畅、简洁的基础上还要兼具表现力与趣味性。

（一）亲和力

脱口秀节目主持人需具备营造轻松、愉快、舒适的交谈氛围的能力。在节目中，以平民的视角、平和的表情、大众化的着装、亲近的言语拉近与嘉宾的距离，才能让嘉宾说出更多的故事，获取更多的有效消息。

（二）幽默

风趣、幽默、机智是脱口秀节目的主要特征，同样也是对脱口秀节目主持人的要求。幽默的语言可以让说教性较强的话题更容易被受众接受，让主持人的亲切感得以彰显。如湖南卫视《天天向上》充满活力的主持人群体，在节目中“妙语连珠”，幽默、夸张、随性，善于调侃别人也调侃自己，不断挖掘各种娱乐元素。

（三）口语化

脱口秀节目的语言应该是在节目录制现场产生的即时话语，不应是书面语的“有声版”。因此，脱口秀节目主持人应该使用自然、通俗、生动的言语。需要注意的是，语言的口语化不等同于语言的随意化。

【实践训练】

完成下列脱口秀节目主持。要求：围绕节目主题展开讨论，内容要新颖，传递正确的价值导向；语言流畅，主持定位符合脱口秀节目要求。

1. 以“理想和现实”为题，主持一档脱口秀节目。

2. 以“广告与生活”为题，主持一档脱口秀节目。

3. 以“谣言也是另一种病毒”为主题，主持一档脱口秀节目。

4. 以“生命的价值”为主题，主持一档脱口秀节目。

5. 以“老板和员工”为题，主持一档脱口秀节目。

6. 以“这个标签我不背”为主题，主持一档脱口秀节目。

7. 以“做人不能太折腾”为主题，主持一档脱口秀节目。

8. 以“你真的有朋友吗”为题，主持一档脱口秀节目。

9. 以“对不起，我不是第一名”为题，主持一档脱口秀节目。

10. 以“人生没有撤回键”为主题，主持一档脱口秀节目。

11. 以“以爱的名义绑架”为主题，主持一档脱口秀节目。

12. 以“存在感”为题，主持一档脱口秀节目。

13. 以“素质”为题，主持一档脱口秀节目。

14. 以“爱的代价”为题，主持一档脱口秀节目。

15. 以“数字时代”为题，主持一档脱口秀节目。

16. 以“从头再来”为主题，主持一档脱口秀节目。

17. 以“信仰”为题，主持一档脱口秀节目。

18. 以“我可能被骗了”为主题，主持一档脱口秀节目。

19. 以“别怕，只是孤独”为题，主持一档脱口秀节目。

20. 语言在生活中发挥着重要的作用，请以“语言的力量”为题，主持一档脱口秀节目。

21. 在与父母沟通的时候，你是否觉得你们各自的想法难以让对方接受？这是因为两代人在思想、价值观念、行为方式、生活态度等方面存在着代沟。请以“代沟”为题，主持一档脱口秀节目。

22. 人们常说“有舍才有得”，你怎么看待呢？请以“舍得”为主题，主持一档脱口秀节目。

23. 我们在不同年龄段会遇到不同的压力，如学业的压力、工作的压力、生活的压力。请以“压力”为题，主持一档脱口秀节目。

24. 生活中，不如意十之八九，我们应该保持乐观心态，积极面对生活。请以“要做生活的甲方”为主题，主持一档脱口秀节目。

拓展阅读

一、著作类

1. 韩青，郑蔚. 电视娱乐节目新论[M]. 北京：中国广播电视出版社，2005.
2. 刘洋，林海. 综艺娱乐节目主持概论[M]. 北京：中国传媒大学出版社，2007.
3. 马谛. 娱乐节目主持艺术[M]. 北京：中国传媒大学出版社，2016.
4. 魏子捷. 脱口秀的技巧与方法[M]. 广州：广东经济出版社，2018.
5. 吴洪林. 主持艺术(第三版)[M]. 上海：三联书店，2015.
6. 吴郁. 主持人的语言艺术[M]. 北京：北京广播学院出版社，1999.

二、节目类

序号	节目名称	播出平台
1	《中央广播电视台春节联欢晚会》	央视综合频道
2	《中央广播电视总台中秋晚会》	央视综合频道
3	《感动中国年度人物颁奖盛典》	央视综合频道
4	《3·15晚会》	央视综合频道
5	《中国电影报道》	央视电影频道

第十一章　其他类型的节目主持训练

社会生活节目、少儿节目和体育节目是电视节目的重要组成部分，这些节目特点突出，有较为固定的受众群体，能起到服务受众、丰富受众精神生活的作用。本章将对社会生活节目主持、少儿节目主持、体育节目主持进行训练。

第一节　社会生活节目主持训练

【理论概述】

一、社会生活节目的分类

（一）按节目内容分类

可分为生活服务类、文化科普类、道德法制类、知识竞赛类等。

（二）按社会功能分类

可分为教育性节目、服务性节目、教学性节目、复合性节目等。

（三）按节目构成分类

可分为专题型节目、杂志型节目、访谈型节目、综艺型节目等。

（四）按受众设定分类

可分为少儿类节目、老年类节目、女性类节目、青年类节目等。

二、社会生活节目的特点

在分众化传播、频道化发展的新语境下，社会生活节目的传播功能及特色顺应时代要求，兼具服务性、对象性、专业性、教育性等传统特点和时效性、娱乐性等新特点。①

（一）服务性

社会生活节目的核心宗旨是服务受众，这也是它最为突出的特点。

（二）对象性

社会生活节目的受众指向性很强，要充分考虑不同受众群体的差异性，依据目标对象的心理预期、知识水平和接收习惯进行节目创作。

（三）专业性

社会生活节目的专业性十分突出。它涉及的领域非常广泛，将这些领域相关的内容介绍给受众，需要一定的专业知识作保证，尤其是以科学技术、健康养生、农业军事等为主题的节目，其专业性要求更高。

（四）教育性

教育性是社会生活节目的应有之义，从这类节目诞生以来就一直在彰显。不过，随着人们文化程度的普遍提高和接受教育渠道的拓宽，社会生活节目逐渐淡化了教育的色彩，更追求以寓教于乐的方式引导受众。

（五）时效性

一般来说，社会生活节目的内容在一段时期内都是可以播出的，有的反复播出也不会过时。主要节假日、纪念日等创作的相关专题节目则需要在特定时间点上播出。但随着传播技术发展和人们收视期待的转变，社会生活节目也在尽可能地增强自身的时效性，将新近发生的事件融入节目中，以提升收听率、收视率。

（六）娱乐性

社会生活节目内容丰富而有专业性，依据具体情况渗透有大量的娱乐元素，让受众喜闻乐见，同时“寓教于乐”，乐为“标”，教为“本”。

---

① 中国传媒大学播音主持艺术学院. 电视节目播音主持[M]. 北京：中国传媒大学出版社，2015：134.

三、社会生活节目的主持方式

社会生活节目的主持方式包括串联、讲解、演示、谈话、体验、表演等，每一种主持方式都不是孤立存在的。为了丰富节目内容与形式，主持人往往运用多种方式主持一档节目。例如，在北京卫视的《养生堂》和《我是大医生》中，主持人就运用了串联小片、情节表演、嘉宾访谈、实验演示、专家讲解等多种主持形式。

（一）串联

串联是社会生活节目主持人必须具备的专业能力，主持人在节目中充当节目内容与观众之间的桥梁。为了丰富节目形式，更形象地介绍内容，社会生活节目常常运用视频、动画等方式，这就需要主持人在开场、小片、嘉宾介绍等环节进行串联。

（二）讲解

主持人通过叙述讲解的方式，把节目中所涉及的知识、原理等表现出来，并运用画面、道具等辅助手段进行讲解。当下大多数节目都不是直奔主题的，一般会以某个事件为切入点，引发受众兴趣，然后由主持人进行讲解。

（三）演示

为了更加直观、生动地展现节目内容，有时主持人需要运用相关道具进行演示。现场演示会增加节目的可信度和视觉感，便于受众更好地理解和认知。演示要求主持人具备较高的心理素质和专业能力，要兼顾实验操作与现场讲解。

（四）谈话

谈话常常作为社会生活节目的一个环节出现。谈话的对象可以是观众，也可以是嘉宾等，他们与主持人共同完成节目。

（五）体验

主持人代替观众去体验节目中所涉及的内容，在节目中兼顾主持人与体验者双重角色，以增强节目的氛围感、真实感、趣味性。

（六）表演

社会生活节目有时需要运用一些表演元素来丰富其内容与形式。这时，主持人往往根据节目需求在不同的角色间进行切换。

四、社会生活节目主持人的能力要求

（一）主持风格有亲和力

主持人与受众的关系是平等的，主持人面对观众时要以诚相待、亲切随和。社会生活节目主持人要以平和、耐心、热情、自信的状态主持节目，消除受众的“隔阂感”，让受众在收听、收看节目时感到轻松愉快，从而赢得受众的喜爱，这也就是我们通常说的“观众缘”。

（二）语言表达简洁明了

社会生活节目主持人不仅要有良好的语言表达能力，还要根据不同收听、收视对象的特点采用不同的语言表达方式，在日积月累中逐渐形成自己的语言风格。社会生活节目内容丰富、形式多样，无论哪一种类型的节目，都需要以“简单明了”为基础，用最直观、精练的语言让受众在最短时间内明白节目传递的内容。社会生活节目适宜选择简短的段落式表达，切忌长篇大论、复杂琐碎。

（三）具有服务受众的意识

社会生活节目主持人要具有强烈的服务意识，明确主持人身份，摆正主持人的位置。服务受众不仅是社会生活节目的指导思想，也是其宗旨，更是主持人需要长期坚持的主持创作理念。只有树立良好的服务意识，主持人才能更好地把握与受众的关系，创作出受众喜闻乐见的节目。

（四）能串联节目各板块

社会生活节目需要主持人串联节目的各个板块，做好节目的起承转合，这就需要主持人深入节目的采、编、播过程，熟悉节目流程和内容，自然且熟练地串联、衔接各板块内容。

（五）把握受众特点与需求

社会生活节目针对性强。主持人必须深入了解节目传播对象的心理特点，贴合特定对象的需求，准确选取传播对象最关注、最容易接纳的内容，抓准知识点、兴趣点，使传播对象好理解、易接受。例如，健康养生类节目的收听、收视群体多为老年人，在主持这类节目时，支持人语速要放慢，讲解时要娓娓道来。

（六）具备相关专业领域知识

社会生活节目专业性强，主持人对相关领域的知识要熟悉，并不断积累。例如，财经、法律、科技、历史等，掌握了相关领域的知识才能更好地驾驭节目。

【实践训练】

一、社会生活节目主持状态训练

根据下面的稿件进行社会生活节目主持状态训练。主持时注意把握对象感。

央视综合频道《生活圈》

欢迎收看大家帮助大家的《生活圈》，各位观众朋友们，大家早上好！说到腹痛大家肯定不陌生了，很多人肯定都有过，不过引起腹痛的原因很复杂，导致腹痛的疾病也是多种多样的，但如果不能准确判断，极有可能会延误病情，耽误治疗，严重的会危及生命。那么一旦出现腹痛症状的时候到底应该如何准确地判断呢？今天这套自测题帮你了解一下什么样的腹痛可能与胆囊疾病有关。我们来看一下。

（小片）

您看，医生也说了，根据临床观察胆囊结石的形成与很多不良行为和饮食习惯都有关系，所以我们来看第三道题目：是否有以下这些饮食习惯？A.喜欢吃油炸食物；B.喜欢吃肥肉；C.长期不吃早餐；D.有暴饮暴食的情况；E.不爱吃蔬菜水果。以上这些很明显都是不良的饮食习惯了，那么到底哪些会导致胆囊结石的形成呢？我们接着往下看。

（小片）

对于健康人群，如果能改掉这些不良的饮食习惯，就可以在一定程度上降低胆囊结石的患病风险，而对于该疾病的高危人群来说就不光是要注意饮食的问题了，还要在其他方面多加注意，所以来看下一道题目。

（小片）

胆囊结石常常为人们所忽视，或者说不当回事，然而胆囊一旦被摘除会严重地影响到生活质量，影响心情，以及精神状态。所以说一定要保护好自己的胆囊。这就需要从坚持好的生活习惯开始做起。好了，刚才的内容您有哪些没有看清楚，听明白，或者想再一次进行健康自测都可以扫描屏幕上的二维码进入到《生活圈》的微信公众号参与答题。（央视综合频道《生活圈》2019年12月6日，有改动）

央视综合频道《生活提示》

大家好，欢迎您收看今天的《生活提示》。婴幼儿的好奇心是最强的，小宝宝往往是抓到一个东西不管能不能吃都往嘴里放，这样容易造成异物误食。国家市场监管总局去年发布的一份检测评价中也显示，在儿童玩具及用品导致的伤害当中，因为误食和误塞小零件等导致的伤害占比达到了53.23%。这不，一名两岁半的女孩涵涵就因为把一支水银体温计放在嘴里咬碎了，家人担心她吃进了水银赶紧把她送进了医院。我们前来看看这个案例。

（小片）

经过手术，医生从涵涵的腹腔中取出了整整23颗珠子，而这些珠子就是孩子们经常玩的磁力珠，医生告诉我们仅仅在最近的一周内就有三名患儿因为误食磁力珠来医院就诊。

（小片）

磁力珠由于宣称有益智效果，在网上销售十分火爆，实际上磁力珠的磁力非常强，并不适合幼童玩耍。不少商家为了规避风险，销售时会注明八岁以上儿童适用，孩童应在大人陪同下操作，请勿吞食等字样，希望家长关注下这些提醒事项，以免引发悲剧。除了磁力珠，在医院常见的被儿童误服的小物件，还有海绵宝宝、曲别针、纽扣、硬币等色彩鲜艳的小物件。家长们一定要做好监管，避免让孩子轻易拿到这些东西，那孩子万一真的不小心误吞异物，家长该怎么办呢？

（小片）

还有一种情况就是孩子如果误吞食被异物卡喉了，这就需要家长在第一时间紧急处理一下，以防孩子因为呼吸道的梗阻导致窒息。

（小片）

到了年底，圣诞节、元旦、春节接踵而至，不少爸爸妈妈也会买一些小玩具来装点家里。但是家长们一定要注意，不少漂亮的玩具，其实也隐藏着危险，并不一定适合孩子玩儿。还有就是家中的比如说像纽扣、电池、硬币，这样的小物件也一定要收好，避免孩子误拿误吞。

好了，服务观众，服务生活。以上就是本期《生活提示》的全部内容了，您可以通过屏幕下方的方式来搜索您所关注的问题，也欢迎扫描二维码参与我们的节目互动。（央视综合频道《生活提示》2019年12月20日，有改动）

北京卫视《养生堂》

您好，您现在正在收看的是北京卫视为您播出的《养生堂》。您可以看到我今天所在的这个位置，虽然是在舞台上，但好似就站在一个风暴中心一样。风暴中心这个词您可能听过，在很多的影视剧里，我们也看到过，它形容的是风暴过境的时候，受灾最严重的地方，而在本次疫情之中武汉的金银潭医院一度被称作站在了“风暴之眼”

上，为什么要跟大家说这些呢？因为今天做客我们《养生堂》的专家就是从“风暴之眼”凯旋的。从2020年的1月25日一直到3月31日整整66天他们一直坚守在一线当中的一线，接下来就让我们欢迎本次中国国家医疗队的第一批成员，他们是来自中国中医科学院广安门医院的急诊科主任齐文升，中国中医科学院广安门医院急诊科的主治医师杨金亮，以及留守在北京同样投入到我们疫情的抗疫工作之中的急诊科副主任昭昕，欢迎三位！

（访谈）

我们《养生堂》连续两天的时间做了致敬战役之中的中医人的特别节目，就是想以这样一个小小的动作表达我们对这次在抗疫一线的白衣战士的深深敬意，同时我们也想为这次在抗疫之中，中医人勇于担当、敢于奉献，在危难之时摆渡生命的逆行之举献上我们深深的敬意，谢谢你们的付出，谢谢！有请我们的工作人员献上鲜花，今天在节目的镜头里实现云团聚的只有我们四位国家中医医疗队的成员，但其实在抗疫之中依然奋战在一线的白衣战士还有很多很多，我们没有机会一一记录他们的名字，但是每一个人的辛苦付出都将永远被铭记，感谢收看！（北京卫视《养生堂》2020年4月23日，有改动）

二、社会生活节目主持训练

按要求主持下面的社会生活节目。要运用多种主持方式，注意语言精练，避免冗余，思路清晰，逻辑合理，语言鲜活，有理有趣。运用相关道具时要注意使用操作与有声语言表达的默契配合。注意语言的文化含量与品位，把握好对象感。

1.请针对近期的一个或几个社会热点话题，主持一档社会生活节目。

2.今年是奥运年，请选取奥运会相关内容，主持一档关于奥运会的专题社会生活节目。

3.5G时代快速发展，请围绕“5G与生活”，主持一档社会生活节目。

4.湖南湘西花垣县十八洞村以农家乐为突破口，积极发展生态旅游新思路，成为脱贫致富的优秀典范。请根据提示信息，以外景形式主持一档旅游节目。

5.请以“买、退、闹、换”为关键词，主持一档社会生活节目。

6.请以“电竞游戏、追星、二次元”为关键词，主持一档社会生活节目。

7.请以“半边天、妇女节、巾帼”为关键词，主持一档社会生活节目。

8.请围绕与老年人有关的社会现实或健康养老等话题，主持一档以老年人为主要收视群体的节目。

9.请以《开学第一课》为题，主持一档以学生为主要收视群体的节目。

10.节目名称为《家有妙招》,请策划并主持一档生活服务节目。

11.节目名称为《第一放映室》,请策划并主持一档与电影相关的社教类节目。

12.节目名称为《开卷八分钟》,本期节目的主要内容是推荐一本图书,请策划并主持这档节目。

13.请以串联形式策划并主持一档社会生活节目,内容可为科教、文化、生活等,节目名称自拟。

14.请以网络直播形式,主持一档好物推荐类节目,节目名称自拟。

15.请以新型冠状病毒疫情为背景,主持一档居家网络云录制的社会生活节目,内容不限,节目名称自拟。

16.请以“一带一路”为主题,主持一档以沿线国家和地区为内容的体验式社教类节目,地点、内容可根据节目需要自行选择。

17.请以“谣言”为话题,主持一档普法类社会生活节目。

18.请以“行走中国”为题,主持一档户外类社会生活节目。

19.请以“非凡匠心”为主题,主持一档传播中华文化与技艺的社会生活节目。

20.请以“中国式”的人际关系为话题,主持一档社会生活节目。

21.请以“拖延症的N种解释”为话题,主持一档社会生活节目。

22.请以“报复性消费”为话题,主持一档社会生活节目。

23.请以“你是真的睡不着吗?”为话题,主持一档社会生活节目。

24.请以“人物”为话题,主持一档社会生活节目。

第二节　少儿节目主持训练

【理论概述】

一、少儿节目的特征

(一)收看对象明确

少儿节目的收看对象比较明确,以中央广播电视总台央视少儿频道的节目为例,无论是日播节目、周播节目、季播节目还是特别节目,所有节目编排都主要是围绕着少儿来进行的。

（二）教育意义较强

“寓教于乐”，诠释好这四个字是对儿童节目最根本的要求。少儿节目往往通过游戏、故事、体验等环节达到教育儿童的目的。如中央电视台少儿频道以“引领成长、塑造未来、寓教于乐、成风化人”为宗旨，以“健康、有趣、益智、教育”为基调，体现了少儿节目的核心“教育意识”。

二、少儿节目的分类

（一）综合类少儿节目

综合类少儿节目涵盖很多内容，我们可以把益智类、生活类、娱乐类统称为综合类少儿节目，例如，《智慧树》《大风车》《七巧板》等。这类节目通过丰富多样的环节和形式，起到吸引观众和寓教于乐的作用。

（二）体验类少儿节目

体验类少儿节目是指让少儿在节目中亲身体验，从中学到不同知识、懂得更多道理，从而达到锻炼少儿生活能力、引导少儿心理健康成长等目的。中央广播电视总台央视少儿频道的《最野假期》《小鬼当家》就属于比较成功的体验类少儿节目。

（三）动画剧场类少儿节目

动画剧场类的少儿节目中，动画片是主要部分，其他一小部分是主持人开头结尾的串场主持。例如，中央广播电视总台央视少儿频道的《动画大放映》《风车剧场》《动漫世界》《周末动画片》等，这些节目主要播出海内外优秀的动画作品，给小朋友们打造丰富的动画片观看平台。

三、少儿节目主持人的主持要求

（一）对少儿语言习惯的掌握、运用

孩子们的语言表达有他们自己独特的方式，他们喜欢用一些叠词、语气助词和拟人化的语言。因此，主持人在节目中也要多运用这类语言，才能够更好地拉近自己和孩子们的距离。但应注意避免嗲声嗲气，应遵循适度原则，既能够很好地展现语言特色又要避免过于幼稚和做作。另外，主持人应该多运用发声方法来调整自己的声音，让自己的声音听上去更加甜美可爱。

（二）多运用肢体语言

少儿节目的受众群体正处在知识积累的过程中，对于很多语言的理解还不是很到位，也不能够完全理解一些比较成人化的思想和一些较书面化的语言。这就要求主持人在表达和主持的过程中，除了运用一些简单的词语、句式之外，还要充分利用表情和肢体语言，对口头语进行补充和说明。

（三）具备较强的应变能力

作为少儿节目主持人，在节目中遇到突发状况是常态。原因很简单，主持人的搭档经常会是小朋友，有时孩子们的言行并不一定按照节目的流程进行，突发事件较多。在节目录制中，“小主持人”或者“小嘉宾”们会突然说出或做出一些意料之外的语言和动作，主持人在录制过程中要保持注意力的高度集中，在台下做好充分的准备，这样在遇到突发状况时才能够从容自信地进行补救，掌控全场。

（四）具备童心和耐心

少儿节目主持人要经常观察少儿的表现，了解他们的习惯和需要以及他们在不同场合表现出来的言行举止，这样才能更好地与他们进行交流沟通。在主持过程中要尽可能地展现出自己的童心和耐心。与小朋友们通过游戏进行互动的时候，要表现出对这个游戏的兴趣和热情。对于小朋友出现的紧张或者注意力不集中的情况要有足够的耐心，运用各种合理的方法去调动他们的积极性和表现欲。

【实践训练】

一、少儿节目开场白训练

根据下面的稿件进行开场白训练。训练时注意语气和措辞，语气要温和亲切、积极并且富有童趣；措辞上多用叠词和语气助词。切忌装腔作势，应找到最舒服的声音位置。

央视少儿频道《七巧板》

小朋友们，七巧板游戏的时间到了，快叫上你的爸爸妈妈一起来玩儿吧！让我们在快乐的游戏中共度美好时光！好，我们第一轮的游戏马上就要开始了。我们第一轮的游戏叫作“快乐羊角球”，在玩游戏之前我们先来看看今天参与这个游戏的小朋友他们是谁。

（央视少儿频道《七巧板》2020年4月18日）

央视少儿频道《七巧板》

小鹿姐姐:“欢迎可爱的宝宝和你们的爸爸妈妈来到七巧板。亲爱的大朋友、小朋友们,大家好！欢迎来到《七巧板》特别节目《健康宝宝大比拼》。我是你们的好朋友小鹿姐姐。”

一天哥哥:“我是一天哥哥。”

小鹿姐姐:“今年夏天呢我们《七巧板》节目推出了一百个好玩儿的亲子游戏这样的一个活动,我们从征集上来的视频当中可以看到,每一个亲子游戏都是各个家庭他们自己创意并且自己录制完成的。这些游戏可以说好玩、实用、便于操作,很接地气。”

一天哥哥:“没错,这一百个游戏呢涵盖了零到六岁的游戏创意,参与的家庭也来自天南地北,他们给了我们很多的启发和灵感,也让更多的家庭参与到我们的节目中。”

小鹿姐姐:“没错,那么从上周开始,这一百个好玩的亲子游戏已经在我们《七巧板》节目当中全部播出完毕了。今天开始呢我们将为大家推出《健康宝宝大比拼》的‘终极大PK’,将邀请给我们发来好玩亲子游戏视频的这个家庭,或者是人气很高的、或者是参与度很高的这样的家庭来到我们演播室现场参加我们的‘终极大PK‘。”

(央视少儿频道《七巧板》2020年11月14日)

二、经典少儿节目主持训练

根据下面的稿件进行模拟主持训练。注意相应场景中肢体语言的运用。

央视少儿频道《七巧板》

好,我们第一轮的游戏马上就要开始了。我们第一轮的游戏叫作:快乐羊角球。在玩游戏之前,我们先来看看参与游戏的小朋友他们是谁？欢迎悠悠！欢迎蔚蔚！欢迎古力！最后一位是小轩轩！你好你好！我们的游戏是这样玩的,每个小朋友都要骑上羊角球,从妈妈的身边出发,蹦蹦跳跳跳到爸爸的身边,爸爸可以给孩子亲一口,表示爱的鼓励,然后小朋友继续骑着羊角球返回妈妈的身边。我们要看在规定的时间当中,哪个小朋友折返的次数最多。好,准备好,预备,开始！

(央视少儿频道《七巧板》2020年4月18日)

央视少儿频道《小小智慧树》

小嘟嘟:鹏鹏,是河狸。小嘟嘟前段日子还见过它。

鹏鹏:哦,小嘟嘟,你太棒了,就是河狸！它们可是建筑大师呢！河狸不仅会搭自己的小窝,还会将窝的周围修筑堤坝。

小嘟嘟:堤坝? 有什么作用呢?

鹏鹏:用来抵御敌人,防止外敌入侵。堤坝将水位抬高,这样遇到敌人的时候,它们就能迅速钻入水中了。

小嘟嘟:河狸太聪明了,它们搭这么长的堤坝是怎么做到的呀?

鹏鹏:它们没有锯子和斧子,它们想要建造物料,全靠一对锋利的门齿。它们可以咬断一整棵大树,再把上面的树条运到水中。

(央视少儿频道《小小智慧树》2020年2月1日)

三、少儿节目主持应变能力训练

根据不同的场景进行模拟训练。训练时要以整个晚会或节目流程顺利进行为主要目的,不必过多纠结突发情况,否则会将人们的注意力吸引到突发情况上来。

1.在一场少儿春晚的节目录制中,其中一个环节是主持人和两个小朋友一起搭档串场,表达对人们的新春祝愿。但不料一个小朋友在说完自己的串词后,把另一个小朋友的串词也说了,轮到另一个小朋友主持时,他很不高兴地对主持人说:“他把我的词都说了,我说什么呀?”如果你是主持人,如何进行应变处理?

2.在一次少儿节目录制中,被邀请上台的嘉宾小朋友突然放声大哭要找妈妈。如果你是主持人,如何进行应变处理?

3.在一次少儿晚会中,大幕拉开,本应下一个节目才上场的小演员提前跑上台,并且愣在舞台中央,这时你作为该场晚会的主持人,应该如何应变?

4.在一次节目直播中,嘉宾小主持的话筒突然不响了,小主持一时不知所措,你作为他的搭档,应该如何救场?

5.在一次少儿晚会上,作为主持人的你不小心叫错了小嘉宾的名字,你该如何救场?

四、不同类型的少儿节目主持训练

根据以下题目进行模拟主持训练。注意根据不同的少儿节目类型要求进行策划和主持,突出少儿节目的教育意义。

1.6月1日是国际儿童节,请以此为题策划并主持一档综艺类少儿节目。

2.以你最喜欢的动画片为题,策划一档动画剧场类少儿节目并主持。

3.上海迪士尼乐园是我国内地第一个迪士尼主题公园,请以此为舞台,策划一档体验类少儿节目并主持。

4.请以成都大熊猫繁育研究基地为舞台，策划一档体验类少儿节目并主持。

5.2020年初，新型冠状病毒席卷全球，请以"远离病毒，健康成长"为主题策划并主持一档少儿节目，给小朋友普及病毒相关知识和防范措施。

第三节　体育节目主持训练

【理论概述】

一、体育节目的分类

目前，存在于传统媒体和新媒体的主流体育节目类型大致包括以下几种。在这几种节目类型中，播音员主持人所起的作用和主持的形式都有所不同。

（一）体育新闻节目

体育新闻节目要简明扼要地介绍体育相关信息，进行适度的报道，不去刻意地长篇大论地描述具体细节。播音员应当语音标准、口齿伶俐清晰、播报准确利落、反应迅速机敏。只要掌握相关的基本体育知识，一般的新闻节目播音员或主持人均可胜任。

（二）体育专题节目

体育专题节目是将人物故事、赛事精华等以专题片的形式播出，让平时鲜有精力全面了解相关内容的观众能够较为集中和系统地了解和欣赏到不同项目的更多故事。在体育专题节目中，除了需要一名主持人串联各个环节之外，多数情况下还需要主持人或配音员在幕后进行相关的配音及解说工作。由于体育运动的专业性，需要播讲者具有一定的专业素质，反应要快，口眼配合得当，出错少[①]。这里的专业素质既包括口齿清晰、发音标准、声音圆润等，也包括体育运动方面的专业知识。

① 张颂.中国播音学[M].北京：中国传媒大学出版社，2003：619.

（三）体育综合直播节目

每到国际大赛举办时，各大体育媒体、平台都开始筹办相关的体育综合直播节目。这类节目往往在比赛日及比赛日前后播出，囊括了脱口秀、专题片等多种形式，有时比赛的直播也作为一个板块隶属在这类节目当中。在体育综合直播节目中，主持人要有过硬的专业知识和控场能力，不仅要能串联起节目的各个环节，也要具备应对直播突发情况的能力。

（四）体育赛事直播节目

体育赛事直播节目中最主要的内容就是体育比赛的直播，这类节目有时作为个体，有时作为体育综合直播节目中的板块出现。一档完整的体育赛事直播节目不仅涵盖了体育比赛实况直播，还包括赛前演播室出境、前方报道、赛后复盘分析等多个环节。

（五）体育真人秀节目

"真人秀"一般是指以电视传媒为媒介，通过举办某一类别的比赛活动，以从多名参赛者中选取最终获胜者为目的的电视节目。在这类节目中，主持人的作用相对弱化，多肩负着串联、环节推进、掌控全局等职责，有的节目中不设专门的主持人角色，导师、评委多在此类节目中履行主持人的职责。

二、体育节目主持人的基本素养

（一）专业的体育知识

体育节目主持人对于体育知识应有较为专业的了解和认识。稍有错读、漏读，传递的信息天差地别。例如，足球运动员卡西利亚斯和卡西利亚，虽名字只有一字之差，但两人的能力、履历、名气可谓天差地别。如果主持人在诸如此类的问题上出现错误，则会遭人诟病、贻笑大方。另外，体育节目中的断句、停顿应格外注意，避免因内容拗口、晦涩造成失误，使受众对节目内容的理解造成偏差。

（二）出众的表达能力

体育节目的主持离不开说。体育节目主持人需要通过深入浅出、言简意赅的语言简化体育运动的专业性，帮助对体育运动认知程度不同的受众更好地观看体育节目和赛事。因此，想要游刃有余地驾驭各类体育节目，出众的表达能力是必备素质之一。

（三）过硬的心理素质

体育运动未知性强，经常在短时间内发生变化。由于比赛实况、信号传输、设备状态等多方因素影响，体育节目在播出过程中或许会遇到多种突发事件，如前方比赛信号出现延迟、中断，国际体育组织传回的专题、宣传片无法正常播放等。体育节目主持人应具备过硬的心理素质，在主持过程中冷静、沉着地应对，保证节目的顺利播出。

【实践训练】

一、体育新闻节目主持训练

根据下面的题目进行模拟主持训练。注意体现体育新闻节目专业性和口语化较强的特点。

1.2019/2020赛季足球五大联赛冠军相继出炉，欧战名额尘埃落定。请搜集相关新闻资讯，设计主持一档体育新闻节目。

2.2020年7月13日，中超联赛第一阶段复赛赛程出台，本应在2月底开赛的2020赛季中超联赛推迟举行并改为赛会制形式，请搜集相关新闻资讯，主持一档体育新闻节目。

3.2018年6月16日是俄罗斯世界杯第三个比赛日，共进行了葡萄牙VS西班牙、法国VS澳大利亚、阿根廷VS冰岛三场比赛，请搜集相关新闻资讯，主持一档体育新闻节目。

4.2008年8月20日，举世瞩目的北京奥运会在国家体育场开幕，请搜集相关新闻资讯，设计主持名为“奥运最前线”的体育新闻节目板块。

5.假设现在是2008年北京奥运会期间，请搜集中国男篮相关资讯，设计主持一档体育新闻节目。

二、体育专题节目主持训练

根据下面的题目进行模拟主持训练。注意节目中的内容选择是否符合受众需求，不同环节的推进和串联不要过于生硬。

1.2016年8月21日，中国女排3:1战胜塞尔维亚女排，获得里约奥运会女子排球项目冠军，时隔12年再次夺冠。请以此为背景设计并主持一档体育专题节目。

2.2020年1月26日，篮球巨星科比因直升机事故遇难。请以此为背景设计并主持一档关于科比的体育专题节目。

3.2020年7月4日，羽毛球名将林丹宣布退役，请以“再见，超级丹”为题，设计并主持一档体育专题节目。

4.随着西班牙人队降入西班牙足球乙级联赛，我国球员武磊将在新赛季征战西乙。请以“武磊：留洋路漫漫”为题，设计并主持一档体育专题节目。

5.斯洛文尼亚篮球运动员东契奇进入NBA后表现出色，展露巨星潜质。请以“东契奇：在路上”为题，设计并主持一档体育专题节目。

三、体育综合直播节目主持训练

根据下面的题目进行模拟主持训练。这类节目内容丰富，形式较为多样，在训练中可涉及如访谈、脱口秀、辩论等多种环节，但要始终围绕主题，达到普及体育运动、丰富人们生活的目的。

1.请围绕2020年欧洲杯（已延期至2021年）设计并主持一档体育综合直播节目。

2.请围绕2020年东京奥运会（已延期至2021年）设计并主持一档体育综合直播节目。

3.假设现在是世界杯进行期间，已产生的四强将于明天进行半决赛的角逐，请以此为背景，设计并主持一档体育综合直播节目。

4.“中国席位——2020中国乒乓球队东京奥运模拟赛”将于2020年8月8日到8月21日举行，请以此为背景，设计并主持一档体育综合直播节目。

5.从2021年11月开始，中国男篮将与澳大利亚、伊朗、新西兰、韩国等亚太区强队争夺仅有的5个世界杯正赛名额，请以此为背景，设计并主持一档体育综合直播节目。

四、体育赛事直播节目主持训练

根据下面的题目进行模拟主持训练。初学者可以从自己最感兴趣的体育项目入手，逐渐增强对体育项目的认知。体育赛事直播节目中应包含赛前预热专题片、演播室出境、现场报道采访、比赛直播、赛后复盘等环节，因受众群体多为体育爱好者，在涉及的采访、提问等环节，应注重体现专业性，以免遭人诟病。

1.请围绕2020赛季中国足球超级联赛大连赛区揭幕战广州恒大淘宝VS上海绿地申花的比赛，设计并主持一档体育赛事直播节目。

2.请围绕2019/2020赛季西班牙足球甲级联赛第26轮皇家马德里VS巴塞罗那的比赛，设计并主持一档体育赛事直播节目。

3.请围绕2016年里约奥运会乒乓球女子单打决赛丁宁VS李晓霞的比赛，设计并主持一档体育赛事直播节目。

4.请围绕2016年里约奥运会羽毛球男子单打决赛李宗伟VS谌龙的比赛,设计并主持一档体育赛事直播节目。

5.请围绕2011年法国网球公开赛女单决赛李娜VS斯齐亚沃尼的比赛,设计并主持一档体育赛事直播节目。

拓展阅读

一、著作类

1.郭宝新.中国广播电视新闻奖2003年度社教佳作赏析[M].北京:新华出版社,2005.

2.霍小雷.站起来,让世界看到你[M].北京:北京联合出版有限公司,2019.

3.韩青,郑蔚.电视服务节目新论[M].北京:中国广播电视出版社,2005.

4.鞠萍.萍聚——鞠萍姐姐32年童心之旅[M].合肥:安徽少年儿童出版社,2016.

5.吴郁.节目主持能力训练路径[M].北京:中国广播电视出版社,2004.

6.姚治兰.电视体育节目实务[M].北京:中国传媒大学出版社,2012.

二、节目类

(一)社会生活类节目

序号	节目名称	播出平台
1	《生活提示》	央视综合频道
2	《夕阳红》	央视社会与法频道
3	《健康之家》	央广老年之声
4	《养生堂》	北京卫视
5	《我是大医生》	北京卫视

(二)少儿类节目

序号	节目名称	播出平台
1	《智慧树》	央视少儿频道

续表

序号	节目名称	播出平台
2	《七巧板》	央视少儿频道
3	《新闻袋袋裤》	央视少儿频道
4	《异想天开》	央视少儿频道
5	《小喇叭》	央广中国之声

(三)体育类节目

序号	节目名称	播出平台
1	《体育晨报》	央视体育频道
2	《体坛快讯》	央视体育频道
3	《体育新闻》	央视体育频道
4	《天下足球》	央视体育频道
5	《NBA最前线》	央视体育频道

第十二章　非节目主持训练

非节目主持指的是主持人直接面对受众的民间仪式活动的主持，它更注重人际交往的现场互动感。在大多数非节目主持活动中，主持人对串联活动流程起到重要的作用。

第一节　商务典礼主持训练

【理论概述】

商务典礼是指人们在人际交往中，特别是在一些盛大、庄严、隆重、热烈的正式场合里，为了激发出席者的某种情感，或者引起他们的重视而举行的活动。[①]

一、签约仪式主持

签约是一种非常正式的仪式，它占用的时间并不长，但程序规范，气氛庄重而热烈。签字仪式的程序大体分为5项：开场、介绍嘉宾、嘉宾讲话、引导签约双方进入签约环节、结束。

在主持签约仪式时，主持人要发挥好引导流程的作用，要注意以下问题：首先，熟悉仪式的流程，充分了解甲乙双方的合作内容。同时要熟悉签约双方的与会人员及职务。其次，签约仪式较为严肃，主持人的开场白和流程串联词要精炼准确，口语表达要庄重严肃。主持人要注意把握节奏，不可拖沓和冗长，要体现出商务活动的高效

---

① 郭红玲，杨涛.非节目主持艺术（修订本）[M].北京：中国广播电视出版社，2011:82.

性。最后，签约环节结束后，主持人应对仪式进行总结并对双方未来的合作进行展望。

二、开业庆典仪式主持

开业仪式是指在单位建立、开业时，为了表示纪念或庆贺而按照一定的程序举行的礼仪活动。开业仪式需要主持人进行流程的引导和串联，营造喜庆热烈的现场氛围，还需要担负起企业文化的宣传和推介工作。开业庆典的程序大约分为6项：开场、介绍嘉宾、邀请嘉宾讲话、邀请开业嘉宾揭牌或进行启动仪式、结束、主持文艺表演。

三、剪彩仪式主持

剪彩仪式是企业新形象在公众面前的第一次亮相，是为企业赢得公众的赞美，留下好的记忆而跨出的关键性的第一步。剪彩仪式极为重要，需要主持人穿针引线、驾驭控制，呈现出最佳效果。剪彩仪式的程序大约分为5项：宣布仪式开始、介绍主要来宾、邀请东道主致辞或邀请嘉宾代表致辞、邀请剪彩人剪彩、结束。

【实践训练】

一、根据以下主持词主持一场签约仪式

声音多用实声，高亢热情。主持词可根据自身风格进行适当的加工，避免照本宣科，要多一些现场感、互动性。

尊敬的各位领导、各位来宾：

今天我们非常高兴，××地产开发有限公司和××公司经过了一段时间的洽谈协商，终于达成共识，迎来此刻的签约仪式。

首先，请允许我介绍出席今天签约仪式的各位领导和嘉宾。

本次签约仪式有两项内容。首先进行签约仪式的第一项，请领导讲话。

下面进行签约仪式的第二项，双方领导签字。请双方领导再详细浏览一下合同内容，确认合约各项条款内容。

现在请双方领导在合同上签字。

让我们以热烈的掌声祝愿双方的合作顺利开展，项目能够圆满完成。

让我们对出席今天签约仪式的所有领导和嘉宾，再一次表示感谢。

签约仪式到此结束，谢谢大家！

二、根据以下主持词主持一场开业仪式

语言表达要高亢、热烈，主持状态要积极热情，语速稍缓，要注意整个仪式流程衔接的连贯性。

尊敬的各位领导、各位来宾，女士们、先生们：

大家上午好！

开业呈喜，无边春色融融乐。举业有方，不尽财源滚滚来。在这阳光明媚、清风送爽、瓜果飘香的金秋时节，我们怀着无比激动的心情，迎来了盼望已久的大好日子。今天，××有限公司开业庆典仪式隆重举行。我谨代表公司全体员工，对各位嘉宾的到来，表示热烈的欢迎。

下面，我非常荣幸地向各位介绍今天来参加××有限公司开业庆典的领导和贵宾，让我们以最热烈的掌声表示欢迎。

接下来让我们以热烈的掌声有请××致辞。

总经理的一番话，令我们倍感亲切，斗志昂扬。

下面我们有请领导登台讲话，掌声有请。

接下来有请礼仪小姐上台，有请各位领导登台揭牌。

尊敬的各位领导、各位嘉宾，下面我宣布××有限公司揭牌开始。东方源头水，生意锦上花。各位领导，各位嘉宾，公司全体同仁：

让我们共同倒数五个数——5，4，3，2，1。

让我们共同祝贺××有限公司开业大吉，蒸蒸日上，财源广进。

让我们再一次以热烈的掌声感谢各位领导、嘉宾的光临。衷心祝愿各位领导、来宾工作愉快、万事顺意！亲爱的朋友们，开业庆典到此结束，谢谢大家！

三、根据以下主持词主持一场剪彩仪式

剪彩仪式热闹喜庆，主持人的状态要积极热情，要注意面部表情的亲和与真诚，主持人的语言要喜庆热烈。

尊敬的各位领导、嘉宾、朋友们：

大家上午好！

春风送爽千山翠，瑞气迎临万象新。在这春满人间、百花争艳的时节，很荣幸迎来了各位领导、嘉宾和朋友们。我是主持人××。经过前期的筹备，今天，我们在这里

举行剪彩仪式。首先对各位领导、嘉宾和朋友们的光临表示热烈的欢迎。

老吾老，以及人之老。社会各界的真情关注，将会成为老人们爱的源泉，温馨舒适的养老院，将会成为老人们爱的家园。当然，除了老人，残障人士也是需要关心、帮助和扶持的特殊困难群体。我们不能只停留在保证他们的吃喝穿戴上，还要关心他们的心理健康。所以社会关爱机构的成立，对于老年人和残障人士来说，就像疲倦的人得以依靠，就像迷路的人找到一盏指路明灯。

相信在各级党委、政府的重视和支持下，在各界人士的关注和友善扶持下，他们的生活必将更加美好。

下面，我宣布：××残障人士托养机构成立剪彩仪式正式开始。

第二节　聚会与会议主持训练

【理论概述】

聚会，是指人们聚集在一起，有组织地商讨有关问题。在现代社会里，聚会是人们参与社会互动的主要方式之一。有时候聚会亦称会议。聚会活动相当烦琐，因此要有步骤地进行准备。①

一、年会主持

年会是指某些企业或团体一年举行一次的重大聚会，主要目的是答谢客户或感谢为公司或组织付出的人员，激扬士气，营造组织气氛，深化内部沟通，增进目标认同。主持人的任务主要是串接环节、控制时间等。一般年会的程序大约分为6项：开场、领导或嘉宾致辞、颁奖环节、表演环节、游戏互动、结束。

二、新闻发布会的主持

“新闻发布会”也就是“记者招待会”，它能够借助媒体和记者的力量，加强主体的影响力、知名度，同时能够使主体建立良好形象。“新闻发布会”要正规、新颖、隆重、权威，并且要有格调、有内涵，环环紧扣，还要有创意。主持人需要明白，新闻发布会的

① 郭红玲，杨涛．非节目主持艺术(修订本)[M]．北京：中国广播电视出版社，2011：116.

发言人是会议的主角，所以主持人需要跟发言人相互配合。主持人还要了解各方面的材料，特别是发言人的发言内容。同时主持人需要提前和发言人沟通提问内容，让发言人做到心中有数，避免冷场。最后，主持人应该学会与新闻界人士打交道。新闻发布会的程序大约分为5项：开场、介绍领导及媒体、邀请领导致辞、提问环节、结束。

【实践训练】

一、根据以下主持词主持一场年会

主持人要负责年会流程的推进、时间的把控，也要负责气氛的调节。不能过分依赖主持词，要对主持词进行加工，根据现场情况进行设计，声音要有温度和人情味，不能照本宣科。

尊敬的各位来宾，尊敬的各位领导，亲爱的家人们：

大家好！在这里首先祝愿大家在新的一年里马到功成，宏图大展，吉祥如意，家庭幸福！

回首过去的一年，我们满怀豪情；展望新的一年，我们重任在肩。刚刚过去的一年，是公司承前启后、继往开来的一年。成功伴着艰辛，收获伴着汗水。一路风雨兼程，感谢各位领导以及家人们的辛勤付出，更感谢各位合作伙伴的鼎力支持，让我们对未来充满信心。

现在请允许我介绍莅临本次盛典的嘉宾。

岁月匆匆，人海茫茫，共同的心愿与目标，使我们相逢在这里，下面有请××为本次年会致辞。

感谢××的精彩致辞，回顾这一年，我们有风和日丽，有惊涛骇浪。千言万语在这辞旧迎新的时刻都汇成一个词——拼搏。

新的一年让我们以蓬勃的朝气、昂扬的锐气、无畏的勇气，谱写新一年更加辉煌灿烂的新篇章。下面有请××为我们带来公司新一年的战略规划。

感谢××精彩的讲述，相信通过我们的辛勤努力，我们必将实现公司的战略目标。

亲爱的朋友们，我们的公司能有丰硕的收获，少不了各位的鼎力支持，我们公司的员工不仅能吃苦，而且还非常有才，那么接下来就让我们一起来欣赏他们带来的精彩表演。

伴随着温馨的歌声，××有限公司年会盛典到此结束。朋友们，今年在我们的共同努力下，我们取得了胜利，只要我们齐心协力，明年也一定会是收获之年！让我们满怀斗志，拼搏奋进，勇攀高峰！

二、根据以下主持词主持一场新闻发布会

发布会面对的是诸多媒体和记者，主持人要避免出现语音和表达问题，主持要突出发布会的重点内容和媒体想要知道的内容。

尊敬的各位领导、各位来宾，新闻界的朋友们：

大家上午好！欢迎参加××建设项目新闻发布会。为加快省城东部城市发展，提升区域人居环境，带动地区经济发展，我区确定通过整治、提升、改造打造二环东路发展隆起带。为借助各新闻媒体的作用和影响力，将××建设相关信息及时对外传递，吸引社会各界积极参与××投资建设，今天××区委、区政府在这里隆重召开新闻发布会。首先，请允许我介绍出席今天新闻发布会的领导、来宾及新闻媒体单位。

在此，对各位来宾和新闻单位的光临表示衷心的感谢和热烈的欢迎！今天的会议主要有四项议程。一是播放××路××段《城市设计方案》；二是请××区委书记××同志致辞；三是请区委副书记、区长××同志介绍××路××段有关情况；四是答记者问。下面逐项进行。

（播放××路××段《城市设计方案》）

下面，有请领导致辞。

会议进行第四项，解答新闻界朋友们的提问，各位媒体，各位记者，你们就××的城市发展特别是××路××段建设还有什么需要提问的，请各位举手示意。

（记者提问）

各位朋友，新闻发布会到此结束，最后感谢各位嘉宾和各位朋友的光临！谢谢你们！祝你们今后工作顺利，身体健康，谢谢！

三、根据以下材料主持一场年会

在主持前，主持人要熟悉流程、主持词。活动流程不熟悉，会导致现场混乱，影响主持效果。年会需要主持人有较多的即兴主持，不能一味依赖台本。主持人一定要眼观六路、耳听八方，时时刻刻关注观众的情绪，时时刻刻调动观众的情绪。

活动名称：××公司新春团拜晚会

活动基调：喜庆、欢快、盛大、隆重

活动主题：以客户为中心，以奋斗者为本

活动目的：对过去一年公司的工作成绩进行总结，展望公司新一年的发展愿景。

同时丰富员工的企业文化生活,激发员工热情,增强员工的内部凝聚力,增进员工之间的沟通、交流和团队协作意识。

四、根据以下材料主持一场新闻发布会

确定新闻发布会的环节和流程。了解新闻发布会要发布的主要内容,同发言人进行必要的沟通,了解发言人的发言内容,注意和记者互动过程中语言的准确性。

企划背景:××大学商学院成为一所独立学院

企划目的:1.赢得教育界在政策导向、宣传等多方面的支持,扩大××大学商学院在学术界的影响力。2.透过媒体的宣传,扩大××大学商学院的影响力。3.宣传校园实力,树立良好的公众形象,通过人际传播引来更多关注者。

第三节　婚礼祝寿主持训练

【理论概述】

婚礼祝寿礼仪,是对结婚礼仪、祝寿礼仪的简称。婚礼是男女双方结为夫妻的重要的仪式,它标志着两个人进入了人生崭新的阶段。祝寿仪式,是指人到一定年龄之后,晚辈为了表达孝意,给老人贺寿的一种仪式。二种仪式都有一定的礼节规范。

一、婚礼主持

婚礼主持是个依赖经验的行业,身经百战才能琢磨出一套应对各种各样要求的主持方法。婚礼主持的程序大致分为:开场、新郎登场、新娘登场、新郎迎接新娘、交接仪式、共同入场、婚礼宣誓、佩戴婚礼戒指、拥吻礼、感恩父母、抛手捧花、礼成退场。

婚礼主持人应注意的细节有:首先,无论婚礼规模大小,主持人都要提前做好工作,包括了解新人的诉求、婚礼的流程等。其次,婚礼开场白、流程中的过渡语、主持过程当中的问答语、与观众互动、结束语,细致到婚礼的每一句话都要有一定的感染力。主持人可以通过学习,查资料,提高自己的语言表达能力。最后,主持人要热情

大方，谈吐流利，不紧张，有一定的临场发挥能力。

二、祝寿主持

寿宴，指寿庆宴席。寿宴主持人是寿宴中的重要角色。寿宴的基本程序分为8项，分别为主持人开场、寿星登场、采访寿星、家人或嘉宾致贺寿辞、拜寿、切生日蛋糕、全体来宾举杯祝贺、结束。

寿宴主持要注意的细节：首先，在举办寿宴前，主持人需要和寿星及其家人沟通，确定流程和细节。其次，主持人要学会说祝寿词。祝寿词是指向寿星表示祝愿，希望他幸福、健康、长寿，但不能仅仅只会一句"祝您福如东海寿比南山"，还应当结合寿星的具体工作和生活情况，真挚、恰当、热情洋溢地发表祝寿词。最后，寿宴的主角一般是年龄较长的老人，主持人的态度一定要真诚。

【实践训练】

一、根据以下主持词主持一场婚礼仪式

主持过程中要特别注意停连、重音、语气等语言表达技巧的使用，声音高低、虚实变化需要根据具体环节而定。语速不能过快，通过声音的变化去达到以情感人的目的。婚礼主持人还需要做好各项应急准备，婚礼中可能会出现各种突发情况，此时需要主持人临危不乱、巧妙化解。

尊敬的各位来宾，亲爱的朋友们：

大家中午好！今天是公元××年×月×日，我们相聚一堂，将共同见证新郎××先生，新娘××小姐的神圣婚典。在此，我谨代表两位新人及其双方父母对各位来宾的光临表示衷心的感谢和热烈的欢迎，欢迎您的到来。

今天，××先生将要和他的新娘××女士在各位共同的见证下收获他们爱的果实，走进婚姻的殿堂。此刻，让我们用热烈的掌声，有请新郎登场。

带着久久的期盼，今天××先生终于实现了自己的人生梦想，走进了婚礼圣堂。此时我们看到新郎手捧着鲜艳的花束，我们都知道今天他手中的鲜花将要送给美丽的新娘，下面让我们掌声有请新娘盛装登场。

美丽的新娘在父亲的陪同下款款走来，此刻她的脸上充满了期待，期待着她生命中的高光时刻。

新郎××先生，现在你的新娘就在不远处，如果你此刻准备好了的话，带着你满满

的爱意去迎接她吧！

××先生，请你在全场来宾共同的见证之下，单膝跪地，献上你手中的鲜花吧！

新娘，如果你愿意嫁给你面前的这位男子，就请接过手捧花，并将他扶起。祝福的掌声送给他们。接下来将是两个男人间责任的交接，此时此刻站在新娘身边的是她一生中最重要的两个男人，一个是陪她走过成长之路的父亲，另一个是将要和她共同继续走完人生之路的丈夫。亲爱的父亲，如果你信任面前的这个男人，相信他会承担起一个丈夫的责任，就请将女儿的手慎重地交到他的手中。谢谢父亲，请主宾席入座。

亲爱的朋友们，幸福的时刻即将来临，让我们把祝福都化作掌声，有请新郎新娘步入婚礼的殿堂。

新郎，新娘，祝福你们！请在所有来宾的面前，相对而立，许下你们今生最真诚的新婚誓言。新郎××先生，你是否愿意承认并接纳××女士为你的合法妻子，无论富贵贫穷，无论健康疾病，无论顺境逆境，你都将永远爱她，呵护她，始终与她相依相伴，相濡以沫，白头偕老，你愿意吗？新娘××女士，你是否愿意承认并接纳××先生为你的合法丈夫，无论富贵贫穷，无论健康疾病，无论顺境逆境，你都将永远爱他，呵护他，始终与他相依相伴，相濡以沫，白头偕老，你愿意吗？

朋友们，掌声祝福他们！

接下来就到了二位交换婚戒的时候了。下面有请伴娘送上爱情钻戒，此刻，就让这代表永恒爱情的钻戒定格你们为彼此许下的诺言。戴上这枚钻戒，这枚钻戒将锁住你们刚才的誓言，并证明你们的誓言已经为对方所接纳。再次祝你们二人婚后幸福美满！

新郎现在可以伸出有力的臂膀，拥吻你美丽的新娘了！

今天对男方父母来说，是个大喜的日子，因为他们多了一个好儿媳、好女儿。对女方父母来说，也是一个大喜的日子，因为他们多了一个好女婿、好儿子。请四位父母台上就座，你们的好女儿、好儿子将要为你们敬上甜甜的孝心茶。

此时此刻，父母肯定有很多话想要对儿女们表达，想要向来宾们分享，让我们掌声有请父母代表——新郎的父亲××先生致辞！

言简意赅却处处露着真情，感谢新郎的父亲！

中国人的婚礼一定少不了美酒的点缀，今天这美酒已经备好，下面有请伴娘为二位新人送上爱情美酒。亲爱的朋友们，让我们共同举杯，祝愿这对新人永远幸福。接下来让我们一起为他们喊出这幸福的口号吧，1、2、3，新——婚——快——乐！

每个人的成长，总是有亲情、爱情和友情陪伴。今天两位新人喜结连理，他们也要将自己的幸福传递给在座的朋友们。接下来，新娘将要抛出手中的手捧花，接到手捧花的朋友将会是下一个收获幸福的朋友。请全场年满18周岁的单身朋友到礼台前来，为自己争取幸福。

亲爱的朋友们，在您的关注和祝福中，一对新人的结婚大典圆满礼成。全场所有的亲朋好友们，让我们把这一切都化作祝福的掌声，祝愿二位新人携手共赴锦绣前程。前面就是通往幸福生活的星光大道，相爱的人，请挽起手，向着幸福——启航！

最后，主持人再次代表两位新人和双方父母感谢大家的到来！我们有缘再见！

二、根据以下主持词主持一场祝寿仪式

祝寿主持要求主持人要通过声音营造喜庆热闹的氛围。要注意停连、重音、语气、节奏等表达技巧的运用。要注意声音的变化，如拜寿环节，主持人的声音就需高亢热烈，语速不能过快，声调拉长，营造拜寿环节的庄重感和隆重感。

尊敬的各位领导，各位长辈，各位来宾：

大家中午好！

今天是××年××月××日，这是我们期待已久的日子，吉祥之日，我们迎来了××老人家80岁寿辰。我是主持人××，受××氏大家庭的邀请，担任今天××老人家80大寿庆典仪式主持人，我感到非常荣幸。首先，请允许我代表××氏大家庭的全体成员，向参加寿宴的来宾和亲朋好友们表示热烈的欢迎和衷心的感谢！

在长辈的眼里，孩子们好像天上璀璨的星星，寄托着无限的希望。那么在晚辈的眼里，老人也一样，他们永远是那么伟大，那么坚强，永远是我们心中最红的红太阳。在这高寿庆典之际，在这温馨的一天、快乐的时刻，让我们怀着浓浓的感恩之情，向老人献上一份美好的祝愿。

下面我宣布××老人家的80岁大寿庆典仪式正式开始！

首先，让我们全场起立，以热烈的掌声请老寿星协同老伴闪亮登场！群山呼应，大海扬波，夹道欢迎老寿星！万木欣欣向荣，百花绰约多姿，向寿星致以崇高的敬礼！

有福称寿星，80正辉煌。请寿星到寿椅上就座。请寿星老伴协同入座。

有请两位老人点燃象征家业兴旺的幸福百年烛。

唐代大诗人孟郊有一首脍炙人口的诗《游子吟》，开首四句为："慈母手中线，游子身上衣。临行密密缝，意恐迟迟归。"父母对儿女有操不完的心，同时晚辈也对老人充满着不尽的感激。

下面请老人的长子××作为儿女辈代表致祝寿词。

掌声有请老人的孙子××作为孙子辈代表致祝寿词。

老人家含辛茹苦地将子女扶养成人。深爱的目光照耀着子女们的成长，谆谆教导中透露着无比的慈祥。80年风风雨雨，80载生活沧桑。岁月在脸上留下了痕迹，将老人家的双鬓染成白霜。老人的辛苦并没有白费，在他的教育下，子女们都已经长大成人，为老人赢得了无上的荣光。现如今老寿星一家是四世同堂，在跟××家族成员沟通的时候他们告诉我今天什么程序都可以省略，什么内容都可以简化，但唯独不能省的就是感谢寿星对他们的恩情。

接下来请子女们上前贺寿。

请子女站前来为老寿星拜寿，同时请席间晚辈全体起立，一起向老寿星拜寿。拜寿正式开始：

一拜祝福老寿星，福如东海，寿比南山！

二拜祝福老寿星，日月昌明，松鹤长春！

三拜祝福老寿星，笑口常开，天伦永享！

这正是喜看儿女站堂前，只愿家风代代传。

请子女为老人点燃生日蛋糕蜡烛，大家同唱生日快乐歌。老人福与天地同在，寿与日月同辉，祝老人增福增寿增富贵，添光添彩添吉祥！请寿星切蛋糕。让我们共同祝愿老人家永远拥有幸福的一刻，快乐的一天，美好的一年，充实的一生！

请全家合影留念。

有请礼仪小姐分切蛋糕。大家品尝这生日的蛋糕，愿寿星年年有今日，岁岁有今朝。再一次祝××老人风采依旧，健康永驻，福寿绵长！

各位朋友、各位来宾，寿诞庆典到此礼成，祝大家生活之树长青，生命之水长流！祝各位年年有灵气，家家有财气，人人有福气，万事好运气！

三、根据以下材料设计并主持一场婚礼

婚礼流程的设置要符合新人的要求，同时也要符合观众的期待，流程的设置不必过于复杂，主持词里要体现出新人的爱情故事。可以从新人的故事里提取关键词。婚礼流程中新人爱情篇章部分占比最大，但是也要加入亲情和友情的部分。主持人在过程中语言不要太书面化，切忌照本宣科。

婚礼主题：十年

爱情故事：新郎新娘十年前是高中同桌，高中毕业后两个人走到了一起，但也因

为彼此选择的大学不在同一个城市而异地。2000多公里的距离并没有阻隔两个人的思念，一张张火车票记录了他们为爱而做出的努力。大学毕业后本以为可以团聚，可两人却因为工作无奈分开，每天只能依靠电话和短信排解思念和孤单之情。后来，新郎终于获得了工作调动的机会，可以和爱人团聚了。

四、根据以下材料设计并主持一场寿宴

流程设置要符合寿星及家人的要求，也要考虑到观众的感受。台词中要多一些吉祥话、祝福语，并且最好在开场词中加入对寿星的人生经历的介绍。要注意每一个环节的衔接语，做到环节紧凑，环环相扣。寿宴的主角多为老人，要注意语速不能过快，声音要有力度，重音、停连等表达技巧需要突出。

宴会安排及参宴客人情况：王老先生准备于××年××月××日在××酒店举行90大寿，宴请的人主要是王老先生的亲人及好友。

宴会主题：福如东海

寿星简介：王老先生是一名参加过抗美援朝的老兵，且屡立战功。老人待人谦和，为人正直，退休后发挥余热，在当地组织了老年公益环卫队，每天无偿打扫小区及小区周边的街道，被周围的邻居称为“硬核爷爷”。

拓展阅读

1. 温泉，刘衍群. 如何做一名金牌婚礼司仪[M]. 北京：化学工业出版社，2010.

2. 郭红玲，杨涛. 非节目主持艺术（修订本）[M]. 北京：中国广播电视出版社，2011.

3. 张亮. 非节目主持艺术实践教程[M]. 重庆：重庆大学出版社，2014.

4. 康国剑. 主持人实用手册[M]. 汕头：汕头大学出版社，2014.

主要参考书目

1. 白龙.电视新闻播音技巧[M].北京:中国广播电视出版社,2004.

2. 陈力丹.新闻理论十讲[M].上海:复旦大学出版社,2008.

3. 高蕴英.教你播新闻[M].北京:中国广播电视出版社,2005.

4. 郭红玲,杨涛.非节目主持艺术(修订本)[M].北京:中国广播电视出版社,2011.

5. 国家语言文字工作委员会普通话培训测试中心.普通话水平测试实施纲要[M].北京:商务印书馆,2009.

6. 黄健翔.歪批足球[M].武汉:长江文艺出版社,2000.

7. 康国剑.主持人实用手册[M].汕头:汕头大学出版社,2014.

8. 李良荣.新闻学概论[M].上海:复旦大学出版社,2013.

9. 刘洋,林海.综艺娱乐节目主持概论[M].北京:中国传媒大学出版社,2007.

10. 罗莉.文艺作品演播[M].北京:北京广播学院出版社,2003.

11. 罗莉,王明军.文艺作品演播选[M].北京:中国传媒大学出版社,2009.

12. 宋晓阳.出镜记者现场报道指南[M].北京:中国广播电视出版社,2008.

13. 王海燕.朗诵实务教程[M].北京:中国传媒大学出版社,2017.

14. 王海燕.演播实务教程[M].北京:中国传媒大学出版社,2017.

15. 王明军,阎亮.影视配音实用教程[M].北京:中国传媒大学出版社,2014.

16. 王群,徐力.电视体育解说[M].北京:北京广播学院出版社,2005.

17. 魏伟.体育解说教程[M].北京:人民体育出版社,2012.

18. 翁如.主持人思维训练教程[M].北京:中国传媒大学出版社,2007.

19. 吴洪林.主持艺术(第三版)[M].上海:上海三联书店,2007.

20. 吴弘毅.实用播音教程(第一册)[M].北京:中国传媒大学出版社,2010.

21. 吴郁.节目主持能力训练路径[M].北京:中国广播电视出版社,2004.

22. 吴郁.主持人的语言艺术[M].北京:北京广播学院出版社,1999.
23. 吴郁.主持人思维与语言能力训练路径[M].北京:中国广播电视出版社,2013.
24. 熊高.电视新闻节目学[M].武汉:武汉大学出版社,2011.
25. 徐恒.播音发声学(修订版)[M].北京:中国传媒大学出版社,2012.
26. 杨小锋.语言艺术发声研究[M].北京:科学出版社,2013.
27. 姚喜双.播音主持概论[M].北京:高等教育出版社,2012.
28. 应天常,王婷.主持人即兴口语训练[M].北京:中国传媒大学出版社,2014.
29. 曾志华.广告配音教程[M].北京:北京大学出版社,2007.
30. 张亮.非节目主持艺术实践教程[M].重庆:重庆大学出版社,2014.
31. 张颂.朗读学(第三版)[M].北京:中国传媒大学出版社,2010.
32. 张颂.诗歌朗诵[M].北京:中国传媒大学出版社,2008.
33. 张颂.中国播音学[M].北京:中国传媒大学出版社,2003.
34. 中国传媒大学播音主持艺术学院.播音主持创作基础[M].北京:中国传媒大学出版社,2015.
35. 中国传媒大学播音主持艺术学院.播音主持语音与发声[M].北京:中国传媒大学出版社,2015.
36. 中国传媒大学播音主持艺术学院.广播节目播音主持[M].北京:中国传媒大学出版社,2015.
37. 中国传媒大学播音主持艺术学院.电视节目播音主持[M].北京:中国传媒大学出版社,2015.
38. 仲梓源.电视新闻播音主持教程[M].北京:中国传媒大学出版社,2008.
39. 邹俊.朗诵艺术通论[M].北京:中国广播电视出版社,2013.

后 记

编写这样一本综合性训练教材的想法已经有多年。因为我们在指导学生晨练时，看到学生们带着各种各样的训练材料来到训练场地，针对性不够，于是我们每年都为学生编写训练材料，但由于是非正式出版物，总觉得不够严谨。学生在练习中想查阅一些技能的训练要领，却苦于没有合适的教材。基于这些原因，我们组织了一批有教学经验的教师编写了这本教材。编写分工如下：

第一章　万冰瑶

第二章　裴峻可

第三章　张　浩

第四章　王　博

第五章　王屹飞

第六章　郑爽悦

第七章　郑爽悦

第八章　张国轩（第一节）　王屹飞（第二节、第三节）

第九章　王　博

第十章　王　博

第十一章　王　博（第一节）　张国轩（第二节、第三节）

第十二章　陈茂强

全书的大纲及编写体例的确定及统稿工作由杨小锋、王博完成。杨小锋对全书进行了审改。

本书为四川师范大学播音与主持艺术专业国家级一流本科专业建设点建设成果，四川师范大学2020年校级规划教材项目成果。本书的出版得到了四川师范大学教务处和影视与传媒学院的大力支持，在此表示感谢。

本教材在撰写初期，对学界与业界专家进行了调研，充分听取了他们在教学和实践过程中的经验，特此感谢。

在本书的编写过程中，四川师范大学影视与传媒学院播音与主持艺术方向2018级研究生郑广鑫、张煜霖、张勤，2019级研究生王宁、张严为本书的资料收集做了大量工作，感谢他们的辛勤付出。

感谢西南师范大学出版社高教分社社长郑持军先生对本教材编写的指导和出版的支持。特别感谢责任编辑赖晓玥女士对本教材出版付出的辛勤劳动。赖老师认真核查每一处引文、仔细研读每一句话的逻辑、语法、语意的敬业精神，令我们深深地敬佩。感谢西南民族大学艺术学院向乾坤教授给予我们的帮助。

由于编写时间仓促，再加上水平的限制，书中定有许多不足之处，恳请各位专家、老师和同学批评指正。

杨小锋　王　博

二〇二〇年十一月六日